債権法民法大改正

ポイントと新旧条文の比較

竹内書店新社

はじめに

　民法は、明治29年4月に公布され、同31年7月に施行された。

　民法典は、言うまでもないが、総則、物権、債権、親族、相続の内容で構成されている。
　このうち親族・相続法、いわゆる家族法については、戦後、日本国憲法のもと新しい家族制度を構築させられることに伴い全面改正された。
　物権法については、制定以来、全面改正はない。基本的な財産にかかわる権利関係については、資本主義の元、明治以降、戦前戦後とも根本的な変化はないからである。それでも経済の変遷、特にバブル以降、担保物件の処分に伴う短期賃貸借の保護をめぐる問題などに関して、必要な変更・改正が行われている。

　債権法については、明治の制定以来、基本的な大きな改正は行われず、その代わりに解釈と判例を積み重ねて、今日まで運用されてきた。
　しかし時代は21世紀になり、経済社会はグローバル社会となり、国内のみならず海外との取引も日常茶飯事となった。

　またまだ人力車が走り、郵便も飛脚もどきで人の足に頼っていた明治の時代から、インターネットをはじめとする電磁的方法による通信手段の革新的な発展により、瞬時に取引を行い、意思の確認ができる時代となった。こうなってくると、さすがに明治時代に制定された法律を今日的に運用するとしても、だんだんと無理が生じてくる。
　もともと我が国の民法典は、当初はフランス法に寄った民法案が作成されたが、民法典論争が起こり、結局はドイツ法の影響を受けた明治民法典をもって制定された。つまり大陸法の影響が大きいというのが特徴である。
　大陸法は、安定性に重きを置いているので、当時の日本の事情には適していたのである。しかしそれに対峙するものとしてイギリス、アメリカ法の考え方がある。
　こちらは、特に取引の安全と迅速性という部分に重きを置いているのが特徴である。国際商取引が活発となり、ことに戦後においては欧米との取引も盛んになるにつれ、この英米法的な部分は、主に商事関係の法律を中心に取り入れられてきて、あるいは一部改正なども伴いながら、今日的に使い勝手のよう法律には直されながら、運用をされている。しかし身近な生活の部分に近い、根幹の法である民法の債権法については、あまりその影響は大きくなかったようである。
　例えば明治時代の発想でまとめた消滅時効に記載されている職業の記載などが今日まで何ら見直されずに法典に記載されたままであったことなどは、如実に物語っていると言ってもよいであろう。

今般、この債権法（これに関連して民法総則の一部も含む）を全面改正する。

　債権法の改正は、制定以来実に 120 年ぶりのことだそうである。
　その詳細や経緯については、本書の中に詳細に書いているので、それに譲るが、今回の改正については大きな特徴がある。
　消滅時効、保証、法定利率などの変更や約款の規定の制定などがあるが、あとはこれまでの解釈、判例をもとに明確化したもので大きな変化はないと説明されている。
　しかし瑕疵担保の用語を外して、債務不履行と損害賠償による構成に置き換えるなどとして、実は法解釈がかなり英米法的な発想に変わってきていることにある。
　その意味で、改正法の求める法の考え方、これまでの判例・通説との関係などをよく吟味する必要があるし、今日半ばひな形のようにして使われている様々な契約書の内容についても、かなり慎重に変更を検討する必要が出てくる。

　今回の改正法のポイントを執筆するにあたり、本書では専門家というよりも、むしろ一般の方が様々な実務のもとで理解をしていていただけるようにと原則的なポイントの紹介に努めることとした。
　さらにその執筆作業のおりに、改正案が開示されて条文の新旧対照表も開示されたわけであるが、実はこの新旧の条文を見比べるだけでも、かなり改正の意図というものが見て取れるもので、契約実務に携わる人とか、資格試験などで民法の知識を勉強している人など、少しばかり民法をかじった人から見ると、かなり理解が速いのではないかと思われた。

　そこで本書は、他の類書とは違った編集方法として、まずポイントを最初に出して、ついで民法改正要綱と民法改正法（今回の改正を指示する具体的な変更を記載した改正法の条文）を対比し、さらにその同じ頁に新旧の対象条文も記載をして、一体のものとして変更点を捉えられるようにした。
　少しは具体的な変更点の理解につながればと思う次第である。
　最後に、本書作成にあたり、尽力いただいた竹内書店新社編集部に厚く感謝を申し上げたい。

　平成 30 年 4 月

　　　　　　　　　　　　　　　　　　　　　　　愛宕法務経営事務所
　　　　　　　　　　　　　　　　　　　　　　　行政書士　　土井　利国

本書は、『民法の一部を改正する法律』をもとに、解説を作成した。

また、2015（平成27）年3月31日に国会へ提出された『民法の一部を改正する法律案』より『法律案要綱』『新旧対照条文』を引用した。

目次

民法 債権関係 改正の概要 ……………………………………………………… 12

＜民法総則関係＞ ………………………………………………………………… 15
【改正のポイント】民法総則関係 ……………………………………………… 16
1 意思能力 …………………………………………………………………………… 18
2 公序良俗 …………………………………………………………………………… 18
3 意思表示　　【一】心裡留保 ……………………………………………………… 20
　　　　　　　【二】錯誤 …………………………………………………………… 22
　　　　　　　【三】詐欺、または強迫 …………………………………………… 24
　　　　　　　【四】意思表示の効力発生時期等 ………………………………… 24
　　　　　　　【五】受領能力 ……………………………………………………… 26
4 代理　　　　【一】代理行為の瑕疵 ……………………………………………… 28
　　　　　　　【二】代理人の行為能力 …………………………………………… 30
　　　　　　　【三】復代理人を選任した任意代理人の責任 …………………… 32
　　　　　　　【四】代理権の濫用 ………………………………………………… 34
　　　　　　　【五】自己契約及び双方代理等 …………………………………… 36
　　　　　　　【六】表見代理 ……………………………………………………… 38
　　　　　　　【七】無権代理人の責任 …………………………………………… 40
5 無効及び取消　【一】法律行為が無効である場合又は取り消された場合の効果 …… 42
　　　　　　　【二】追認 …………………………………………………………… 44
6 条件及び期限　条件成就の妨害 …………………………………………………… 46
7 消滅時効　　【一】債権の消滅時効における原則的な時効期間と起算点 …… 48
　　　　　　　【二】定期金債権等の消滅時効 …………………………………… 50
　　　　　　　【三】職業別の短期消滅時効等の廃止 …………………………… 52
　　　　　　　【四】不法行為による損害賠償請求権の消滅時効 ……………… 54
　　　　　　　【五】生命・身体の侵害による損害賠償請求権の消滅時効 …… 54
　　　　　　　【六】時効の完成猶予及び更新
　　　　　　　　　1 裁判上の請求等 ……………………………………………… 56
　　　　　　　　　2 強制執行等 …………………………………………………… 58
　　　　　　　　　3 仮差押え等 …………………………………………………… 60
　　　　　　　　　4 強制執行等及び仮差押え等による時効の完成猶予及び更新の効力 …… 60
　　　　　　　　　5 承認 …………………………………………………………… 62
　　　　　　　　　6 催告 …………………………………………………………… 62
　　　　　　　　　7 天災等による時効の完成猶予 ……………………………… 62
　　　　　　　　　8 協議による時効の完成猶予① ……………………………… 64
　　　　　　　　　8 協議による時効の完成猶予② ……………………………… 66
　　　　　　　　　9 時効の援用 …………………………………………………… 68
8 根抵当権の被担保債権 …………………………………………………………… 72

＜債権総論関係＞

- 【改正のポイント】債権総論 ……………………………………… 76
- 9　債権の目的　　　　債権の目的（法定利率を除く）…………… 82
- 10　法定利率　　　　　【一】変動制による法定利率 ……………… 84
- 　　　　　　　　　　　【二】金銭債務の損害賠償額の算定に関する特則 … 86
- 　　　　　　　　　　　【三】中間利息控除 ……………………………… 86
- 11　履行請求権等　　　履行不能、履行の強制 ………………………… 88
- 12　債務不履行による損害賠償
- 　　　　　　　　　　　【一】債務不履行による損害賠償等 ……………… 90
- 　　　　　　　　　　　【二】履行遅滞 …………………………………… 92
- 　　　　　　　　　　　【三】損害賠償の範囲及び過失相殺 …………… 94
- 　　　　　　　　　　　【四】賠償額の予定 ……………………………… 94
- 　　　　　　　　　　　【五】代償請求権 ………………………………… 94
- 13　契約の解除　　　　【一】催告解除の要件 …………………………… 96
- 　　　　　　　　　　　【二】無催告解除の要件 ………………………… 98
- 　　　　　　　　　　　【三】債権者に帰責事由がある場合の解除 …… 100
- 　　　　　　　　　　　【四】契約の解除の効果 ………………………… 100
- 　　　　　　　　　　　【五】解除権者の故意等による解除権の消滅 … 100
- 14　危険負担　　　　　債務書の危険負担等 …………………………… 102
- 15　受領遅滞　　　　　　　　　　　　　　　　　　　　　　　　　 104
- 16　債権者代位権　　　【一】債権者代位権の要件 ……………………… 106
- 　　　　　　　　　　　【二】代位行使の範囲及び直接の引き渡し …… 108
- 　　　　　　　　　　　【三】相手方の抗弁 ……………………………… 108
- 　　　　　　　　　　　【四】債務者の取立てその他の処分の権限等 … 110
- 　　　　　　　　　　　【五】訴えによる債権者代位権の行使 ………… 110
- 　　　　　　　　　　　【六】登記又は登録の請求権を被保全債権とする債権者代位権 … 110
- 17　詐害行為取消権　　【一】受益者に対する詐害行為取消権の要件 … 112
- 　　　　　　　　　　　【二】相当の対価を得てした財産の処分行為の特則 … 114
- 　　　　　　　　　　　【三】特定の債権者に対する担保の供与等の特則 … 116
- 　　　　　　　　　　　【四】過大な代物弁済等の特則 ………………… 118
- 　　　　　　　　　　　【五】転得者に対する詐害行為の取消権の要件 … 120
- 　　　　　　　　　　　【六】詐害行為取消権の行使の方法 …………… 122
- 　　　　　　　　　　　【七】詐害行為の取消しの範囲及び直接の引渡し … 124
- 　　　　　　　　　　　【八】詐害行為の取消しの効果 ………………… 126
- 　　　　　　　　　　　【九】受益者の反対給付及び債権 ……………… 126
- 　　　　　　　　　　　【十】転得者の反対給付及び債権 ……………… 128
- 　　　　　　　　　　　【十一】詐害行為取消権の期間の制限 ………… 128

18 多数当事者	【一】連帯債務	130
	【二】連帯債務者の一人について生じた事由の効力等	132
	【三】連帯債務者についての破産手続の開始	132
	【四】連帯債務者間の求償関係①	
	1 連帯債務者間の求償権	134
	2 連帯債務者間の通知義務	134
	【四】連帯債務者間の求償関係②	
	3 負担部分を有する連帯債務者が全て無資力者である場合の求償関係	136
	4 連帯の免除をした場合の債権者の負担	136
	【五】不可分債務	138
	【六】連帯債権	138
	【七】連帯債権者の一人について生じた事由の効力等	140
	【八】不可分債権	142
19 保証債務	【一】保証債務の付従性	144
	【二】主たる債務者の有する抗弁等	144
	【三】保証人の求償権	
	1 委託を受けた保証人の求償権	146
	2 委託を受けた保証人の事前の求償権	148
	3 保証人の通知義務	148
	【四】連帯保証人について生じた事由の効力	150
	【五】根保証	
	1 極度額	152
	2 元本の確定事由	154
	3 求償権についての保証契約	158
	【六】保証人保護の方策の拡充	
	1 個人保証の制限①	160
	1 個人保証の制限②	162
	1 個人保証の制限③	164
	1 個人保証の制限④	166
	2 個人保証（求償権保証）の制限	168
	3 個人保証の制限の例外	170
	4 契約締結時の情報提供義務	172
	5 保証人の請求による主たる債務の履行状況に関する情報提供義務	174
	6 主たる債務者が期限の利益を損失した場合の情報提供義務	176

20 債権譲渡	【一】債権の譲渡性とその制限	
	1 譲渡制限の意思表意の効力	178
	2 譲渡制限の意思表示が付された債権の債務者の供託	180
	3 譲渡制限の意思表示が付された債権の差押え	182
	4 預金債権又は貯金債権に係る譲渡制限の意思表示の効力	182
	【二】将来債権譲渡	184
	【三】債権譲渡と債務者の抗弁	
	1 異議をとどめない承諾による抗弁の切断	186
	2 債権譲渡と相殺	188
21 有価証券	【一】指図証券	190
	【二】記名式所持人払証券	194
	【三】指図証券及び記名式所持人払証券以外の記名証券	198
	【四】無記名証券	198
22 債務引受	【一】併存的債務引受	
	1 併存的責務引受の要件・効果	200
	2 併存的責務引受の引受人の抗弁等	200
	【二】免責的債務引受	
	1 免責的債務引受の要件・効果	202
	2 免責的債務引受による引受けの効果	202
	3 免責的債務引受による担保の移転	204
23 契約上の地位の移転		206
24 弁済	【一】弁済の意義	208
	【二】第三者の弁済	208
	【三】弁済として引き渡した物の取戻し	210
	【四】債務の履行の相手方	210
	【五】代物弁済	210
	【六】弁済の方法	212
	【七】弁済の充当	214
	【八】弁済の提供	216
	【九】弁済の目的物の供託	216
	【十】弁済による代位	
	1 弁済による代位の要件・効果①	218
	1 弁済による代位の要件・効果②	220
	2 一部弁済による代位の要件・効果	222
	3 担保保存義務	222
25 相殺	【一】相殺禁止の意思表示	224
	【二】不法行為債権等を受働債権とする相殺の禁止	224
	【三】支払の差止めを受けた債権を受働債権とする相殺	224
	【四】相殺の充当	226
26 更改	【一】更改の要件・効果	228
	【二】債務者又は債権者の交替による更改	228
	【三】更改の効力と旧責務の帰すう	228
	【四】更改後の債務への担保の移転	230

＜債権各論関係＞

【改正のポイント】債権各論 …………………………………………………………… 233
　　　　　　　　　　　　　　　　　　　　　　　　　　　　　　　　　　　　234
27 契約総則　　　【一】契約自由の原則 ……………………………………………… 236
　　　　　　　　　【二】履行の不能が契約成立時に生じていた場合 ………………… 236
28 契約の成立　　【一】申込みと承諾 ……………………………………………… 238
　　　　　　　　　【二】申込者の死亡等 …………………………………………… 240
　　　　　　　　　【三】契約の成立時期 …………………………………………… 240
　　　　　　　　　【四】懸賞広告 …………………………………………………… 242
29 定型約款　　　【一】定型約款に定義 …………………………………………… 244
　　　　　　　　　【二】定型約款についてのみなし合意 ………………………… 244
　　　　　　　　　【三】定型約款の内容の表示 …………………………………… 246
　　　　　　　　　【四】定型約款の変更 …………………………………………… 248
30 第三者のためにする契約 ………………………………………………………… 250
31 売買　　　　　【一】手付 ………………………………………………………… 252
　　　　　　　　　【二】売主の義務 ………………………………………………… 252
　　　　　　　　　【三】売主の追完義務 …………………………………………… 252
　　　　　　　　　【四】買主の代金減額請求権 …………………………………… 254
　　　　　　　　　【五】損害賠償の請求及び契約の解除 ………………………… 256
　　　　　　　　　【六】権利移転義務の不履行に関する売主の責任等 ………… 256
　　　　　　　　　【七】買主の権利の期間制限 …………………………………… 258
　　　　　　　　　【八】競売における買受人の権利と特則 ……………………… 258
　　　　　　　　　【九】売主の担保責任と同時履行 ……………………………… 260
　　　　　　　　　【十】権利を失うおそれがある場合の買主による代金支払いの拒絶 ……… 260
　　　　　　　　　【十一】目的物の滅失又は損傷に関する危険の移転 ………… 262
　　　　　　　　　【十二】買戻し …………………………………………………… 264
32 贈与　　　　　　　　　　　　　　　　　　　　　　　　　　　　　　　　　266
33 消費貸借　　　【一】消費貸借の成立等 ………………………………………… 268
　　　　　　　　　【二】消費貸借の予約 …………………………………………… 270
　　　　　　　　　【三】準消費貸借 ………………………………………………… 270
　　　　　　　　　【四】利息 ………………………………………………………… 270
　　　　　　　　　【五】貸主の引渡義務等 ………………………………………… 272
　　　　　　　　　【六】期限前弁済 ………………………………………………… 272
34 賃貸借　　　　【一】賃貸借の成立 ……………………………………………… 274
　　　　　　　　　【二】短期賃貸借 ………………………………………………… 274
　　　　　　　　　【三】賃貸借の存続期間 ………………………………………… 274
　　　　　　　　　【四】不動産賃貸借の対抗力、賃貸人たる地位の移転等 …… 276
　　　　　　　　　【五】不動産の賃借人による妨害排除等請求権 ……………… 278
　　　　　　　　　【六】敷金 ………………………………………………………… 278
　　　　　　　　　【七】賃貸物の修繕等 …………………………………………… 280
　　　　　　　　　【八】減収による賃料の減額請求 ……………………………… 280
　　　　　　　　　【九】賃借物の一部滅失等による賃料の減額等 ……………… 282
　　　　　　　　　【十】転貸の効果 ………………………………………………… 282
　　　　　　　　　【十一】賃借物の全部滅失等による賃貸借の終了 …………… 284
　　　　　　　　　【十二】賃貸借終了後の収去義務及び原状回復義務 ………… 284

35 使用賃借	【一】	使用賃借の成立 …………………………………………… 286
	【二】	使用賃借の終了 …………………………………………… 286
	【三】	使用賃借の解除 …………………………………………… 288
	【四】	信用賃借終了後の収去義務及び原状回復義務 ………… 290
	【五】	損害賠償の請求権に関する期間制限 …………………… 290
36 請負	【一】	仕事を完成することができなくなった場合等の報酬請求権 … 292
	【二】	仕事の目的物が契約の内容に適合しない場合の請負人の責任① … 292
	【二】	仕事の目的物が契約の内容に適合しない場合の請負人の責任② … 294
	【三】	注文者についての破産手続の開始による解除 ………… 296
37 委任	【一】	受任者の自己執行義務等 ………………………………… 298
	【二】	報酬に関する規律 ………………………………………… 298
	【三】	委任契約の任意解除権 …………………………………… 300
38 雇用	【一】	報酬に関する規律 ………………………………………… 302
	【二】	期間の定めのある雇用の解除 …………………………… 302
	【三】	期間の定めのない雇用の解約の申入れ ………………… 302
39 寄託	【一】	寄託契約の成立等 ………………………………………… 304
	【二】	受寄者の自己執行義務等 ………………………………… 306
	【三】	寄託物についての第三者の権利主張 …………………… 306
	【四】	寄託者による返還請求 …………………………………… 308
	【五】	寄託者の損害賠償請求権及び受寄者の費用償還請求権の短期間制限 ………………………………………………………………… 308
	【六】	混合寄託 …………………………………………………… 310
	【七】	消費寄託 …………………………………………………… 312
40 組合	【一】	契約総則の規定の不適用 ………………………………… 314
	【二】	組合員の一人についての意思表示の無効等 …………… 314
	【三】	組合の債権者の権利の行使 ……………………………… 314
	【四】	組合員の持分と処分等 …………………………………… 316
	【五】	組合の業務執行 …………………………………………… 316
	【六】	組合代理 …………………………………………………… 318
	【七】	組合員の加入 ……………………………………………… 318
	【八】	組合員の脱退 ……………………………………………… 320
	【九】	組合の解散事由 …………………………………………… 320

施行期日等 ……………………………………………………………………… 322

債権関係民法改正に伴う商法・会社法改正の概要 ………………………… 324
民法改正に伴う各種契約の作成ポイント …………………………………… 326

民法 債権関係 改正の概要

「社会・経済の変化への対応」「国民一般に分かりやすい」としての改正。

【1】「民法の一部を改正する法律案」の概要

> 明治29（1896）年に民法が制定されて以降、
> 債権関係の規定（いわゆる債権総則及び各論）について、
> 約120年間ほとんど改正がされていない。

↓ その間

> 社会、経済は大きく変化
> （取引の複雑化、高齢化、情報化社会の進展など）
>
> 多数の判例や解釈論が実務に定着
> （基本的ルールが見えない状況）

↓ そこで

> 平成21年10月か5年余りの審議を経て
> 法制審議会民法（債権部会）において要綱案を決定。
>
> 平成27年2月に法務大臣に答申として提出。
> 同年3月、閣議決定し衆議院へ法案を提出。
>
> 安保法制国会など全体の審議日程を
> 左右される事情などが続き、
>
> 平成29年5月に
> ようやく参議院において可決成立に至った。

【2】改正の概要

今回の改正は、大捉まえで捉えると、「社会・経済の変化への対応」と言う観点と「国民一般に分かりやすい民法」という観点の二つの点に大別される。

（1）社会・経済の変化への対応
①消滅時効　時効期間の判断を容易化
業種ことに異なる短期の時効を廃止し、原則として「知った時から5年」にシンプルに統一。
⇒現行民法170条から174条までに定められている短期時効の特例（医師の診療に仮名する債権は3年、飲食店の飲食料に係る債権は1年など）をいずれも削除するとともに、消滅時効の期間について、原則として権利行使か可能であることを「知った時から5年」に統一するなど、時効に関する規定の整備を行った。

②法定利率　法定利率の不公平感の是正
法定利率を現行の年5％から年3％に引き下げた上、市中の金利動向に合わせて変動する制度を導入。
⇒法定金利を現行の年5％から年3％に引き下げたうえ、市中の金利動向に合わせて変動する制度を導入した。

③保証　安易に保証人となることによる被害の発生防止
事業用の融資について、経営者以外の保証人については公証人よる意思確認手続きを新設。
⇒事業用の融資の債務の保証契約は、保証人となろうとする者が個人である場合は、主たる債務者が法人である場合のその理事、取締役等である場合を除き、公証人が保証意思を確認しなければ、効力を生じないものとした。

④約款　取引の安定化・円滑化
定型約款を契約内容とする旨の表示があれば個別の条項に合意したとみなすが、信義則（民法1条2項）に反して相手方の利益を一方的に害する条項は無効と明記。
定型約款の一方的変更の要件を整備。
⇒不特定多数の者を相手方とする定型的な取引に使用される定型約款に関し、提携約款を契約内容とする旨の表示があれば個別の条項に合意したものとみなすが、信義則（民法1条2項）に反して相手方の利益を一方的に害する条項は無効とすることを明記。さらに定型約款の内容を定型約款準備者が取引の相手方の同意を得ることなく一方的に変更するための要件等を整備した。

（2）国民一般に分かりやすい民法
①意思能力
意思能力（判断能力）を有しないでした法律行為は無効であることを明記。

②将来債権の譲渡
将来債権の譲渡（担保設定）が可能であることを明記。

③賃貸借契約
賃貸借終了時の敷金返還や原状回復に関する基本的なルールを明記。
⇔　確立した判例法理等を明文化する。

民法総則関係

【改正のポイント】民法総則関係

債権法の大改正ではあるが、合わせて民法総則の一部、主に意思表示関するも
事項、代理、無効と取消、消滅時効に関して整理された。

(1) 意思能力
行為能力の前提として「意思能力」という概念を整理し、新節、新条文をもって構成した。
以降、意思能力があるかないが意思表示の効果について重要な影響をあたえる構成も多々
あり、よく整理をしておく必要がある。

(2) 瑕疵のある意思表示
ー心裡留保、詐欺、強迫、については条文において要件などを明確化した。
（効果については変更なし）

(3) 錯誤
現行民法は「無効」としていたが、改正法では「取り消すことができる」とした。
またその要件を詳しくした。
　←瑕疵のある意思表示については、なされた意思表示の効果を基本的には有効としたう
　　えで、取消権者が取消をできる事項として整理されている。

表意者以外の第三者に原則として錯誤の主張が認められない判例を踏まえる。

表示の錯誤・動機の錯誤

・表示の錯誤＝言い間違い、聞き間違い、言葉の意味の誤解
・動機の錯誤→意思表示の前提事項の誤解
・意思表示の前提事項に関する表意者の認識が、法律行為の内容とされた場合
　（契約内容化）に、意思表示の取消しを認める。

「要素の錯誤」の内容、すなわち主観的因果性と客観的重大性を明確化している。

中間試案で示された事業者対消費者との取引関係やM＆Aなどの場合に
おける表明保証などの細かい整備については見送られている。

---

(4) 意思表示の到達
現行民法は「隔地者に対する」意思表示は、到達した時に効力を発生する旨規定している
が、改正法では「隔地者」という言葉を排し、意思表示が到達した時に効力が発生するこ
とに整理した。
　←現行民法は明治時代に作成された法律ゆえに、当時の取引状況を意識している。今日
　　では、電磁的方法、つまりネットなどの取引でどんなに遠い取引先とも瞬時にも意思
　　表示を示し、確認ができることになったことから、整理された。

(5) 代理関係
内容的には基本的に大きな変更はない。ただ本人や代理人においての、事実の認識状況による要件の整理、制限行為能力者が代理人の場合の効果についての整理、複代理人を選定した代理人の責任の規定の廃止等を定めている。

(6) 表見代理・無権代理
表見代理、無権代理の効果について、現行民法よりも詳細に分けて要件・効果を整理。無権代理については、現行民法では代理権を証明して、かつ本人の追認をうることができた場合のみ代理権を主張できたのに対して、改正法は、どちらかがある場合
代理権を主張できる。

(7) 無効と取消
法律行為が無効である場合、取り消された場合の効果について次のように整理された。
　①無効な行為に基づく債務の履行として給付を受けた者は、原状回復義務を負う（新設）
　②前記の場合、給付を受けた時点で無効であることを知らなかった時は現に受けた利益
　　を限度として、返還の義務を負う。
　←無効である、という効果を具体的に明確化したもので実質的な変更はない。
　③取消権者
　制限行為能力者の場合と錯誤、詐欺、強迫の場合の取消権者について整理している。
　④追認
　取消する行為について、追認をした以降は、取り消すことができない。
　取消の原因となる状況が消滅し、かつ取消権を有することとなった場合でないと追認はできない。

(8) 条件
不正な条件成就は、条件が成就してないとみなす（明文化）。

(9) 消滅時効
①起算点
　1）「権利行使できることを知ったときから5年間」⇒これが原則
　2）「権利行使をできる時から10年行使しない時」
債権者が知らなくても（気づいてない）、権利行使できる時（元の原因が発生した時）から10年経過すると消滅することを意味します。ということは、元の権利発生から5年以上経過して、行使できることを知ったとすると、5年を迎える前に行使できることから10年を迎えてしまい、債権が消滅してしまう。
②職業別の短期消滅時効の廃止
現行民法では職業別の短期消滅時効の期限が決められていたが、そもそも明治の時代の感覚か反映されている他、定義を決めた根拠も曖昧なため、全廃し、上記に統一することにした。

(10) 時効の完成猶予
「時効の中断」という言葉を「時効の完成猶予」という言葉で整理。さらに時効の中断について裁判上の手続き、民事執行法上の手続き等現行の状況に合わせて具体的に明確化した。

(11) 根抵当権の被担保債権
これは「物権法」に関する規定であるが、根抵当権の被担保債権に関して、手形以外電子記録債権など現代の取引に合わせて明確化した。

2 意思能力／公序良俗

【改正要綱】

意思能力

法律行為の当事者が意思表示をした時に意思能力を有しなかったときは、その法律行為は、無効とするものとすること。（第3条の2関係）

※改正要綱に直接の記述はないが、意思能力の規定の整備にあわせて、行為能力、制限行為能力者に関する規定の整理がされている。

公序良俗

公の秩序又は善良の風俗に反する法律行為は、無効とするものとすること。（第90条関係）

―――＜新旧条文比較＞―――

【新条文】

第2節　意思能力
第3条の2　　法律行為の当事者が意思表示をした時に意思能力を有しなかったときは、その法律行為は、無効とする。
第3節　行為能力
保佐人の同意を要する行為等
第13条　　被保佐人が次に掲げる行為をするには、その保佐人の同意を得なければならない。ただし、第9条ただし書に規定する行為については、この限りでない。
　　　　　1～9〔略〕
　　　　　10 前各号に掲げる行為を制限行為能力者（未成年者、成年被後見人、被保佐人及び第十七条第一項の審判を受けた被補助人をいう。以下同じ。）の法定代理人としてすること。
　　　　　2～4〔略〕
制限行為能力者の相手方の催告権
第20条　　制限行為能力者の相手方は、その制限行為能力者が行為能力者（行為能力の制限を受けない者をいう。以下同じ。）となった後、その者に対し、1箇月以上の期間を定めて、その期間内にその取り消すことができる行為を追認するかどうかを確答すべき旨の催告をすることができる。この場合において、その者がその期間内に確答を発しないときは、その行為を追認したものとみなす。
　2～4〔略〕

不動産及び動産
第86条　　　1〔略〕
　　　　　　2〔略〕
　　　　　　3〔削る〕

公序良俗
第90条　　公の秩序又は善良の風俗に反する法律行為は、無効とする。

行為能力の前提として「意思能力」という概念を整理し、新節、新条文をもって構成した。
以降、意思能力があるかないが意思表示の効果について重要な影響をあたえる構成も多々あり、
よく整理をしておく必要がある。

【変更事項】（民法の一部を改正する法律より）

＜意思能力＞

第1編第2章第5節を同章第6節とする。第1編第2章第4節の節名中「失踪」を「失踪(そう)」に改め、同節を同章第5節とし、同章第3節を同章第4節とする。

第13条第1項に次の一号を加える。

「10 前各号に掲げる行為を制限行為能力者（未成年者、成年被後見人、被保佐人及び第17条第1項の審判を受けた被補助人をいう。以下同じ。）の法定代理人としてすること。」

第20条第1項中「（未成年者、成年被後見人、被保佐人及び第17条第1項の審判を受けた被補助人をいう。以下同じ。）」を削る。

第1編第2章中第2節を第3節とし、第1節の次に次の一節を加える。

「第2節 意思能力　第3条の2 法律行為の当事者が意思表示をした時に意思能力を有しなかったときは、その法律行為は、無効とする。」

第86条第3項を削る。

第90条中「事項を目的とする」を削る。

第93条ただし書中「表意者の真意」を「その意思表示が表意者の真意ではないこと」に改め、同条に次の一項を加える。

「2 前項ただし書の規定による意思表示の無効は、善意の第三者に対抗することができない。」

＜公序良俗＞

第90条中「事項を目的とする」を削る。

【旧条文】

〔新設〕
〔新設〕

第2節　行為能力
保佐人の同意を要する行為等
第13条　　　被保佐人が次に掲げる行為をするには、その保佐人の同意を得なければならない。ただし、第九条ただし書に規定する行為については、この限りでない。
　　　　　　1～9　〔同左〕

〔新設〕

　　　　　　2～4　〔同左〕
制限行為能力者の相手方の催告権
第20条　　　制限行為能力者（未成年者、成年被後見人、被保佐人及び第17条第1項の審判を受けた被補助人をいう。以下同じ。）の相手方は、その制限行為能力者が行為能力者（行為能力の制限を受けない者をいう。以下同じ。）となった後、その者に対し、1箇月以上の期間を定めて、その期間内にその取り消すことができる行為を追認するかどうかを確答すべき旨の催告をすることができる。この場合において、その者がその期間内に確答を発しないときは、その行為を追認したものとみなす。

2～4〔同上〕
不動産及び動産
第86条　　　1　〔同左〕
　　　　　　2　〔同左〕
　　　　　　3　無記名債権は、動産とみなす。
公序良俗
第90条　　　公の秩序又は善良の風俗に反する事項を目的とする法律行為は、無効とする。

3 意思表示 【一】心裡留保

【改正要綱】

【一】心裡留保

1　意思表示は、表意者がその真意ではないことを知ってしたときであっても、そのためにその効力を妨げられないものとすること。ただし、相手方がその意思表示が表意者の真意ではないことを知り、又は知ることができたときは、その意思表示は、無効とするものとすること。（第93条第1項関係）

2　1ただし書の規定による意思表示の無効は、善意の第三者に対抗することができないものとすること。（第93条第2項関係）

―― ＜新旧条文比較＞ ――

【新条文】

心裡留保
第93条　　意思表示は、表意者がその真意ではないことを知ってしたときであっても、そのためにその効力を妨げられない。ただし、相手方が<u>その意思表示が表意者の真意ではないこと</u>を知り、又は知ることができたときは、その意思表示は、無効とする。

　　　　　<u>2　前項ただし書の規定による意思表示の無効は、善意の第三者に対抗することができない。</u>

条文において、心裡留保の要件などを明確化。

【変更事項】（民法の一部を改正する法律より）

第 93 条ただし書中「表意者の真意」を「その意思表示が表意者の真意ではないこと」に改め、同条に次の一項を加える。
「2 前項ただし書の規定による意思表示の無効は、善意の第三者に対抗することができない。」

【旧条文】

心裡留保
第 93 条 意思表示は、表意者がその真意ではないことを知ってしたときであっても、そのためにその効力を妨げられない。ただし、相手方が表意者の真意を知り、又は知ることができたときは、その意思表示は、無効とする。

〔新設〕

3 意思表示 【二】錯誤

【改正要綱】

【二】錯誤

1 意思表示は、次に掲げる錯誤に基づくものであって、その錯誤が法律行為の目的及び取引上の社会通念に照らして重要なものであるときは、取り消すことができるものとすること。(第95条第1項関係)
　①意思表示に対応する意思を欠く錯誤
　②表意者が法律行為の基礎とした事情についてのその認識が真実に反する錯誤
2 1②の規定による意思表示の取消しは、その事情が法律行為の基礎とされていることが表示されていたときに限り、することができるものとすること。(第95条第2項関係)
3 錯誤が表意者の重大な過失によるものであった場合には、次に掲げる場合を除き、1の規定による意思表示の取消しをすることができないものとすること。(第95条第3項関係)
　①相手方が表意者に錯誤があることを知り、又は重大な過失によって知らなかったとき。
　②相手方が表意者と同一の錯誤に陥っていたとき。
4 1の規定による意思表示の取消しは、善意でかつ過失がない第三者に対抗することができないものとすること。(第95条第4項関係)

＜新旧条文比較＞

【新条文】

錯誤
第95条　意思表示は、次に掲げる錯誤に基づくものであって、その錯誤が法律行為の目的及び取引上の社会通念に照らして重要なものであるときは、取り消すことができる。
①意思表示に対応する意思を欠く錯誤
②表意者が法律行為の基礎とした事情についてのその認識が真実に反する錯誤
2　前項第2号の規定による意思表示の取消しは、その事情が法律行為の基礎とされていることが表示されていたときに限り、することができる。
3　錯誤が表意者の重大な過失によるものであった場合には、次に掲げる場合を除き、第一項の規定による意思表示の取消しをすることができない。
①相手方が表意者に錯誤があることを知り、又は重大な過失によって知らなかったとき。
②相手方が表意者と同一の錯誤に陥っていたとき。
4　第一項の規定による意思表示の取消しは、善意でかつ過失がない第三者に対抗することができない。

現行民法は「無効」としていたが、
改正法では、「取り消すことができる」とした。
またその要件を詳しくした。

【変更事項】（民法の一部を改正する法律より）

二　錯誤

第95条　意思表示は、次に掲げる錯誤に基づくものであって、その錯誤が法律行為の目的及び取引上の社会通念に照らして重要なものであるときは、取り消すことができる。
一　意思表示に対応する意思を欠く錯誤
二　表意者が法律行為の基礎とした事情についてのその認識が真実に反する錯誤
2　前項第2号の規定による意思表示の取消しは、その事情が法律行為の基礎とされていることが表示されていたときに限り、することができる。
3　錯誤が表意者の重大な過失によるものであった場合には、次に掲げる場合を除き、第1項の規定による意思表示の取消しをすることができない。
一　相手方が表意者に錯誤があることを知り、又は重大な過失によって知らなかったとき。
二　相手方が表意者と同一の錯誤に陥っていたとき。
4　第1項の規定による意思表示の取消しは、善意でかつ過失がない第三者に対抗することができない。

【旧条文】

錯誤
第95条　意思表示は、法律行為の要素に錯誤があったときは、無効とする。ただし、表意者に重大な過失があったときは、表意者は、自らその無効を主張することができない。

3 意思表示 【三】詐欺、または強迫
【四】意思表示の効力発生時期等

【改正要綱】

【三】詐欺、または強迫
1 相手方に対する意思表示について第三者が詐欺を行った場合においては、相手方がその事実を知り、又は知ることができたときに限り、その意思表示を取り消すことができるものとすること。(第96条第2項関係)
2 民法第96条第1項又は1の規定による詐欺による意思表示の取消しは、善意でかつ過失がない第三者に対抗することができないものとすること。(第96条第3項関係)

【四】意思表示の効力発生時期等
1 意思表示は、その通知が相手方に到達した時からその効力を生ずるものとすること。(第97条第1項関係)
2 相手方が正当な理由なく意思表示の通知が到達することを妨げたときは、その通知は、通常到達すべきであった時に到達したものとみなすものとすること。(第97条第2項関係)
3 意思表示は、表意者が通知を発した後に死亡し、意思能力を喪失し、又は行為能力の制限を受けたときであっても、そのためにその効力を妨げられないものとすること。(第97条第3項関係)

―――<新旧条文比較>―――

【新条文】

詐欺、または強迫
第96条　　　〔略〕
　　2 相手方に対する意思表示について第三者が詐欺を行った場合においては、相手方がその事実を知り、又は知ることができたときに限り、その意思表示を取り消すことができる。
　　3 前二項の規定による詐欺による意思表示の取消しは、善意でかつ過失がない第三者に対抗することができない。

意思表示の効力発生時期等
第97条　　　意思表示は、その通知が相手方に到達した時からその効力を生ずる。

　　2 相手方が正当な理由なく意思表示の通知が到達することを妨げたときは、その通知は、通常到達すべきであった時に到達したものとみなす。
　　3 意思表示は、表意者が通知を発した後に死亡し、意思能力を喪失し、又は行為能力の制限を受けたときであっても、そのためにその効力を妨げられない

条文において要件などを明確化。
意思表示の到達では、現行民法は「隔地者に対する」意思表示は、到達した時に効力を発生する旨を規定しているが、改正法では「隔地者」という言葉を排し、意思表示が到達した時効力が発生する。

【変更事項】（民法の一部を改正する法律より）

三　詐欺

第 96 条第 2 項中「知っていた」を「知り、又は知ることができた」に改め、同条第 3 項中「善意の」を「善意でかつ過失がない」に改める。

四　意思表示の効力発生時期等

第 97 条の見出しを「（意思表示の効力発生時期等）」に改め、同条第 1 項中「隔地者に対する」を削り、同条第 2 項中「隔地者に対する」を削り、「死亡し」の下に「意思能力を喪失し」を加え、「を喪失した」を「の制限を受けた」に改め、同項を同条第 3 項とし、同条第 1 項の次に次の 1 項を加える。
「2　相手方が正当な理由なく意思表示の通知が到達することを妨げたときは、その通知は、通常到達すべきであった時に到達したものとみなす。」

【旧条文】

詐欺、または強迫
第 96 条　　　〔同左〕
　　　　　2　相手方に対する意思表示について第三者が詐欺を行った場合においては、相手方がその事実を知っていたときに限り、その意思表示を取り消すことができる。
　　　　　3　前二項の規定による詐欺による意思表示の取消しは、善意の第三者に対抗することができない。

隔地者に対する意思表示
第 97 条　　　隔地者に対する意思表示は、その通知が相手方に到達した時からその効力を生ずる。
〔新設〕

　　　　　2　隔地者に対する意思表示は、表意者が通知を発した後に死亡し、又は行為能力を喪失したときであっても、そのためにその効力を妨げられない。

3 意思表示 【五】受領能力

【改正要綱】

【五】受領能力

意思表示の相手方がその意思表示を受けた時に意思能力を有しなかったとき又は未成年者若しくは成年被後見人であったときは、その意思表示をもってその相手方に対抗することができないものとすること。ただし、次に掲げる者がその意思表示を知った後は、この限りでないものとすること。（第98条の2関係）
1 相手方の法定代理人
2 意思能力を回復し、又は行為能力者となった相手方

―― <新旧条文比較> ――

【新条文】

意思表示の受領能力
第98条の2　意思表示の相手方がその意思表示を受けた時に<u>意思能力を有しなかったとき又は未成年者若しくは成年被後見人であったときは</u>、その意思表示をもってその相手方に対抗することができない。ただし、<u>次に掲げる者</u>がその意思表示を知った後は、この限りでない。
<u>①相手方の法定代理人</u>
<u>②意思能力を回復し、又は行為能力者となった相手方</u>

意思表示を受領能力について明確化した。

【変更事項】（民法の一部を改正する法律より）
　第98条の2中「未成年者又は」を「意思能力を有しなかったとき又は未成年者若しくは」に改め、同条ただし書中「その法定代理人」を「次に掲げる者」に改め、同条に次の各号を加える。
　1 相手方の法定代理人
　2 意思能力を回復し、又は行為能力者となった相手方

【旧条文】
　意思表示の受領能力
　第98条の2　　意思表示の相手方がその意思表示を受けた時に<u>未成年者又</u>は成年被後見人であったときは、その意思表示をもってその相手方に対抗することができない。ただし、<u>その法定代理人</u>がその意思表示を知った後は、この限りでない。
〔新設〕
〔新設〕

4 代理 【一】代理行為の瑕疵

【改正要綱】

【一】代理行為の瑕疵

1 代理人が相手方に対してした意思表示の効力が意思の不存在、錯誤、詐欺、強迫又はある事情を知っていたこと若しくは知らなかったことにつき過失があったことによって影響を受けるべき場合には、その事実の有無は、代理人について決するものとするものとすること。(第101条第1項関係)

2 相手方が代理人に対してした意思表示の効力が意思表示を受けた者がある事情を知っていたこと又は知らなかったことにつき過失があったことによって影響を受けるべき場合には、その事実の有無は、代理人について決するものとするものとすること。(第101条第2項関係)

3 特定の法律行為をすることを委託された代理人がその行為をしたときは、本人は、自ら知っていた事情について代理人が知らなかったことを主張することができないものとすること。本人が過失によって知らなかった事情についても、同様とするものとすること。(第101条第3項関係)

―――＜新旧条文比較＞―――

【新条文】

代理行為の瑕疵
第101条　代理人が相手方に対してした意思表示の効力が意思の不存在、錯誤、詐欺、強迫又はある事情を知っていたこと若しくは知らなかったことにつき過失があったことによって影響を受けるべき場合には、その事実の有無は、代理人について決するものとする。

2　相手方が代理人に対してした意思表示の効力が意思表示を受けた者がある事情を知っていたこと又は知らなかったことにつき過失があったことによって影響を受けるべき場合には、その事実の有無は、代理人について決するものとする。

3　特定の法律行為をすることを委託された代理人がその行為をしたときは、本人は、自ら知っていた事情について代理人が知らなかったことを主張することができない。本人が過失によって知らなかった事情についても、同様とする。

代理した行為に関して、代理者自身の認識について問題がある場合、すなわち代理行為の瑕疵について規定内容を明確化した。

【変更事項】（民法の一部を改正する法律より）

第101条第1項中「意思表示」を「代理人が相手方に対してした意思表示」に改め、「不存在」の下に「、錯誤」を加え、同条第二項中「場合において、」及び「本人の指図に従って」を削り、同項を同条第三項とし、同条第一項の次に次の一項を加える。
「2 相手方が代理人に対してした意思表示の効力が意思表示を受けた者がある事情を知っていたこと又は知らなかったことにつき過失があったことによって影響を受けるべき場合には、その事実の有無は、代理人について決するものとする。」

【旧条文】

代理行為の瑕疵
第101条 <u>意思表示の効力が意思</u>の不存在、詐欺、強迫又はある事情を知っていたこと若しくは知らなかったことにつき過失があったことによって影響を受けるべき場合には、その事実の有無は、代理人について決するものとする。

〔新設〕

2 特定の法律行為をすることを委託された<u>場合において、</u>代理人が<u>本人の指図に従って</u>その行為をしたときは、本人は、自ら知っていた事情について代理人が知らなかったことを主張することができない。本人が過失によって知らなかった事情についても、同様とする。

【一】代理行為の瑕疵

4 代理 【二】代理人の行為能力

【改正要綱】

【二】代理人の行為能力

制限行為能力者が代理人としてした行為は、行為能力の制限によっては取り消すことができないものとすること。ただし、制限行為能力者が他の制限行為能力者の法定代理人としてした行為については、この限りでないものとすること。(第102条関係)

―――＜新旧条文比較＞―――

【新条文】

<u>代理人の行為能力</u>
<u>第102条　　制限行為能力者が代理人としてした行為は、行為能力の制限によっては取り消すことができない。ただし、制限行為能力者が他の制限行為能力者の法定代理人としてした行為については、この限りでない。</u>

内容的には基本的に大きな変更はない。
ただ本人や代理人においての、事実の認識状況による要件の整理、制限行為能力者が代理人の場合の効果についての整理、復代理人を選定した代理人の責任の規定の廃止等を定めている。

【変更事項】（民法の一部を改正する法律より）

(現行) 第102条を次のとおりに改める。
「第102条 制限行為能力者が代理人としてした行為は、行為能力の制限によっては取り消すことができない。ただし、制限行為能力者が他の制限行為能力者の法定代理人としてした行為については、この限りでない。」

【旧条文】

<u>代理人の行為能力</u>
第102条　　<u>代理人は、行為能力者であることを要しない。</u>

4 代理 【三】復代理人を選任した任意代理人の責任

【改正要綱】

【三】復代理人を選任した任意代理人の責任
民法第105条を削除するものとすること。

―――＜新旧条文比較＞―――

【新条文】

法定代理人による復代理人の選任
<u>第105条</u>　法定代理人は、自己の責任で復代理人を選任することができる。この場合において、やむを得ない事由があるときは、<u>本人に対してその選任及び監督についての責任のみ</u>を負う。

復代理人の権限等
<u>第106条</u>　　〔略〕
2　復代理人は、本人及び第三者に対して、<u>その権限の範囲内において、</u>代理人と同一の権利を有し、義務を負う。

復代理人についての規定の整備。

【変更事項】（民法の一部を改正する法律より）

第 105 条を削る。
第 106 条中「前条第一項」を「本人に対してその選任及び監督について」に改め、同条を第 105 条とする。

第 107 条第 2 項中「対して」の下に「、その権限の範囲内において」を加え、同条を第 106 条とし、同条の次に次の一条を加える。

【旧条文】

法定代理人による復代理人の選任
<u>第 106 条</u>　　法定代理人は、自己の責任で復代理人を選任することができる。この場合において、やむを得ない事由があるときは、<u>前条第一項</u>の責任のみを負う。

復代理人の権限等
<u>第 107 条</u>　　〔同左〕
　　　　　2 復代理人は、本人及び第三者に対して、代理人と同一の権利を有し、義務を負う。

4 代理　【四】代理権の濫用

【改正要綱】

【四】代理権の濫用

代理人が自己又は第三者の利益を図る目的で代理権の範囲内の行為をした場合において、相手方がその目的を知り、又は知ることができたときは、その行為は、代理権を有しない者がした行為とみなすものとすること。（第107条関係）

―――＜新旧条文比較＞―――

【新条文】

代理権の濫用
第107条　代理人が自己又は第三者の利益を図る目的で代理権の範囲内の行為をした場合において、相手方がその目的を知り、又は知ることができたときは、その行為は、代理権を有しない者がした行為とみなす。

代理権濫用の規定を追加。

【変更事項】（民法の一部を改正する法律より）

　新たに第107条として、次の規定を加える。
「第107条　代理人が自己又は第三者の利益を図る目的で代理権の範囲内の行為をした場合において、相手方がその目的を知り、又は知ることができたときは、その行為は、代理権を有しない者がした行為とみなす。」

【旧条文】

　　〔新設〕

4 代理 【五】自己契約及び双方代理等

【改正要綱】

【五】自己契約及び双方代理等

1　同一の法律行為について、相手方の代理人として、又は当事者双方の代理人としてした行為は、代理権を有しない者がした行為とみなすものとすること。ただし、債務の履行及び本人があらかじめ許諾した行為については、この限りでないものとすること。（第108条第1項関係）

2　1本文に規定するもののほか、代理人と本人との利益が相反する行為については、代理権を有しない者がした行為とみなすものとすること。ただし、本人があらかじめ許諾した行為については、この限りでないものとすること。（第108条第2項関係）

―――＜新旧条文比較＞―――

【新条文】

自己契約及び双方代理等
第108条　同一の<u>法律行為</u>について、相手方の代理人<u>として</u>、又は当事者双方の代理人としてした行為は、代理権を有しない者がした行為とみなす。ただし、債務の履行及び本人があらかじめ許諾した行為については、この限りでない。
<u>2　前項本文に規定するもののほか、代理人と本人との利益が相反する行為については、代理権を有しない者がした行為とみなす。ただし、本人があらかじめ許諾した行為については、この限りでない。</u>

自己契約・双方代理の規定の整備。

【変更事項】（民法の一部を改正する法律より）

第108条の見出しを「（自己契約及び双方代理等）」に改め、同条中「法律行為については」を「法律行為について」に、「となり」を「として」に、「となることはできない」を「としてした行為は、代理権を有しない者がした行為とみなす」に改め、同条に次の一項を加える。
「2　前項本文に規定するもののほか、代理人と本人との利益が相反する行為については、代理権を有しない者がした行為とみなす。ただし、本人があらかじめ許諾した行為については、この限りでない。」

【旧条文】

<u>自己契約及び双方代理</u>
第108条　同一の<u>法律行為については</u>、相手方の代理人<u>となり</u>、又は当事者双方の代理人<u>となることはできない</u>。ただし、債務の履行及び本人があらかじめ許諾した行為については、この限りでない。

〔新設〕

4 代理 【六】表見代理

【改正要綱】

【六】表見代理

1 第三者に対して他人に代理権を与えた旨を表示した者は、その代理権の範囲内においてその他人が第三者との間で行為をしたとすれば民法第百九条の規定によりその責任を負うべき場合において、その他人が第三者との間でその代理権の範囲外の行為をしたときは、第三者がその行為についてその他人の代理権があると信ずべき正当な理由があるときに限り、その行為についての責任を負うものとすること。(第109条第2項関係)

2 他人に代理権を与えた者は、代理権の消滅後にその代理権の範囲内においてその他人が第三者との間でした行為について、代理権の消滅の事実を知らなかった第三者に対してその責任を負うものとすること。ただし、第三者が過失によってその事実を知らなかったときは、この限りでないものとすること。(第112条第1項関係)

3 他人に代理権を与えた者は、代理権の消滅後に、その代理権の範囲内においてその他人が第三者との間で行為をしたとすれば2の規定によりその責任を負うべき場合において、その他人が第三者との間でその代理権の範囲外の行為をしたときは、第三者がその行為についてその他人の代理権があると信ずべき正当な理由があるときに限り、その行為についての責任を負うものとすること。(第112条第2項関係)

―――<新旧条文比較>―――

【新条文】

<u>代理権授与の表示による表見代理等</u>
第109条　〔略〕
　　　　　<u>2第三者に対して他人に代理権を与えた旨を表示した者は、その代理権の範囲内においてその他人が第三者との間で行為をしたとすれば前項の規定によりその責任を負うべき場合において、その他人が第三者との間でその代理権の範囲外の行為をしたときは、第三者がその行為についてその他人の代理権があると信ずべき正当な理由があるときに限り、その行為についての責任を負う。</u>

権限外の行為の表見代理
第110条　<u>前条第一項本文</u>の規定は、代理人がその権限外の行為をした場合において、第三者が代理人の権限があると信ずべき正当な理由があるときについて準用する。

<u>代理権消滅後の表見代理等</u>
第112条　<u>他人に代理権を与えた者は、代理権の消滅後にその代理権の範囲内においてその他人が第三者との間でした行為について、代理権の消滅の事実を知らなかった第三者に対してその責任を負う。ただし、第三者が過失によってその事実を知らなかったときは、この限りでない。
　　　　　2他人に代理権を与えた者は、代理権の消滅後に、その代理権の範囲内においてその他人が第三者との間で行為をしたとすれば前項の規定によりその責任を負うべき場合において、その他人が第三者との間でその代理権の範囲外の行為をしたときは、第三者がその行為についてその他人の代理権があると信ずべき正当な理由があるときに限り、その行為についての責任を負う。</u>

表見代理の効果について、現行民法より詳細に分けて要件・効果を整理。

【変更事項】（民法の一部を改正する法律より）

（代理権授与の表示による表見代理等）
第109条の見出しを「（代理権授与の表示による表見代理等）」に改め、同条に次の1項を加える。
「2 第三者に対して他人に代理権を与えた旨を表示した者は、その代理権の範囲内においてその他人が第三者との間で行為をしたとすれば前項の規定によりその責任を負うべき場合において、その他人が第三者との間でその代理権の範囲外の行為をしたときは、第三者がその行為についてその他人の代理権があると信ずべき正当な理由があるときに限り、その行為についての責任を負う。」
（権限外の行為の表見代理）
第110条中「前条本文」を「前条第一項本文」に改める。
（代理権消滅後の表見代理等）
第112条を次のように改める。
「第112条 他人に代理権を与えた者は、代理権の消滅後にその代理権の範囲内においてその他人が第三者との間でした行為について、代理権の消滅の事実を知らなかった第三者に対してその責任を負う。ただし、第三者が過失によってその事実を知らなかったときは、この限りでない。
2 他人に代理権を与えた者は、代理権の消滅後に、その代理権の範囲内においてその他人が第三者との間で行為をしたとすれば前項の規定によりその責任を負うべき場合において、その他人が第三者との間でその代理権の範囲外の行為をしたときは、第三者がその行為についてその他人の代理権があると信ずべき正当な理由があるときに限り、その行為についての責任を負う。」

【旧条文】

<u>代理権授与の表示による表見代理</u>
第109条　　　〔同左〕
〔新設〕

<u>権限外の行為の表見代理</u>
第110条　<u>前条本文</u>の規定は、代理人がその権限外の行為をした場合において、第三者が代理人の権限があると信ずべき正当な理由があるときについて準用する。

<u>代理権消滅後の表見代理</u>
第112条　代理権の消滅は、善意の第三者に対抗することができない。ただし、第三者が過失によってその事実を知らなかったときは、この限りでない。

4 代理 【七】無権代理人の責任

【改正要綱】

【七】無権代理人の責任
　1　他人の代理人として契約をした者は、自己の代理権を証明したとき、又は本人の追認を得たときを除き、相手方の選択に従い、相手方に対して履行又は損害賠償の責任を負うものとすること。(第117条第1項関係)
　2　1の規定は、次に掲げる場合には、適用しないものとすること。(第117条第2項関係)
①他人の代理人として契約をした者が代理権を有しないことを相手方が知っていたとき。
②他人の代理人として契約をした者が代理権を有しないことを相手方が過失によって知らなかったとき。ただし、他人の代理人として契約をした者が自己に代理権がないことを知っていたときは、この限りでない。
③他人の代理人として契約をした者が行為能力の制限を受けていたとき。

――＜新旧条文比較＞――

【新条文】

　無権代理人の責任
　第117条　他人の代理人として契約をした者は、自己の代理権を<u>証明したとき、又は</u>本人の追認を得たときを除き、相手方の選択に従い、相手方に対して履行又は損害賠償の責任を負う。
　　　　　<u>2　前項の規定は、次に掲げる場合には、適用しない。</u>
　　　　　<u>①他人の代理人として契約をした者が代理権を有しないことを相手方が知っていたとき。</u>
　　　　　<u>②他人の代理人として契約をした者が代理権を有しないことを相手方が過失によって知らなかったとき。ただし、他人の代理人として契約をした者が自己に代理権がないことを知っていたときは、この限りでない。</u>
　　　　　<u>③他人の代理人として契約をした者が行為能力の制限を受けていたとき。</u>

無権代理については、現行民法では代理権を証明して、
かつ本人の追認をうることができた場合のみ代理権を主張できたのに対して、
改正法は、どちらかがある場合に代理権を主張できる。

【変更事項】（民法の一部を改正する法律より）

第117条第1項中「証明することができず、かつ、本人の追認を得ることができなかったときは」を「証明したとき、又は本人の追認を得たときを除き」に改め、同条第2項を次のように改める。
「2 前項の規定は、次に掲げる場合には、適用しない。
①他人の代理人として契約をした者が代理権を有しないことを相手方が知っていたとき。
②他人の代理人として契約をした者が代理権を有しないことを相手方が過失によって知らなかったとき。ただし、他人の代理人として契約をした者が自己に代理権がないことを知っていたときは、この限りでない。
③他人の代理人として契約をした者が行為能力の制限を受けていたとき。」

【旧条文】

無権代理人の責任
第117条　他人の代理人として契約をした者は、自己の代理権を<u>証明することができず、かつ、本人の追認を得ることができなかったときは</u>、相手方の選択に従い、相手方に対して履行又は損害賠償の責任を負う。
<u>2 前項の規定は、他人の代理人として契約をした者が代理権を有しないことを相手方が知っていたとき、若しくは過失によって知らなかったとき、又は他人の代理人として契約をした者が行為能力を有しなかったときは、適用しない。</u>

5 無効及び取消 【一】法律行為が無効である場合又は取り消された場合の効果

【改正要綱】

【一】法律行為が無効である場合又は取り消された場合の効果

1 無効な行為に基づく債務の履行として給付を受けた者は、相手方を原状に復させる義務を負うものとすること。(第121条の2第1項関係)

2 1の規定にかかわらず、無効な無償行為に基づく債務の履行として給付を受けた者は、給付を受けた当時その行為が無効であること(給付を受けた後に民法第121条の規定により初めから無効であったものとみなされた行為にあっては、給付を受けた当時その行為が取り消すことができるものであること)を知らなかったときは、その行為によって現に利益を受けている限度において、返還の義務を負うものとすること。(第121条の2第2項関係)

3 1の規定にかかわらず、行為の時に意思能力を有しなかった者は、その行為によって現に利益を受けている限度において、返還の義務を負うものとすること。行為の時に制限行為能力者であった者についても、同様とするものとすること。(第121条の2第3項関係)

＜新旧条文比較＞

【新条文】

取消権者
第120条 行為能力の制限によって取り消すことができる行為は、制限行為能力者(他の制限行為能力者の法定代理人としてした行為にあっては、当該他の制限行為能力者を含む。)又はその代理人、承継人若しくは同意をすることができる者に限り、取り消すことができる。
2 錯誤、詐欺又は強迫によって取り消すことができる行為は、瑕疵かしある意思表示をした者又はその代理人若しくは承継人に限り、取り消すことができる。

取消しの効果
第121条 取り消された行為は、初めから無効であったものとみなす。

原状回復の義務
第121条の2 無効な行為に基づく債務の履行として給付を受けた者は、相手方を原状に復させる義務を負う。
2 前項の規定にかかわらず、無効な無償行為に基づく債務の履行として給付を受けた者は、給付を受けた当時その行為が無効であること(給付を受けた後に前条の規定により初めから無効であったものとみなされた行為にあっては、給付を受けた当時その行為が取り消すことができるものであること)を知らなかったときは、その行為によって現に利益を受けている限度において、返還の義務を負う。
3 第一項の規定にかかわらず、行為の時に意思能力を有しなかった者は、その行為によって現に利益を受けている限度において、返還の義務を負う。行為の時に制限行為能力者であった者についても、同様とする。

制限行為能力者の場合と錯誤、詐欺、強迫の場合の取消権者について整理している。
給付を受けた時点で無効を知らなかった時は、現に受けた利益を限度に返還の義務を負う。
無効な行為に基づく債務の履行として給付を受けた者は、原状回復義務を負う。

【変更事項】（民法の一部を改正する法律より）

第120条第1項中「制限行為能力者」の下に「（他の制限行為能力者の法定代理人としてした行為にあっては、当該他の制限行為能力者を含む。）」を加え、同条第2項中「詐欺」を「錯誤、詐欺」に改める。
第121条ただし書を削り、同条の次に次の一条を加える。

「（原状回復の義務）
第121条の2　無効な行為に基づく債務の履行として給付を受けた者は、相手方を原状に復させる義務を負う。
2　前項の規定にかかわらず、無効な無償行為に基づく債務の履行として給付を受けた者は、給付を受けた当時その行為が無効であること（給付を受けた後に前条の規定により初めから無効であったものとみなされた行為にあっては、給付を受けた当時その行為が取り消すことができるものであること）を知らなかったときは、その行為によって現に利益を受けている限度において、返還の義務を負う。
3　第一項の規定にかかわらず、行為の時に意思能力を有しなかった者は、その行為によって現に利益を受けている限度において、返還の義務を負う。行為の時に制限行為能力者であった者についても、同様とする。」

【旧条文】

取消権者
第120条　行為能力の制限によって取り消すことができる行為は、制限行為能力者又はその代理人、承継人若しくは同意をすることができる者に限り、取り消すことができる。

2　詐欺又は強迫によって取り消すことができる行為は、瑕疵ある意思表示をした者又はその代理人若しくは承継人に限り、取り消すことができる。

取消しの効果
第121条　取り消された行為は、初めから無効であったものとみなす。<u>ただし、制限行為能力者は、その行為によって現に利益を受けている限度において、返還の義務を負う。</u>

〔新設〕

5 無効及び取消 【二】追認

【改正要綱】

【二】追認

1　民法第122条ただし書を削除するものとすること。
2　取り消すことができる行為の追認は、取消しの原因となっていた状況が消滅し、かつ、取消権を有することを知った後にしなければ、その効力を生じないものとすること。
（第124条第1項関係）
3　次に掲げる場合には、2の追認は、取消しの原因となっていた状況が消滅した後にすることを要しないものとすること。（第124条第2項関係）
①法定代理人又は制限行為能力者の保佐人若しくは補助人が追認をするとき。
②制限行為能力者（成年被後見人を除く。）が法定代理人、保佐人又は補助人の同意を得て追認をするとき。

―――＜新旧条文比較＞―――

【新条文】

取り消すことができる行為の追認
第122条　　取り消すことができる行為は、第120条に規定する者が追認したときは、以後、取り消すことができない。

追認の要件
第124条　　取り消すことができる行為の追認は、取消しの原因となっていた状況が消滅し、かつ、取消権を有することを知った後にしなければ、その効力を生じない。
　2　次に掲げる場合には、前項の追認は、取消しの原因となっていた状況が消滅した後にすることを要しない。
　①法定代理人又は制限行為能力者の保佐人若しくは補助人が追認をするとき。
　②制限行為能力者（成年被後見人を除く。）が法定代理人、保佐人又は補助人の同意を得て追認をするとき。
　3〔削る〕

法定追認
第125条　　追認をすることができる時以後に、取り消すことができる行為について次に掲げる事実があったときは、追認をしたものとみなす。ただし、異議をとどめたときは、この限りでない。
　1～6〔略〕

取消しする行為について、追認をした以降は、取り消すことができない。
取消しの原因となる状況が消滅し、かつ取消権を有することとなった場合でないと追認はできない。

【変更事項】（民法の一部を改正する法律より）

第122条ただし書を削る。
第124条第1項中「追認」を「取り消すことができる行為の追認」に、「消滅した」を「消滅し、かつ、取消権を有することを知った」に改め、同条第2項を次のように改める。
「2 次に掲げる場合には、前項の追認は、取消しの原因となっていた状況が消滅した後にすることを要しない。
①法定代理人又は制限行為能力者の保佐人若しくは補助人が追認をするとき。
②制限行為能力者（成年被後見人を除く。）が法定代理人、保佐人又は補助人の同意を得て追認をするとき。」
第124条第3項を削る。
第125条中「前条の規定により」を削る。

【旧条文】

取り消すことができる行為の追認
第122条　取り消すことができる行為は、第120条に規定する者が追認したときは、以後、取り消すことができない。
ただし、追認によって第三者の権利を害することはできない。

追認の要件
第124条　追認は、取消しの原因となっていた状況が消滅した後にしなければ、その効力を生じない。

2 成年被後見人は、行為能力者となった後にその行為を了知したときは、その了知をした後でなければ、追認をすることができない。

3 前2項の規定は、法定代理人又は制限行為能力者の保佐人若しくは補助人が追認をする場合には、適用しない。

法定追認
第125条　前条の規定により追認をすることができる時以後に、取り消すことができる行為について次に掲げる事実があったときは、追認をしたものとみなす。ただし、異議をとどめたときは、この限りでない。
1〜6〔同左〕

6 条 件及び期限　条件成就の妨害

【改正要綱】

条件が成就することによって利益を受ける当事者が不正にその条件を成就させたときは、相手方は、その条件が成就しなかったものとみなすことができるものとすること。
（第 130 条第 2 項関係）

＜新旧条文比較＞

【新条文】

<u>条件の成就の妨害等</u>
第 130 条　　〔略〕
　<u>2 条件が成就することによって利益を受ける当事者が不正にその条件を成就させたときは、相手方は、その条件が成就しなかったものとみなすことができる。</u>

不正な条件成就は、条件が成就していないとみなす規定を追加。

【変更事項】（民法の一部を改正する法律より）
　第130条の見出しを「（条件の成就の妨害等）」に改め、同条に次の1項を加える。
「2　条件が成就することによって利益を受ける当事者が不正にその条件を成就させたときは、相手方は、その条件が成就しなかったものとみなすことができる。」

【旧条文】
　条件の成就の妨害
　第130条　　〔同左〕
　〔新設〕

7 消滅時効　【一】債権の消滅時効における原則的な時効期間と起算点

【改正要綱】

【一】債権の消滅時効における原則的な時効期間と起算点

債権は、次に掲げる場合には、時効によって消滅するものとすること。（第166条第1項関係）
1　債権者が権利を行使することができることを知った時から5年間行使しないとき。
2　権利を行使することができる時から10年間行使しないとき。

―――＜新旧条文比較＞―――

【新条文】

<u>債権等の消滅時効</u>
第166条　<u>債権は、次に掲げる場合には、時効によって消滅する。</u>
<u>①　債権者が権利を行使することができることを知った時から5年間行使しないとき。</u>
<u>②　権利を行使することができる時から10年間行使しないとき。</u>
<u>2　債権又は所有権以外の財産権は、権利を行使することができる時から20年間行使しないときは、時効によって消滅する。</u>
<u>3　前2項</u>の規定は、始期付権利又は停止条件付権利の目的物を占有する第三者のために、その占有の開始の時から取得時効が進行することを妨げない。ただし、権利者は、その時効を<u>更新する</u>ため、いつでも占有者の承認を求めることができる。

「時効の中断」から「時効の更新」へ改められた。

【変更事項】（民法の一部を改正する法律より）

第166条の見出しを「（債権等の消滅時効）」に改め、同条第1項を次のように改める。
「債権は、次に掲げる場合には、時効によって消滅する。
一 債権者が権利を行使することができることを知った時から5年間行使しないとき。
二 権利を行使することができる時から10年間行使しないとき。」
第166条第2項中「前項」を「前2項」に改め、同項ただし書中「中断する」を「更新する」に改め、同項を同条第3項とし、同条第1項の次に次の1項を加える。
「2 債権又は所有権以外の財産権は、権利を行使することができる時から20年間行使しないときは、時効によって消滅する。」

【旧条文】

消滅時効の進行等
第166条　　消滅時効は、権利を行使することができる時から進行する。

〔新設〕

　2 前項の規定は、始期付権利又は停止条件付権利の目的物を占有する第三者のために、その占有の開始の時から取得時効が進行することを妨げない。ただし、権利者は、その時効を中断するため、いつでも占有者の承認を求めることができる。

7 消滅時効 【二】定期金債権等の消滅時効

【改正要綱】

【二】定期金債権等の消滅時効
1 定期金の債権は、次に掲げる場合には、時効によって消滅するものとすること。(第168条第1項関係)
(1) 債権者が定期金の債権から生ずる金銭その他の物の給付を目的とする各債権を行使することができることを知った時から十年間行使しないとき。
(2) (1)に規定する各債権を行使することができる時から20年間行使しないとき。
2 民法第168条第1項後段を削除するものとすること。
3 民法第169条を削除するものとすること。

―――＜新旧条文比較＞―――

【新条文】

定期金債権の消滅時効
第168条　定期金の債権は、次に掲げる場合には、時効によって消滅する。
　　　　　①債権者が定期金の債権から生ずる金銭その他の物の給付を目的とする各債権を行使することができることを知った時から10年間行使しないとき。
　　　　　②前号に規定する各債権を行使することができる時から20年間行使しないとき。
　　2　定期金の債権者は、時効の更新の証拠を得るため、いつでも、その債務者に対して承認書の交付を求めることができる。

判決で確定した権利の消滅時効
第169条　確定判決又は確定判決と同一の効力を有するものによって確定した権利については、10年より短い時効期間の定めがあるものであっても、その時効期間は、10年とする。
　　2　前項の規定は、確定の時に弁済期の到来していない債権については、適用しない。

消滅時効の条文の整理がされた。

【変更事項】（民法の一部を改正する法律より）

第168条第1項を次のように改める。
「定期金の債権は、次に掲げる場合には、時効によって消滅する。
一　債権者が定期金の債権から生ずる金銭その他の物の給付を目的とする各債権を行使することができることを知った時から10年間行使しないとき。
二　前号に規定する各債権を行使することができる時から20年間行使しないとき。」
第168条第2項中「中断」を「更新」に改める。
第169条を次のように改める。
「（判決で確定した権利の消滅時効）
第169条　確定判決又は確定判決と同一の効力を有するものによって確定した権利については、10年より短い時効期間の定めがあるものであっても、その時効期間は、10年とする。
2　前項の規定は、確定の時に弁済期の到来していない債権については、適用しない。」

【旧条文】

定期金債権の消滅時効
第168条　<u>定期金の債権は、第1回の弁済期から20年間行使しないときは、消滅する。最後の弁済期から10年間行使しないときも、同様とする。</u>

　　　　2　定期金の債権者は、時効の中断の証拠を得るため、いつでも、その債務者に対して承認書の交付を求めることができる。

定期給付債権の短期消滅時効
第169条　<u>年又はこれより短い時期によって定めた金銭その他の物の給付を目的とする債権は、5年間行使しないときは、消滅する。</u>

7 消滅時効　【三】職業別の短期消滅時効等の廃止

【改正要綱】

【三】職業別の短期消滅時効等の廃止
　民法第170条から第174条までを削除するものとすること。

―――＜新旧条文比較＞―――

【新条文】

　<u>第170条から第174条まで 削除</u>

〔削る〕

短期消滅時効の規定を整理。

【変更事項】（民法の一部を改正する法律より）
　第170条の前の見出しを削り、同条から第174条までを次のように改める。
　第170条から第174条まで削除

【旧条文】

3年の短期消滅時効
第170条　次に掲げる債権は、3年間行使しないときは、消滅する。ただし、第2号に掲げる債権の時効は、同号の工事が終了した時から起算する。
　①医師、助産師又は薬剤師の診療、助産又は調剤に関する債権
　②工事の設計、施工又は監理を業とする者の工事に関する債権
第171条　弁護士又は弁護士法人は事件が終了した時から、公証人はその職務を執行した時から3年を経過したときは、その職務に関して受け取った書類について、その責任を免れる。

2年の短期消滅時効
第172条　弁護士、弁護士法人又は公証人の職務に関する債権は、その原因となった事件が終了した時から2年間行使しないときは、消滅する。
　2　前項の規定にかかわらず、同項の事件中の各事項が終了した時から5年を経過したときは、同項の期間内であっても、その事項に関する債権は、消滅する。
第173条　次に掲げる債権は、2年間行使しないときは、消滅する。
　①生産者、卸売商人又は小売商人が売却した産物又は商品の代価に係る債権
　②自己の技能を用い、注文を受けて、物を製作し又は自己の仕事場で他人のために仕事をすることを業とする者の仕事に関する債権
　③学芸又は技能の教育を行う者が生徒の教育、衣食又は寄宿の代価について有する債権

1年の短期消滅時効
第174条　次に掲げる債権は、1年間行使しないときは、消滅する。
　①月又はこれより短い時期によって定めた使用人の給料に係る債権
　②自己の労力の提供又は演芸を業とする者の報酬又はその供給した物の代価に係る債権
　③運送賃に係る債権
　④旅館、料理店、飲食店、貸席又は娯楽場の宿泊料、飲食料、席料、入場料、消費物の代価又は立替金に係る債権
　⑤動産の損料に係る債権

判決で確定した権利の消滅時効
第174条の2　確定判決によって確定した権利については、10年より短い時効期間の定めがあるものであっても、その時効期間は、10年とする。裁判上の和解、調停その他確定判決と同一の効力を有するものによって確定した権利についても、同様とする。
　2　前項の規定は、確定の時に弁済期の到来していない債権については、適用しない。

7 消滅時効

【四】不法行為による損害賠償請求権の消滅時効
【五】生命・身体の侵害による損害賠償請求権の消滅時効

【改正要綱】

【四】不法行為による損害賠償請求権の消滅時効

不法行為による損害賠償の請求権は、次に掲げる場合には、時効によって消滅するものとすること。
（第724条関係）
1 被害者又はその法定代理人が損害及び加害者を知った時から3年間行使しないとき。
2 不法行為の時から20年間行使しないとき。

【五】生命・身体の侵害による損害賠償請求権の消滅時効

1 人の生命又は身体を害する不法行為による損害賠償請求権の消滅時効についての四1の規定の適用については、四1中「3年間」とあるのは、「5年間」とするものとすること。（第724条の2関係）
2 人の生命又は身体の侵害による損害賠償請求権の消滅時効についての一2の規定の適用については、一2中「10年間」とあるのは、「20年間」とするものとすること。（第167条関係）

＜新旧条文比較＞

【新条文】

<u>不法行為による損害賠償請求権の消滅時効</u>
<u>第724条</u>　<u>不法行為による損害賠償の請求権は、次に掲げる場合には、時効によって消滅する。</u>
　　　　　<u>①被害者又はその法定代理人が損害及び加害者を知った時から3年間行使しないとき。</u>
　　　　　<u>②不法行為の時から20年間行使しないとき。</u>

<u>人の生命又は身体を害する不法行為による損害賠償請求権の消滅時効</u>
<u>第724条の2</u>　<u>人の生命又は身体を害する不法行為による損害賠償請求権の消滅時効についての前条第1号の規定の適用については、同号中「3年間」とあるのは、「5年間」とする。</u>

<u>人の生命又は身体の侵害による損害賠償請求権の消滅時効</u>
<u>第167条</u>　<u>人の生命又は身体の侵害による損害賠償請求権の消滅時効についての前条第1項第2号の規定の適用については、同号中「10年間」とあるのは、「20年間」とする。</u>

不法行為や生命・身体の侵害に関する請求権については、消滅時効について整理の上、改められた。

【変更事項】（民法の一部を改正する法律より）

　　第724条を次のように改める。
「（不法行為による損害賠償請求権の消滅時効）
第724条　不法行為による損害賠償の請求権は、次に掲げる場合には、時効によって消滅する。
一　被害者又はその法定代理人が損害及び加害者を知った時から3年間行使しないとき。
二　不法行為の時から20年間行使しないとき。」

　　第3編第5章中第724条の次に次の1条を加える。
「（人の生命又は身体を害する不法行為による損害賠償請求権の消滅時効）
第724条の2　人の生命又は身体を害する不法行為による損害賠償請求権の消滅時効についての前条第1号の規定の適用については、同号中「3年間」とあるのは、「5年間」とする。」
　　第167条を次のように改める。
「（人の生命又は身体の侵害による損害賠償請求権の消滅時効）
第167条　人の生命又は身体の侵害による損害賠償請求権の消滅時効についての前条第1項第2号の規定の適用については、同号中「10年間」とあるのは、「20年間」とする。」

【旧条文】

不法行為による損害賠償請求権の期間の制限	
第724条	不法行為による損害賠償の請求権は、被害者又はその法定代理人が損害及び加害者を知った時から3年間行使しないときは、時効によって消滅する。不法行為の時から20年を経過したときも、同様とする。
〔新設〕	
債権等の消滅時効	
第167条	債権は、10年間行使しないときは、消滅する。 2　債権又は所有権以外の財産権は、20年間行使しないときは、消滅する。

消滅時効

【四】不法行為による損害賠償請求権の消滅時効
【五】生命・身体の侵害による損害賠償請求権の消滅時効

7 消滅時効 【六】時効の完成猶予及び更新

1 裁判上の請求等

【改正要綱】

【六】時効の完成猶予及び更新
1 裁判上の請求等
　(1) 次に掲げる事由がある場合には、その事由が終了する（確定判決又は確定判決と同一の効力を有するものによって権利が確定することなくその事由が終了した場合にあっては、その終了の時から6箇月を経過する）までの間は、時効は、完成しないものとすること。（第147条第1項関係）
　①裁判上の請求
　②支払督促
　③民事訴訟法（平成8年法律第109号）第275条第1項の和解又は民事調停法（昭和26年法律第222号）若しくは家事事件手続法（平成23年法律第52号）による調停
　④破産手続参加、再生手続参加又は更生手続参加
　(2) (1)の場合において、確定判決又は確定判決と同一の効力を有するものによって権利が確定したときは、時効は、(1)の①から④までに掲げる事由が終了した時から新たにその進行を始めるものとすること。（第147条第2項関係）

＜新旧条文比較＞

【新条文】

裁判上の請求等による時効の完成猶予及び更新
第147条　次に掲げる事由がある場合には、その事由が終了する（確定判決又は確定判決と同一の効力を有するものによって権利が確定することなくその事由が終了した場合にあっては、その終了の時から六箇月を経過する）までの間は、時効は、完成しない。
①裁判上の請求
②支払督促
③民事訴訟法第275条第1項の和解又は民事調停法（昭和26年法律第222号）若しくは家事事件手続法（平成23年法律第52号）による調停
④破産手続参加、再生手続参加又は更生手続参加
2　前項の場合において、確定判決又は確定判決と同一の効力を有するものによって権利が確定したときは、時効は、同項各号に掲げる事由が終了した時から新たにその進行を始める。

「時効の中断」から「時効の更新」へ。

【変更事項】（民法の一部を改正する法律より）

第147条から第157条を以下の通りに改める。
「（裁判上の請求等による時効の完成猶予及び更新）
第147条次に掲げる事由がある場合には、その事由が終了する（確定判決又は確定判決と同一の効力を有するものによって権利が確定することなくその事由が終了した場合にあっては、その終了の時から6箇月を経過する）までの間は、時効は、完成しない。
一裁判上の請求
二支払督促
三民事訴訟法第275条第1項の和解又は民事調停法（昭和26年法律第222号）若しくは家事事件手続法（平成23年法律第52号）による調停
四破産手続参加、再生手続参加又は更生手続参加
2 前項の場合において、確定判決又は確定判決と同一の効力を有するものによって権利が確定したときは、時効は、同項各号に掲げる事由が終了した時から新たにその進行を始める。」

【旧条文】

<u>時効の中断事由</u>
第147条　　時効は、次に掲げる事由によって中断する。
　　　　　　①請求
　　　　　　②差押え、仮差押え又は仮処分
　　　　　　③承認

消滅時効 【六】時効の完成猶予及び更新
2 強制執行等

【改正要綱】
【六】時効の完成猶予及び更新
2 強制執行等

(1) 次に掲げる事由がある場合には、その事由が終了する（申立ての取下げ又は法律の規定に従わないことによる取消しによってその事由が終了した場合にあっては、その終了の時から6箇月を経過する）までの間は、時効は、完成しないものとすること。(第148条第1項関係)
① 強制執行
② 担保権の実行
③ 民事執行法（昭和54年法律第4号）第195条に規定する担保権の実行としての競売の例による競売
④ 民事執行法第196条に規定する財産開示手続

(2) (1)の場合には、時効は、(1)の①から④までに掲げる事由が終了した時から新たにその進行を始めるものとすること。ただし、申立ての取下げ又は法律の規定に従わないことによる取消しによってその事由が終了した場合は、この限りでないものとすること。(第148条第2項関係)

―――＜新旧条文比較＞―――

【新条文】

強制執行等による時効の完成猶予及び更新

第148条　次に掲げる事由がある場合には、その事由が終了する（申立ての取下げ又は法律の規定に従わないことによる取消しによってその事由が終了した場合にあっては、その終了の時から6箇月を経過する）までの間は、時効は、完成しない。
① 強制執行
② 担保権の実行
③ 民事執行法（昭和54年法律第4号）第195条に規定する担保権の実行としての競売の例による競売
④ 民事執行法第196条に規定する財産開示手続
2　前項の場合には、時効は、同項各号に掲げる事由が終了した時から新たにその進行を始める。ただし、申立ての取下げ又は法律の規定に従わないことによる取消しによってその事由が終了した場合は、この限りでない。

消滅時効

【変更事項】（民法の一部を改正する法律より）

「（強制執行等による時効の完成猶予及び更新）
第148条　次に掲げる事由がある場合には、その事由が終了する（申立ての取下げ又は法律の規定に従わないことによる取消しによってその事由が終了した場合にあっては、その終了の時から6箇月を経過する）までの間は、時効は、完成しない。
一　強制執行
二　担保権の実行
三　民事執行法（昭和54年法律第4号）第195条に規定する担保権の実行としての競売の例による競売
四　民事執行法第196条に規定する財産開示手続
2　前項の場合には、時効は、同項各号に掲げる事由が終了した時から新たにその進行を始める。ただし、申立ての取下げ又は法律の規定に従わないことによる取消しによってその事由が終了した場合は、この限りでない。」

【旧条文】

<u>時効の中断の効力が及ぶ者の範囲</u>
第148条　<u>前条の規定による時効の中断は、その中断の事由が生じた当事者及びその承継人の間においてのみ、その効力を有する。</u>

7 消滅時効 【六】時効の完成猶予及び更新
3 仮差押え等
4 強制執行等及び仮差押え等による時効の完成猶予及び更新の効力

【改正要綱】

【六】時効の完成猶予及び更新

3 仮差押え等
　次に掲げる事由がある場合には、その事由が終了した時から6箇月を経過するまでの間は、時効は、完成しないものとすること。（第149条関係）
　（1）仮差押え
　（2）仮処分

4 強制執行等及び仮差押え等による時効の完成猶予及び更新の効力
　2(1)の①から④まで又は3の(1)若しくは(2)に掲げる事由に係る手続は、時効の利益を受ける者に対してしないときは、その者に通知をした後でなければ、2又は3の規定による時効の完成猶予又は更新の効力を生じないものとすること。（第154条関係）

―――＜新旧条文比較＞―――

【新条文】

<u>仮差押え等による時効の完成猶予</u>
第149条　次に掲げる事由がある場合には、その事由が終了した時から六箇月を経過するまでの間は、時効は、完成しない。
　①仮差押え
　②仮処分

第154条　第148条第1項各号又は第149条各号に掲げる事由に係る手続は、時効の利益を受ける者に対してしないときは、その者に通知をした後でなければ、第148条又は第149条の規定による時効の完成猶予又は更新の効力を生じない。

【変更事項】（民法の一部を改正する法律より）

（仮差押え等による時効の完成猶予）
「第149条次に掲げる事由がある場合には、その事由が終了した時から6箇月を経過するまでの間は、時効は、完成しない。
一　仮差押え
二　仮処分」

「第154条第148条第1項各号又は第149条各号に掲げる事由に係る手続は、時効の利益を受ける者に対してしないときは、その者に通知をした後でなければ、第148条又は第149条の規定による時効の完成猶予又は更新の効力を生じない。」

【旧条文】

<u>裁判上の請求</u>
第149条　<u>裁判上の請求は、訴えの却下又は取下げの場合には、時効の中断の効力を生じない。</u>

<u>差押え、仮差押え及び仮処分</u>
第154条　<u>差押え、仮差押え及び仮処分は、権利者の請求により又は法律の規定に従わないことにより取り消されたときは、時効の中断の効力を生じない。</u>

7 消滅時効 【六】時効の完成猶予及び更新
5 承認　6 催告
7 天災等による時効の完成猶予

【改正要綱】

【六】時効の完成猶予及び更新

5 承認
　(1) 時効は、権利の承認があったときは、その時から新たにその進行を始めるものとすること。(第152条第1項関係)
　(2) (1)の承認をするには、相手方の権利についての処分につき行為能力の制限を受けていないこと又は権限があることを要しないものとすること。(第152条第2項関係)

6 催告
　(1) 催告があったときは、その時から六箇月を経過するまでの間は、時効は、完成しないものとすること。(第150条第1項関係)
　(2) 催告によって時効の完成が猶予されている間にされた再度の催告は、(1)の規定による時効の完成猶予の効力を有しないものとすること。(第150条第2項関係)

7 天災等による時効の完成猶予
　時効の期間の満了の時に当たり、天災その他避けることのできない事変のため1(1)の①から④まで又は2(1)の①から④までに掲げる事由に係る手続を行うことができないときは、その障害が消滅した時から3箇月を経過するまでの間は、時効は、完成しないものとすること。(第161条関係)

＜新旧条文比較＞

【新条文】

承認による時効の更新
第152条　時効は、権利の承認があったときは、その時から新たにその進行を始める。
　2　前項の承認をするには、相手方の権利についての処分につき行為能力の制限を受けていないこと又は権限があることを要しない。

催告による時効の完成猶予
第150条　催告があったときは、その時から六箇月を経過するまでの間は、時効は、完成しない。
　2　催告によって時効の完成が猶予されている間にされた再度の催告は、前項の規定による時効の完成猶予の効力を有しない。

天災等による時効の完成猶予
第161条　時効の期間の満了の時に当たり、天災その他避けることのできない事変のため第147条第1項各号又は第148条第1項各号に掲げる事由に係る手続を行うことができないときは、その障害が消滅した時から3箇月を経過するまでの間は、時効は、完成しない。

消滅時効

【変更事項】（民法の一部を改正する法律より）

「（承認による時効の更新）
第152条 時効は、権利の承認があったときは、その時から新たにその進行を始める。
2 前項の承認をするには、相手方の権利についての処分につき行為能力の制限を受けていないこと又は権限があることを要しない。」

「（催告による時効の完成猶予）
第150条 催告があったときは、その時から6箇月を経過するまでの間は、時効は、完成しない。
2 催告によって時効の完成が猶予されている間にされた再度の催告は、前項の規定による時効の完成猶予の効力を有しない。」

第161条の見出し中「停止」を「完成猶予」に改め、同条中「時効を中断する」を「第147条第1項各号又は第148条第1項各号に掲げる事由に係る手続を行う」に、「2週間」を「3箇月」に改める。

【旧条文】

破産手続参加等
第152条 　破産手続参加、再生手続参加又は更生手続参加は、債権者がその届出を取り下げ、又はその届出が却下されたときは、時効の中断の効力を生じない。

支払督促
第150条 　支払督促は、債権者が民事訴訟法第392条に規定する期間内に仮執行の宣言の申立てをしないことによりその効力を失うときは、時効の中断の効力を生じない。

天災等による時効の停止
第161条 　時効の期間の満了の時に当たり、天災その他避けることのできない事変のため時効を中断することができないときは、その障害が消滅した時から2週間を経過するまでの間は、時効は、完成しない。

消滅時効 【六】時効の完成猶予及び更新

8 協議による時効の完成猶予①

【改正要綱】

【六】時効の完成猶予及び更新
8 協議による時効の完成猶予
（1）権利についての協議を行う旨の合意が書面でされたときは、次に掲げる時のいずれか早い時までの間は、時効は、完成しないものとすること。（第151条第1項関係）
①その合意があった時から一年を経過した時
②その合意において当事者が協議を行う期間（1年に満たないものに限るものとすること。）を定めたときは、その期間を経過した時
③当事者の一方から相手方に対して協議の続行を拒絶する旨の通知が書面でされたときは、その通知の時から6箇月を経過した時
（2）（1）の規定により時効の完成が猶予されている間にされた再度の（1）の合意は、（1）の規定による時効の完成猶予の効力を有するものとすること。ただし、その効力は、時効の完成が猶予されなかったとすれば時効が完成すべき時から通じて5年を超えることができないものとすること。（第151条第2項関係）

＜新旧条文比較＞

【新条文】

<u>協議を行う旨の合意による時効の完成猶予</u>
<u>第151条</u>　権利についての協議を行う旨の合意が書面でされたときは、次に掲げる時のいずれか早い時までの間は、時効は、完成しない。
①その合意があった時から1年を経過した時
②その合意において当事者が協議を行う期間（1年に満たないものに限る。）を定めたときは、その期間を経過した時
③当事者の一方から相手方に対して協議の続行を拒絶する旨の通知が書面でされたときは、その通知の時から6箇月を経過した時
2　前項の規定により時効の完成が猶予されている間にされた再度の同項の合意は、同項の規定による時効の完成猶予の効力を有する。ただし、その効力は、時効の完成が猶予されなかったとすれば時効が完成すべき時から通じて5年を超えることができない。

（66頁へ）

【変更事項】（民法の一部を改正する法律より）

第151条を以下の通りに改める。
「（協議を行う旨の合意による時効の完成猶予）
第151条 権利についての協議を行う旨の合意が書面でされたときは、次に掲げる時のいずれか早い時までの間は、時効は、完成しない。
一 その合意があった時から1年を経過した時
二 その合意において当事者が協議を行う期間（1年に満たないものに限る。）を定めたときは、その期間を経過した時
三 当事者の一方から相手方に対して協議の続行を拒絶する旨の通知が書面でされたときは、その通知の時から6箇月を経過した時
2 前項の規定により時効の完成が猶予されている間にされた再度の同項の合意は、同項の規定による時効の完成猶予の効力を有する。ただし、その効力は、時効の完成が猶予されなかったとすれば時効が完成すべき時から通じて五年を超えることができない。」

【旧条文】

和解及び調停の申立て
第151条　和解の申立て又は民事調停法（昭和26年法律第222号）若しくは家事事件手続法（平成23年法律第52号）による調停の申立ては、相手方が出頭せず、又は和解若しくは調停が調わないときは、1箇月以内に訴えを提起しなければ、時効の中断の効力を生じない。

7 消滅時効 【六】時効の完成猶予及び更新

8 協議による時効の完成猶予②

【改正要綱】

【六】時効の完成猶予及び更新
8 協議による時効の完成猶予
　(3) 催告によって時効の完成が猶予されている間にされた(1)の合意は、(1)の規定による時効の完成猶予の効力を有しないものとすること。(1)の規定により時効の完成が猶予されている間にされた催告についても、同様とするものとすること。(第151条第3項関係)
　(4) (1)の合意がその内容を記録した電磁的記録（電子的方式、磁気的方式その他人の知覚によっては認識することができない方式で作られる記録であって、電子計算機による情報処理の用に供されるものをいう。以下同じ。）によってされたときは、その合意は、書面によってされたものとみなして、(1)から(3)までの規定を適用するものとすること。(第151条第4項関係)
　(5) (4)の規定は、(一)(3)の通知について準用するものとすること。(第151条第5項関係)

=====＜新旧条文比較＞=====

【新条文】

（64頁より）

<u>3 催告によって時効の完成が猶予されている間にされた第1項の合意は、同項の規定による時効の完成猶予の効力を有しない。同項の規定により時効の完成が猶予されている間にされた催告についても、同様とする。</u>
<u>4 第1項の合意がその内容を記録した電磁的記録（電子的方式、磁気的方式その他人の知覚によっては認識することができない方式で作られる記録であって、電子計算機による情報処理の用に供されるものをいう。以下同じ。）によってされたときは、その合意は、書面によってされたものとみなして、前3項の規定を適用する。</u>
<u>5 前項の規定は、第1項第3号の通知について準用する。</u>

【変更事項】（民法の一部を改正する法律より）

「（協議を行う旨の合意による時効の完成猶予）
 3 催告によって時効の完成が猶予されている間にされた第一項の合意は、同項の規定による時効の完成猶予の効力を有しない。同項の規定により時効の完成が猶予されている間にされた催告についても、同様とする。
 4 第1項の合意がその内容を記録した電磁的記録（電子的方式、磁気的方式その他人の知覚によっては認識することができない方式で作られる記録であって、電子計算機による情報処理の用に供されるものをいう。以下同じ。）によってされたときは、その合意は、書面によってされたものとみなして、前3項の規定を適用する。
 5 前項の規定は、第1項第3号の通知について準用する。」

【旧条文】

7 消滅時効 【六】時効の完成猶予及び更新
9 時効の援用

【改正要綱】

【六】時効の完成猶予及び更新
9 時効の援用
　時効は、当事者（消滅時効にあっては、保証人、物上保証人、第三取得者その他権利の消滅について正当な利益を有する者を含む。）が援用しなければ、裁判所がこれによって裁判をすることができないものとすること。（第145条関係）

―――<新旧条文比較>―――

【新条文】

時効の援用
第145条　時効は、<u>当事者（消滅時効にあっては、保証人、物上保証人、第三取得者その他権利の消滅について正当な利益を有する者を含む。）</u>が援用しなければ、裁判所がこれによって裁判をすることができない。

【変更事項】（民法の一部を改正する法律より）

第145条中「当事者」の下に「（消滅時効にあっては、保証人、物上保証人、第三取得者その他権利の消滅について正当な利益を有する者を含む。）」を加える。

【旧条文】

時効の援用
第145条　時効は、当事者が援用しなければ、裁判所がこれによって裁判をすることができない。

7 消滅時効

【改正要綱】

―＜新旧条文比較＞―

【新条文】

第155条から第157条まで 削除

旧 147 条から 157 条までは、新第 148 条以下に整理されている。

【変更事項】（民法の一部を改正する法律より）

第 147 条から第 157 条までを次のように改める。（第 155 条から第 157 条まで削除）

【旧条文】

第 155 条　差押え、仮差押え及び仮処分は、時効の利益を受ける者に対してしないときは、その者に通知をした後でなければ、時効の中断の効力を生じない。

〔承認〕
第 156 条　時効の中断の効力を生ずべき承認をするには、相手方の権利についての処分につき行為能力又は権限があることを要しない。

〔中断後の時効の進行〕
第 157 条　中断した時効は、その中断の事由が終了した時から、新たにその進行を始める。
　　　　　２　裁判上の請求によって中断した時効は、裁判が確定した時から、新たにその進行を始める。

8 根抵当権の被担保債権

【改正要綱】

1 特定の原因に基づいて債務者との間に継続して生ずる債権、手形上若しくは小切手上の請求権又は電子記録債権（電子記録債権法（平成19年法律第102号）第2条第1項に規定する電子記録債権をいう。2において同じ。）は、民法第398条の2第2項の規定にかかわらず、根抵当権の担保すべき債権とすることができるものとすること。（第398条の2第3項関係）

2 債務者との取引によらないで取得する手形上若しくは小切手上の請求権又は電子記録債権を根抵当権の担保すべき債権とした場合において、民法第398条の3第2項各号に掲げる事由があったときは、その前に取得したものについてのみ、その根抵当権を行使することができるものとすること。ただし、その後に取得したものであっても、その事由を知らないで取得したものについては、これを行使することを妨げないものとすること。（第398条の3第2項関係）

＜新旧条文比較＞

【新条文】

根抵当権
第398条の2 〔略〕
　2 〔略〕
　3 特定の原因に基づいて債務者との間に継続して生ずる債権、手形上若しくは小切手上の請求権又は電子記録債権（電子記録債権法（平19年法律第102号）第2条第1項に規定する電子記録債権をいう。次条第2項において同じ。）は、前項の規定にかかわらず、根抵当権の担保すべき債権とすることができる。

根抵当権の被担保債権の範囲
第398条の3 〔略〕
　2 債務者との取引によらないで取得する手形上若しくは小切手上の請求権又は電子記録債権を根抵当権の担保すべき債権とした場合において、次に掲げる事由があったときは、その前に取得したものについてのみ、その根抵当権を行使することができる。ただし、その後に取得したものであっても、その事由を知らないで取得したものについては、これを行使することを妨げない。
　　①～③ 〔略〕

根抵当権の被担保債権の譲渡等抵当
第398条の7 〔略〕
　2 〔略〕
　3 元本の確定前に免責的債務引受があった場合における債権者は、第472条の4第1項の規定にかかわらず、根抵当権を引受人が負担する債務に移すことができない。
　4 元本の確定前に債権者の交替による更改があった場合における更改前の債権者は、第518条第1項の規定にかかわらず、根抵当権を更改後の債務に移すことができない。元本の確定前に債務者の交替による更改があった場合における債権者も、同様とする。

これは「物権法」に関する規定であるが、根抵当権の被担保債権に関して、手形以外電子記録債権など現代の取引に合わせて明確化した。

【変更事項】（民法の一部を改正する法律より）

第398条の2第3項中「債権又は」を「債権、」に改め、「請求権」の下に「又は電子記録債権（電子記録債権法（平成19年法律第102号）第2条第1項に規定する電子記録債権をいう。次条第2項において同じ。）」を加える。

第398条の3第2項中「手形上又は」を「手形上若しくは」に改め、「請求権」の下に「又は電子記録債権」を加える。

第398条の7第3項中「又は債務者」を削り、「ときは、その当事者は、第518条」を「場合における更改前の債権者は、第518条第1項」に改め、同項に後段として次のように加える。元本の確定前に債務者の交替による更改があった場合における債権者も、同様とする。第398条の7中第3項を第4項とし、第2項の次に次の一項を加える。

【旧条文】

根抵当権
第398条の2　〔同左〕
　　　　　　2〔同左〕
　　　　　　3　特定の原因に基づいて債務者との間に継続して生ずる<u>債権又は手形上若しくは小切手上の請求権</u>は、前項の規定にかかわらず、根抵当権の担保すべき債権とすることができる。

根抵当権の被担保債権の範囲
第398条の3　〔同左〕
　　　　　　2　債務者との取引によらないで取得する<u>手形上又は</u>小切手上の請求権を根抵当権の担保すべき債権とした場合において、次に掲げる事由があったときは、その前に取得したものについてのみ、その根抵当権を行使することができる。ただし、その後に取得したものであっても、その事由を知らないで取得したものについては、これを行使することを妨げない。
　　　　　　①〜③〔同左〕

根抵当権の被担保債権の譲渡等
第398条の7　〔同左〕
　　　　　　2〔同左〕
〔新設〕

　　　　　　<u>3　元本の確定前に債権者又は債務者の交替による更改があったときは、その当事者は、第518条</u>の規定にかかわらず、根抵当権を更改後の債務に移すことができない。

債権総論関係

【改正のポイント】債権総論

債権法の各部分について、原則的な部分を規定として明示なことや、
法解釈の整理が行われた他、今回のポイントについても整備された。

(1) 法定利率
現行の5%固定の法定利率を、法改正時は年3%とする。
変更後は、3年を一期として基準貸付利率の変動に応じて、法務省令の定める算定方法により改定される。商法514条で定める商事の法定利率も削除され、法定率立は、年3%に統一される。

(2) 履行請求
債権者が債務者に対し、その債務の履行を請求することができることを明文化。
履行請求権が行使できなくなる場合は、契約の趣旨に照らして評価判断することを基準とする。
履行の強制方法は、民事執行法により定められる旨が追加されている。
またこれにあわせて債務不履行の内容（履行遅滞、不完全履行、履行不能）につき、履行不能の内容について明確化する規定を設けた。

(3) 債務不履行による損害賠償
①契約上の債務不履行の免責要件
契約による債務不履行が、当該契約の趣旨に照らして債務者の責めに帰することができない事由によるものであるときは、債務者は、その不履行によって生じた損害を賠償する責任を負わない。
　⇒「債務者の責めに帰するべき事由」とは、従来は故意・過失またはこれと同視すべき事由の有無であっが、中間試案では債務履行の原因につき債務者が、そのリスクを負担すべきだったと評価できるか否かによって判断するとされるとされその考えか反映した。

②賠償の範囲と予見の内容
＜現行＞
　a 通常生ずべき損害
　b 当事者が予見できた特別の事情によって生じた損害
＜改正法＞
　a 通常生ずべき損害
　b 当事者が不履行時に予見すべきだった損害

③賠償額の予定
賠償額の予定を裁判所が増減することができないという規定を削除し、予定した賠償額が著しく過大である場合は、相当な部分を超える部分について賠償を請求することができないとされる。

④代償請求
債務者が履行不能の原因により債務の目的物の代償として権利や利益を取得した場合、債権者は損害の限度の範囲内で、その権利の移転または利益の償還を請求できることになった。金銭で賠償することの例外規定である。

(4) 契約の解除

債務不履行による契約解除は、現行では不履行をした債務者に対する制裁の制度とするところ、中間試案では債権者を反対債務から解放する制度と位置づけ、解除要件としての債務者の帰責事由を不要とし、解除と危険負担を一元化することが試案され、それが改正法に反映された。

催告を要する解除の要件は、軽微な義務違反は解除原因とならないという判例法理を踏まえ、不履行が契約をした目的の達成を妨げるものではないときは、解除ができないものとした。

無催告解除の要件
 a 債務の全部が履行不能の場合
 b 債務者が、その債務の全部の履行を拒絶する明確な意思を表示した場合
 c 特定な日時や一定の期間内に履行しなければ契約の目的を達成できない場合で、債務者が履行の時期を経過した場合
 d 債権者が催告をしても契約の目的を達する見込みがないことが明らかな場合

(5) 危険負担

危険負担制度を解除への理論と一元化
＜現行の危険負担の考え方＞
双務契約の一方の債務が消滅した債務の負担は、債務者が追う（債務者主義）
             債権者が追う（債権者主義）
⇒現行民法は債務者主義を原則としているが、特定物については債権者主義をとっている。
（民法534条）

＜改正前＞

	債務者に責任がないとき		債務者に責任があるとき
	債権者に責めなし	債権者に責めあり	
特定物の移転また設定を内容とする債権種類債権など物の特定	債権者主義（民534）（債権者が負担する）	債権者主義（534Ⅰ）（債権者が負担する）	債務不履行の問題

＜改正後＞

	債務者に責任がないとき		債務者に責任があるとき
	債権者に責めなし	債権者に責めあり	
特定物の移転また設定を内容とする債権種類債権など物の特定	債権者は反対給付の履行を拒むことができる	債権者は反対給付の履行を拒むことはできない。債務者は債務を免れて利益を得たら債権者に償還しなければならない。（債権不履行の損害賠償規定に連動）	債務不履行の問題

⇒民法534条、535条、536条1項を削除

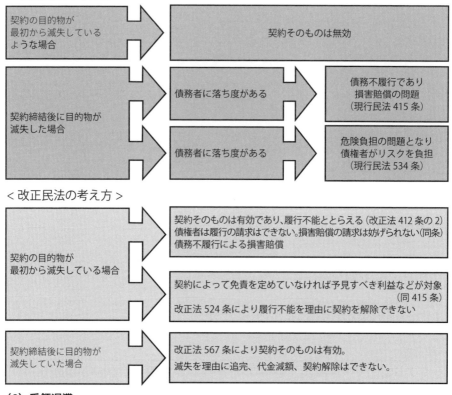

(6) 受領遅滞

受領遅滞の規定の明確化と債権者の帰責事由の明確化。

(7) 債権者代位権

> <現行民法>
> 第三債務者に対して金銭その他の物を直接自己に引き渡すよう請求ができる。
> その上で受領した金銭等の債務者への返還債務と被保全債権とを相殺できる。事実上の優先弁済効。

> <中間試案>
> 強制執行制度と比較すると被担保債権の存在、債務名義の未確認な状態であるにも関わらず被保全債権の強制的な満足を得られるのは制度趣旨を超えている→このような場合の相殺を禁止。被保全債権の満足を得るには、さらには強制執行をすることを求める。

この考え方を踏襲し、代位できる権利の範囲を明確化、可分できる権利の場合は自己の債権の額を限度とするなど抑制的な内容にし、また明確な記載を行った。一方、登記・登録の請求権などを明確化した。

(8) 詐害行為取消権
破産法の否認権との整合性、債権者代位権の事案とあわせ優先弁済効の制限などを中心に整備。改正要綱に記載のとおり、全体にまとめ直して、詳細に明確化をしている。ただし本来の骨格に変化はない。

(9) 多数当事者
①連帯債務

	<現行民法>	<改正法>
履行請求	連帯債務者の一人に対する履行請求は、他の連帯債務者に対しても効力を生ずる	削除
更改	連帯債務者の一人と更改があったときは債権は全ての債権者のために消滅	内容に変更になし
相殺	連帯債務者の一人が相殺を援用したときは債権は全ての連帯債務者のために消滅する	原則は変更なし
	相殺を援用しないときは、その負担部分のみ、他の連帯債務者は援用できる	その連帯債務者の負担の限度において他の連帯債務者は履行を拒むことができる。
免除	一人の連帯債務者にした免除は、その負担部分のみ、他の連帯債務者の利益のため、効力を生ずる	削除
混同	連帯債務者の一人に混同が生じた場合、他の連帯債務者は債務を免れ、その一人の負担部分の求償権が発生する	変更なし
時効	連帯債務者の一人に時効が完成した場合、その負担部分は他の連帯債務者も義務を免れる	削除

その他、連帯債務者の破産手続き開始の規定が削除された。
連帯債務者間の求償権について詳細に明確化した。

②連帯債権、不可分債権など
要綱記載のとおり。

(10) 保証債務

保証債務の規定については、主たる債務者の情報提供義務などの規定をおいた他は、原則的におおきな変更はない。

根保障については、現行民法が貸金等根保証契約としていたとこを、改正法では個人根保障契約と置き換え、保証人が法人でないものと限定して、従前の規定を踏襲するという構成になった。

個人の根保証人の保護に重点をおく改正となり、それは次の保証契約の特則にも表れている。元本、利息、違約金、損害賠償等全部にかかる極度額を限度とすること。この極度額を設けなければ効力は生じない。元本確定事由を設けた。

> 事業用の融資の債務の保証契約は、保証人となろうとする者が個人である場合は、
> 主たる債務者が法人である場合のその理事、取締役等である場合を除き、
> 公証人が保証意思を確認しなければ、効力を生じないものとした。
>
> ①いわゆる経営者を除いて、個人保証契約の無効→事業性資金の貸金を対象とするもので、普通の債権債務関係で個人の保証人をつけることを否定するものではない。
> ②個人を保証人とする保証契約を締結するときに事業者である債権者が保証の内容についての契約締結時の説明義務、信用情報提供義務を負う。
> ③事業者である債権者が、個人を保証人とする保証契約を締結した場合、主たる債務者の債務の履行状況に関する情報提供義務を負う。

(11) 債権譲渡

■債権譲渡制限特約の効力について大幅なルール変更案。

＜現行民法＞
債権は譲渡することができる（大原則）

| 弁済先変更に伴う事務負担回避
過誤払いの危険回避
相殺の可能性確保 | | 債権譲渡禁止特約の容認 |

→上記の利益保護として債権の移転をしないとするのは過剰であるとして整理。

＜改正法＞
→合意により債権は譲受人に移転するが、譲渡禁止特約があるときは、債務の履行を拒むことかでき。かつ元の債権者（譲渡人）に対して、弁済・返済して第三者に対抗することができる。

■将来債権の譲渡
将来債権に関する債権譲渡についても明確化した。

■債権譲渡の対抗要件
中間報告の時点では、いろいろと取り沙汰があったが、結局、現行民法の規定とおり、譲渡人が債務者に通知をする、または債務者が異議をとどめず承諾をすることとた。改正法ではこれらを対抗要件具備と称する。

(12) 有価証券
特に新しい規定はないが、改正法において条文を整備し、内容を明確化した。

(13) 債務引受
現行民法において債務引受について、何等の条文も整備していなかったところ、改正法では節として債務引受の規定を整備した。その内容は、従来の学説・実務で取り扱われている事項と何等の変更はない。なお従来、重畳的債務引受と呼ばれたものを改正法では併存的債務引受と称している。

(14) 弁済
原則について大きな変化はない。「弁済」そのものの意義を条文化して明確化するほか、第三者のする弁済、預金口座等へ払い込みする弁済、充当の順序等を詳細に明確化した。

(15) 相殺
現行判例通説の採用。
差押前に取得した債権を自動債権（相殺する方の元の債権）とする限り、弁済期の先後を問わず差押債権（受動債権＝相殺される方の債権）者に相殺を対抗できる。
＝無制限説

　⇒差押と相殺の関係について、無制限説を採用したうえで、さらに差押前に発生していなくても、債権の発生原因が存在すれば、その債権を自動債権とする相殺を認める。

　⇒債権譲渡と相殺について、無制限説を採用したうえで、権利行使要件の具備前に債権の発生原因が既に存在していた場合、その債権を自動債権とする相殺を認める。

(16) 更改
原則変更なし、明確化。

9 債権の目的　債権の目的（法定利率を除く）

【改正要綱】

1 債権の目的が特定物の引渡しであるときは、債務者は、その引渡しをするまで、契約その他の債権の発生原因及び取引上の社会通念に照らして定まる善良な管理者の注意をもって、その物を保存しなければならないものとすること。（第400条関係）

2 債権の目的である給付の中に不能のものがある場合において、その不能が選択権を有する者の過失によるものであるときは、債権は、その残存するものについて存在するものとすること。（第411条関係）

―――＜新旧条文比較＞―――

【新条文】

特定物の引渡しの場合の注意義務
第400条　債権の目的が特定物の引渡しであるときは、債務者は、その引渡しをするまで、<u>契約その他の債権の発生原因及び取引上の社会通念に照らして定まる</u>善良な管理者の注意をもって、その物を保存しなければならない。

不能による選択債権の特定
第410条　債権の目的である給付の中に<u>不能のものがある場合において、その不能が選択権を有する者の過失によるものである</u>ときは、債権は、その残存するものについて存在する。

〔削る〕

債権の目的に関する規定を整理させた。

【変更事項】（民法の一部を改正する法律より）

第 400 条中「するまで、」の下に「契約その他の債権の発生原因及び取引上の社会通念に照らして定まる」を加える。

第 410 条第 1 項中「、初めから不能であるもの又は後に至って不能となったものがある」を「不能のものがある場合において、その不能が選択権を有する者の過失によるものである」に改め、同条第 2 項を削る。

【旧条文】

特定物の引渡しの場合の注意義務
第 400 条　債権の目的が特定物の引渡しであるときは、債務者は、その引渡しをするまで、善良な管理者の注意をもって、その物を保存しなければならない。

不能による選択債権の特定
第 410 条　債権の目的である給付の中に、初めから不能であるもの又は後に至って不能となったものがあるときは、債権は、その残存するものについて存在する。
2 選択権を有しない当事者の過失によって給付が不能となったときは、前項の規定は、適用しない。

10 法定利率　【一】変動制による法定利率

【改正要綱】

【一】変動制による法定利率
1 利息を生ずべき債権について別段の意思表示がないときは、その利率は、その利息が生じた最初の時点における法定利率によるものとすること。（第404条第1項関係）
2 法定利率は、年3パーセントとするものとすること。（第404条第2項関係）
3 2の規定にかかわらず、法定利率は、法務省令で定めるところにより、3年を1期とし、1期ごとに、4の規定により変動するものとするものとすること。（第404条第3項関係）
4 各期における法定利率は、この4の規定により法定利率に変動があった期のうち直近のもの（以下この4において「直近変動期」という。）における基準割合と当期における基準割合との差に相当する割合（その割合に1パーセント未満の端数があるときは、これを切り捨てる。）を直近変動期における法定利率に加算し、又は減算した割合とするものとすること。（第404条第4項関係）
5 4に規定する「基準割合」とは、法務省令で定めるところにより、各期の初日の属する年の6年前の年の1月から前々年の12月までの各月における短期貸付けの平均利率（当該各月において銀行が新たに行った貸付け（貸付期間が一年未満のものに限る。）に係る利率の平均をいう。）の合計を60で除して計算した割合（その割合に0.1パーセント未満の端数があるときは、これを切り捨てる。）として法務大臣が告示するものをいうものとすること。（第404条第5項関係）

＜新旧条文比較＞

【新条文】

法定利率
第404条　利息を生ずべき債権について別段の意思表示がないときは、その利率は、その利息が生じた最初の時点における法定利率による。
2 法定利率は、年3パーセントとする。
3 前項の規定にかかわらず、法定利率は、法務省令で定めるところにより、3年を1期とし、1期ごとに、次項の規定により変動するものとする。
4 各期における法定利率は、この項の規定により法定利率に変動があった期のうち直近のもの（以下この項において「直近変動期」という。）における基準割合と当期における基準割合との差に相当する割合（その割合に1パーセント未満の端数があるときは、これを切り捨てる。）を直近変動期における法定利率に加算し、又は減算した割合とする。
5 前項に規定する「基準割合」とは、法務省令で定めるところにより、各期の初日の属する年の6年前の年の1月から前々年の12月までの各月における短期貸付けの平均利率（当該各月において銀行が新たに行った貸付け（貸付期間が1年未満のものに限る。）に係る利率の平均をいう。）の合計を60で除して計算した割合（その割合に0.1パーセント未満の端数があるときは、これを切り捨てる。）として法務大臣が告示するものをいう。

現行の5%固定の法定利率を、法改正時は年3%とする。
変更後は、3年を1期として基準貸付利率の変動に応じて、法務省令の定める算定方法により改定される。
商法514条で定める商事の法定利率も削除され、法定率立は、年3%に統一される。

【変更事項】（民法の一部を改正する法律より）

第404条中「年5分とする」を「その利息が生じた最初の時点における法定利率による」に改め、同条に次の4項を加える。

「2 法定利率は、年3パーセントとする。

3 前項の規定にかかわらず、法定利率は、法務省令で定めるところにより、3年を1期とし、1期ごとに、次項の規定により変動するものとする。

4 各期における法定利率は、この項の規定により法定利率に変動があった期のうち直近のもの（以下この項において「直近変動期」という。）における基準割合と当期における基準割合との差に相当する割合（その割合に1パーセント未満の端数があるときは、これを切り捨てる。）を直近変動期における法定利率に加算し、又は減算した割合とする。

5 前項に規定する「基準割合」とは、法務省令で定めるところにより、各期の初日の属する年の6年前の年の1月から前々年の12月までの各月における短期貸付けの平均利率（当該各月において銀行が新たに行った貸付け（貸付期間が1年未満のものに限る。）に係る利率の平均をいう。）の合計を60で除して計算した割合（その割合に0.1パーセント未満の端数があるときは、これを切り捨てる。）として法務大臣が告示するものをいう。」

【旧条文】

法定利率
第404条　利息を生ずべき債権について別段の意思表示がないときは、その利率は、<u>年5分とする</u>。

〔新設〕
〔新設〕

〔新設〕

〔新設〕

10 法定利率　【二】金銭債務の損害賠償額の算定に関する特則
　　　　　【三】中間利息控除

【改正要綱】

【二】金銭債務の損害賠償額の算定に関する特則
金銭の給付を目的とする債務の不履行については、その損害賠償の額は、債務者が遅滞の責任を負った最初の時点における法定利率によって定めるものとすること。ただし、約定利率が法定利率を超えるときは、約定利率によるものとすること。（第419条第1項関係）

【三】中間利息控除
①将来において取得すべき利益についての損害賠償の額を定める場合において、その利益を取得すべき時までの利息相当額を控除するときは、その損害賠償の請求権が生じた時点における法定利率により、これをするものとすること。（第417条の2第1項関係）
②将来において負担すべき費用についての損害賠償の額を定める場合において、その費用を負担すべき時までの利息相当額を控除するときも、1と同様とするものとすること。（第417条の2第2項関係）

―――＜新旧条文比較＞―――

【新条文】

金銭債務の特則
第419条　金銭の給付を目的とする債務の不履行については、その損害賠償の額は、債務者が遅滞の責任を負った最初の時点における法定利率によって定める。ただし、約定利率が法定利率を超えるときは、約定利率による。
2〔略〕
3〔略〕

中間利息の控除
第417条の2　将来において取得すべき利益についての損害賠償の額を定める場合において、その利益を取得すべき時までの利息相当額を控除するときは、その損害賠償の請求権が生じた時点における法定利率により、これをする。
2　将来において負担すべき費用についての損害賠償の額を定める場合において、その費用を負担すべき時までの利息相当額を控除するときも、前項と同様とする。

【変更事項】（民法の一部を改正する法律より）

第419条第1項中「額は、」の下に「債務者が遅滞の責任を負った最初の時点における」を加える。

第417条の次に次の1条を加える。
「（中間利息の控除）
第417条の2　将来において取得すべき利益についての損害賠償の額を定める場合において、その利益を取得すべき時までの利息相当額を控除するときは、その損害賠償の請求権が生じた時点における法定利率により、これをする。
2　将来において負担すべき費用についての損害賠償の額を定める場合において、その費用を負担すべき時までの利息相当額を控除するときも、前項と同様とする。」

【旧条文】

金銭債務の特則
第419条　　金銭の給付を目的とする債務の不履行については、その損害賠償の額は、法定利率によって定める。ただし、約定利率が法定利率を超えるときは、約定利率による。

2〔同左〕
3〔同左〕

〔新設〕

11 履行請求権等　履行不能、履行の強制

【改正要綱】

1 債務の履行が契約その他の債務の発生原因及び取引上の社会通念に照らして不能であるときは、債権者は、その債務の履行を請求することができないものとすること。(第412条の2第1項関係)

2 債務者が任意に債務の履行をしないときは、債権者は、民事執行法その他強制執行の手続に関する法令の規定に従い、直接強制、代替執行、間接強制その他の方法による履行の強制を裁判所に請求することができるものとすること。ただし、債務の性質がこれを許さないときは、この限りでないものとすること。(第414条第1項関係)

3 民法第414条第2項及び第3項を削除するものとすること。

―――＜新旧条文比較＞―――

【新条文】

<u>履行不能</u>
<u>第412条の2</u>　<u>債務の履行が契約その他の債務の発生原因及び取引上の社会通念に照らして不能であるときは、債権者は、その債務の履行を請求することができない。</u>
　<u>2　契約に基づく債務の履行がその契約の成立の時に不能であったことは、第415条の規定によりその履行の不能によって生じた損害の賠償を請求することを妨げない。</u>

履行の強制
第414条　債務者が任意に債務の履行をしないときは、債権者は、<u>民事執行法その他強制執行の手続に関する法令の規定に従い</u>、直接強制、代替執行、間接強制<u>その他の方法</u>による履行の強制を裁判所に請求することができる。ただし、債務の性質がこれを許さないときは、この限りでない。
〔削る〕

〔削る〕

<u>2</u>　<u>前項</u>の規定は、損害賠償の請求を妨げない。

履行請求権等

債権者が債務者に対し、その債務の履行を請求することができることを明文化。
履行請求権が行使できなくなる場合は、契約の趣旨に照らして評価判断することを基準とする。

【変更事項】（民法の一部を改正する法律より）
第412条第2項中「債務者は、」の下に「その期限の到来した後に履行の請求を受けた時又は」を、「知った時」の下に「のいずれか早い時」を加え、同条の次に次の1条を加える。
「（履行不能）
第412条の2　債務の履行が契約その他の債務の発生原因及び取引上の社会通念に照らして不能であるときは、債権者は、その債務の履行を請求することができない。
2　契約に基づく債務の履行がその契約の成立の時に不能であったことは、第415条の規定によりその履行の不能によって生じた損害の賠償を請求することを妨げない。」

第414条第1項中「その強制履行」を「民事執行法その他強制執行の手続に関する法令の規定に従い、直接強制、代替執行、間接強制その他の方法による履行の強制」に改め、同条第2項及び第3項を削り、同条第4項中「前3項」を「前項」に改め、同項を同条第2項とする。

【旧条文】

〔新設〕

履行の強制
第414条　債務者が任意に債務の履行をしないときは、債権者は、その強制履行を裁判所に請求することができる。ただし、債務の性質がこれを許さないときは、この限りでない。

2　債務の性質が強制履行を許さない場合において、その債務が作為を目的とするときは、債権者は、債務者の費用で第三者にこれをさせることを裁判所に請求することができる。ただし、法律行為を目的とする債務については、裁判をもって債務者の意思表示に代えることができる。
3　不作為を目的とする債務については、債務者の費用で、債務者がした行為の結果を除去し、又は将来のため適当な処分をすることを裁判所に請求することができる。
4　前3項の規定は、損害賠償の請求を妨げない。

履行不能、履行の強制

12 債務不履行による損害賠償 【一】債務不履行による損害賠償等

【改正要綱】

【一】債務不履行による損害賠償

1 債務者がその債務の本旨に従った履行をしないとき又は債務の履行が不能であるときは、債権者は、これによって生じた損害の賠償を請求することができるものとすること。ただし、その債務の不履行が契約その他の債務の発生原因及び取引上の社会通念に照らして債務者の責めに帰することができない事由によるものであるときは、この限りでないものとすること。（第415条第1項関係）

2 1の規定により損害賠償の請求をすることができる場合において、債権者は、次に掲げるときは、債務の履行に代わる損害賠償の請求をすることができるものとすること。（第415条第2項関係）
①債務の履行が不能であるとき。
②債務者がその債務の履行を拒絶する意思を明確に表示したとき。
③債務が契約によって生じたものである場合において、その契約が解除され、又は債務の不履行による契約の解除権が発生したとき。

＜新旧条文比較＞

【新条文】

<u>債務不履行による損害賠償</u>
<u>第415条</u>　　<u>債務者がその債務の本旨に従った履行をしないとき又は債務の履行が不能であるときは、債権者は、これによって生じた損害の賠償を請求することができる。ただし、その債務の不履行が契約その他の債務の発生原因及び取引上の社会通念に照らして債務者の責めに帰することができない事由によるものであるときは、この限りでない。</u>
<u>2 前項の規定により損害賠償の請求をすることができる場合において、債権者は、次に掲げるときは、債務の履行に代わる損害賠償の請求をすることができる。</u>
<u>①債務の履行が不能であるとき。</u>
<u>②債務者がその債務の履行を拒絶する意思を明確に表示したとき。</u>
<u>③債務が契約によって生じたものである場合において、その契約が解除され、又は債務の不履行による契約の解除権が発生したとき。</u>

債務不履行の内容と判例・学校等と踏まえて明確化した。

【変更事項】（民法の一部を改正する法律より）

第415条を、次のとおりに改める。
「（債務不履行による損害賠償）
第415条 債務者がその債務の本旨に従った履行をしないとき又は債務の履行が不能であるときは、債権者は、これによって生じた損害の賠償を請求することができる。ただし、その債務の不履行が契約その他の債務の発生原因及び取引上の社会通念に照らして債務者の責めに帰することができない事由によるものであるときは、この限りでない。
2 前項の規定により損害賠償の請求をすることができる場合において、債権者は、次に掲げるときは、債務の履行に代わる損害賠償の請求をすることができる。
①債務の履行が不能であるとき。
②債務者がその債務の履行を拒絶する意思を明確に表示したとき。
③債務が契約によって生じたものである場合において、その契約が解除され、又は債務の不履行による契約の解除権が発生したとき。」

【旧条文】

<u>債務不履行による損害賠償
第415条　債務者がその債務の本旨に従った履行をしないときは、債権者は、これによって生じた損害の賠償を請求することができる。債務者の責めに帰すべき事由によって履行をすることができなくなったときも、同様とする。</u>

12 債務不履行による損害賠償 【二】履行遅滞

【改正要綱】

【二】履行遅滞
1 債務の履行について不確定期限があるときは、債務者は、その期限の到来した後に履行の請求を受けた時又はその期限の到来したことを知った時のいずれか早い時から遅滞の責任を負うものとすること。（第412条第2項関係）
2 債務者がその債務について遅滞の責任を負っている間に当事者双方の責めに帰することができない事由によってその債務の履行が不能となったときは、その履行の不能は、債務者の責めに帰すべき事由によるものとみなすものとすること。（第413条の2第1項関係）

＜新旧条文比較＞

【新条文】

履行期と履行遅滞
第412条　〔略〕
　2　債務の履行について不確定期限があるときは、債務者は、その期限の到来した後に履行の請求を受けた時又はその期限の到来したことを知った時のいずれか早い時から遅滞の責任を負う。
　3〔略〕

履行遅滞中又は受領遅滞中の履行不能と帰責事由
第413条の2　債務者がその債務について遅滞の責任を負っている間に当事者双方の責めに帰することができない事由によってその債務の履行が不能となったときは、その履行の不能は、債務者の責めに帰すべき事由によるものとみなす。
　2　債権者が債務の履行を受けることを拒み、又は受けることができない場合において、履行の提供があった時以後に当事者双方の責めに帰することができない事由によってその債務の履行が不能となったときは、その履行の不能は、債権者の責めに帰すべき事由によるものとみなす。

【変更事項】（民法の一部を改正する法律より）

（履行遅滞）
第412条第2項中「債務者は、」の下に「その期限の到来した後に履行の請求を受けた時又は」を、「知った時」の下に「のいずれか早い時」を加え、同条の次に次の1条（412条の2）を加える。

「（履行遅滞中又は受領遅滞中の履行不能と帰責事由）
第413条の次に次の1条を加える。
第413条の2　債務者がその債務について遅滞の責任を負っている間に当事者双方の責めに帰することができない事由によってその債務の履行が不能となったときは、その履行の不能は、債務者の責めに帰すべき事由によるものとみなす。
2　債権者が債務の履行を受けることを拒み、又は受けることができない場合において、履行の提供があった時以後に当事者双方の責めに帰することができない事由によってその債務の履行が不能となったときは、その履行の不能は、債権者の責めに帰すべき事由によるものとみなす。」

【旧条文】

履行期と履行遅滞
第412条　〔同左〕
　　　　2　債務の履行について不確定期限があるときは、債務者は、その期限の到来したことを知った時から遅滞の責任を負う。

　　　　3〔同左〕

〔新設〕

12 債務不履行による損害賠償　【三】損害賠償の範囲及び過失相殺
　　　　　　　　　　　　　　　【四】賠償額の予定
　　　　　　　　　　　　　　　【五】代償請求権

【改正要綱】

【三】損害賠償の範囲及び過失相殺
①特別の事情によって生じた損害であっても、当事者がその事情を予見すべきであったときは、債権者は、その賠償を請求することができるものとすること。（第416条第2項関係）
②債務の不履行又はこれによる損害の発生若しくは拡大に関して債権者に過失があったときは、裁判所は、これを考慮して、損害賠償の責任及びその額を定めるものとすること。（第418条関係）

【四】賠償額の予定
民法第420条第1項後段を削除するものとすること。

【五】代償請求権
債務者が、その債務の履行が不能となったのと同一の原因により債務の目的物の代償である権利又は利益を取得したときは、債権者は、その受けた損害の額の限度において、債務者に対し、その権利の移転又はその利益の償還を請求することができるものとすること。（第422条の2関係）

＜新旧条文比較＞

【新条文】

損害賠償の範囲
第416条　〔略〕
２　特別の事情によって生じた損害であっても、当事者がその事情を予見すべきであったときは、債権者は、その賠償を請求することができる。

過失相殺
第418条　債務の不履行又はこれによる損害の発生若しくは拡大に関して債権者に過失があったときは、裁判所は、これを考慮して、損害賠償の責任及びその額を定める。

賠償額の予定
第420条　当事者は、債務の不履行について損害賠償の額を予定することができる。
２〔略〕
３〔略〕

代償請求権
第422条の2　債務者が、その債務の履行が不能となったのと同一の原因により債務の目的物の代償である権利又は利益を取得したときは、債権者は、その受けた損害の額の限度において、債務者に対し、その権利の移転又はその利益の償還を請求することができる。

債務不履行による損害賠償

【変更事項】（民法の一部を改正する法律より）

（損害賠償の範囲及び過失相殺）
第416条第2項中「予見し、又は予見することができた」を「予見すべきであった」に改める。
第418条中「不履行」の下に「又はこれによる損害の発生若しくは拡大」を加える。

（賠償額の予定）
第420条第1項後段を削る。

（代償請求権）
第3編第1章第2節第1款中第422条の次に次の1条を加える。
「第422条の2　債務者が、その債務の履行が不能となったのと同一の原因により債務の目的物の代償である権利又は利益を取得したときは、債権者は、その受けた損害の額の限度において、債務者に対し、その権利の移転又はその利益の償還を請求することができる。」

〔旧条文〕

損害賠償の範囲
第416条　〔同左〕
　2　特別の事情によって生じた損害であっても、当事者がその事情を<u>予見し、又は予見することができた</u>ときは、債権者は、その賠償を請求することができる。

過失相殺
第418条　債務の不履行に関して債権者に過失があったときは、裁判所は、これを考慮して、損害賠償の責任及びその額を定める。

賠償額の予定
第420条　当事者は、債務の不履行について損害賠償の額を予定することができる。<u>この場合において、裁判所は、その額を増減することができない。</u>
　2〔同左〕
　3〔同左〕

〔新設〕

13 契約の解除 【一】催告解除の要件

【改正要綱】

【一】催告解除の要件

当事者の一方がその債務を履行しない場合において、相手方が相当の期間を定めてその履行の催告をし、その期間内に履行がないときは、相手方は、契約の解除をすることができるものとすること。ただし、その期間を経過した時における債務の不履行がその契約及び取引上の社会通念に照らして軽微であるときは、この限りでないものとすること。（第541条関係）

＜新旧条文比較＞

【新条文】

第4款 契約の解除
催告による解除
第541条　当事者の一方がその債務を履行しない場合において、相手方が相当の期間を定めてその履行の催告をし、その期間内に履行がないときは、相手方は、契約の解除をすることができる。<u>ただし、その期間を経過した時における債務の不履行がその契約及び取引上の社会通念に照らして軽微であるときは、この限りでない。</u>

契約を解除について、整理、明確化した。

【変更事項】（民法の一部を改正する法律より）
第541条の見出しを「(催告による解除)」に改め、同条に次のただし書を加える。
「ただし、その期間を経過した時における債務の不履行がその契約及び取引上の社会通念に照らして軽微であるときは、この限りでない。」

【旧条文】

第3款 契約の解除
履行遅滞等による解除権
第541条　　当事者の一方がその債務を履行しない場合において、相手方が相当の期間を定めてその履行の催告をし、その期間内に履行がないときは、相手方は、契約の解除をすることができる。

13 契約の解除 【二】無催告解除の要件

【改正要綱】

【二】無催告解除の要件

1 次に掲げる場合には、債権者は、1の催告をすることなく、直ちに契約の解除をすることができるものとすること。（第542条第1項関係）
①債務の全部の履行が不能であるとき。
②債務者がその債務の全部の履行を拒絶する意思を明確に表示したとき。
③債務の一部の履行が不能である場合又は債務者がその債務の一部の履行を拒絶する意思を明確に表示した場合において、残存する部分のみでは契約をした目的を達することができないとき。
④契約の性質又は当事者の意思表示により、特定の日時又は一定の期間内に履行をしなければ契約をした目的を達することができない場合において、債務者が履行をしないでその時期を経過したとき。
⑤①から④までに掲げる場合のほか、債務者がその債務の履行をせず、債権者が1の催告をしても契約をした目的を達するのに足りる履行がされる見込みがないことが明らかであるとき。

2 次に掲げる場合には、債権者は、1の催告をすることなく、直ちに契約の一部の解除をすることができるものとすること。（第542条第2項関係）
①債務の一部の履行が不能であるとき。
②債務者がその債務の一部の履行を拒絶する意思を明確に表示したとき。

＜新旧条文比較＞

【新条文】

<u>催告によらない解除</u>
<u>第542条</u>　<u>次に掲げる場合には、債権者は、前条の催告をすることなく、直ちに契約の解除をすることができる。</u>
<u>①債務の全部の履行が不能であるとき。</u>
<u>②債務者がその債務の全部の履行を拒絶する意思を明確に表示したとき。</u>
<u>③債務の一部の履行が不能である場合又は債務者がその債務の一部の履行を拒絶する意思を明確に表示した場合において、残存する部分のみでは契約をした目的を達することができないとき。</u>
<u>④契約の性質又は当事者の意思表示により、特定の日時又は一定の期間内に履行をしなければ契約をした目的を達することができない場合において、債務者が履行をしないでその時期を経過したとき。</u>
<u>⑤前各号に掲げる場合のほか、債務者がその債務の履行をせず、債権者が前条の催告をしても契約をした目的を達するのに足りる履行がされる見込みがないことが明らかであるとき。</u>
<u>2　次に掲げる場合には、債権者は、前条の催告をすることなく、直ちに契約の一部の解除をすることができる。</u>
<u>①債務の一部の履行が不能であるとき。</u>
<u>②債務者がその債務の一部の履行を拒絶する意思を明確に表示したとき。</u>

【変更事項】（民法の一部を改正する法律より）

第542条及び第543条を次のように改める。
「（催告によらない解除）
第542条　次に掲げる場合には、債権者は、前条の催告をすることなく、直ちに契約の解除をすることができる。
①債務の全部の履行が不能であるとき。
②債務者がその債務の全部の履行を拒絶する意思を明確に表示したとき。
③債務の一部の履行が不能である場合又は債務者がその債務の一部の履行を拒絶する意思を明確に表示した場合において、残存する部分のみでは契約をした目的を達することができないとき。
④契約の性質又は当事者の意思表示により、特定の日時又は一定の期間内に履行をしなければ契約をした目的を達することができない場合において、債務者が履行をしないでその時期を経過したとき。
⑤前各号に掲げる場合のほか、債務者がその債務の履行をせず、債権者が前条の催告をしても契約をした目的を達するのに足りる履行がされる見込みがないことが明らかであるとき。
2　次に掲げる場合には、債権者は、前条の催告をすることなく、直ちに契約の一部の解除をすることができる。
一　債務の一部の履行が不能であるとき。
二　債務者がその債務の一部の履行を拒絶する意思を明確に表示したとき。」

【旧条文】

<u>定期行為の履行遅滞による解除権</u>
第542条　<u>契約の性質又は当事者の意思表示により、特定の日時又は一定の期間内に履行をしなければ契約をした目的を達することができない場合において、当事者の一方が履行をしないでその時期を経過したときは、相手方は、前条の催告をすることなく、直ちにその契約の解除をすることができる。</u>

13 契約の解除

【三】債権者に帰責事由がある場合の解除
【四】契約の解除の効果
【五】解除権者の故意等による解除権の消滅

【改正要綱】

【三】債権者に帰責事由がある場合の解除

債務の不履行が債権者の責めに帰すべき事由によるものであるときは、債権者は、1及び2の規定による契約の解除をすることができないものとすること。（第543条関係）

【四】契約の解除の効果

民法第545条第1項本文の場合において、金銭以外の物を返還するときは、その受領の時以後に生じた果実をも返還しなければならないものとすること。（第545条第3項関係）

【五】解除権者の故意等による解除権の消滅

解除権を有する者が故意若しくは過失によって契約の目的物を著しく損傷し、若しくは返還することができなくなったとき、又は加工若しくは改造によってこれを他の種類の物に変えたときは、解除権は、消滅するものとすること。ただし、解除権を有する者がその解除権を有することを知らなかったときは、この限りでないものとすること。（第548条関係）

―――＜新旧条文比較＞―――

【新条文】

債権者の責めに帰すべき事由による場合
第543条　　債務の不履行が債権者の責めに帰すべき事由によるものであるときは、債権者は、前2条の規定による契約の解除をすることができない。

解除の効果
第545条　　〔略〕
2　〔略〕
3　第1項本文の場合において、金銭以外の物を返還するときは、その受領の時以後に生じた果実をも返還しなければならない。
4　〔略〕

解除権者の故意による目的物の損傷等による解除権の消滅
第548条　　解除権を有する者が故意若しくは過失によって契約の目的物を著しく損傷し、若しくは返還することができなくなったとき、又は加工若しくは改造によってこれを他の種類の物に変えたときは、解除権は、消滅する。ただし、解除権を有する者がその解除権を有することを知らなかったときは、この限りでない。

〔削る〕

契約の解除

【変更事項】（民法の一部を改正する法律より）

「（債権者の責めに帰すべき事由による場合）
第543条 債務の不履行が債権者の責めに帰すべき事由によるものであるときは、債権者は、前2条の規定による契約の解除をすることができない。」

第545条中第3項を第4項とし、第2項の次に次の1項を加える。
「3 第1項本文の場合において、金銭以外の物を返還するときは、その受領の時以後に生じた果実をも返還しなければならない。」

第548条の見出し中「行為等」を「故意による目的物の損傷等」に改め、同条第1項中「自己の行為」を「故意」に改め、同項に次のただし書を加える。
「ただし、解除権を有する者がその解除権を有することを知らなかったときは、この限りでない。
第548条第2項を削る。」

【旧条文】

履行不能による解除権
第543条　履行の全部又は一部が不能となったときは、債権者は、契約の解除をすることができる。ただし、その債務の不履行が債務者の責めに帰することができない事由によるものであるときは、この限りでない。

解除の効果
第545条　〔同左〕
　　　　2〔同左〕

〔新設〕

　　　　3〔同左〕

解除権者の行為等による解除権の消滅
第548条　解除権を有する者が自己の行為若しくは過失によって契約の目的物を著しく損傷し、若しくは返還することができなくなったとき、又は加工若しくは改造によってこれを他の種類の物に変えたときは、解除権は、消滅する。

　　　　2 契約の目的物が解除権を有する者の行為又は過失によらないで滅失し、又は損傷したときは、解除権は、消滅しない。

14 危険負担　債務書の危険負担等

【改正要綱】

債務者の危険負担等
1 民法第534条及び第535条を削除するものとすること。
2 当事者双方の責めに帰することができない事由によって債務を履行することができなくなったときは、債権者は、反対給付の履行を拒むことができるものとすること。（第536条第1項関係）
3 債権者の責めに帰すべき事由によって債務を履行することができなくなったときは、債権者は、反対給付の履行を拒むことができないものとすること。この場合において、債務者は、自己の債務を免れたことによって利益を得たときは、これを債権者に償還しなければならないものとすること。（第536条第2項関係）

―――＜新旧条文比較＞―――

【新条文】

債務者の危険負担等
第536条　　当事者双方の責めに帰することができない事由によって債務を履行することができなくなったときは、債権者は、反対給付の<u>履行を拒むことができる</u>。
　　　　　　2　債権者の責めに帰すべき事由によって債務を履行することができなくなったときは、<u>債権者は</u>、反対給付<u>の履行を拒むことができない</u>。この場合において、<u>債務者は</u>、自己の債務を免れたことによって利益を得たときは、これを債権者に償還しなければならない。

危険負担として、その内容の構成が変わった。

【変更事項】（民法の一部を改正する法律より）

　第536条第1項中「前2条に規定する場合を除き、」を削り、「債務者」を「債権者」に、「を受ける権利を有しない」を「の履行を拒むことができる」に改め、同条第2項中「債務者」を「債権者」に、「を受ける権利を失わない」を「の履行を拒むことができない」に改め、「において」の下に「、債務者は」を加える。

【旧条文】

　債務者の危険負担等
　第536条　<u>前2条に規定する場合を除き</u>、当事者双方の責めに帰することができない事由によって債務を履行することができなくなったときは、<u>債務者は、反対給付を受ける権利を有しない</u>。
　　2　債権者の責めに帰すべき事由によって債務を履行することができなくなったときは、<u>債務者は、反対給付を受ける権利を失わない</u>。この場合において、自己の債務を免れたことによって利益を得たときは、これを債権者に償還しなければならない。

15 受領遅滞

【改正要綱】

受領遅滞

1 債権者が債務の履行を受けることを拒み、又は受けることができない場合において、その債務の目的が特定物の引渡しであるときは、債務者は、履行の提供をした時からその引渡しをするまで、自己の財産に対するのと同一の注意をもって、その物を保存すれば足りるものとすること。(第413条第1項関係)

2 債権者が債務の履行を受けることを拒み、又は受けることができないことによって、その履行の費用が増加したときは、その増加額は、債権者の負担とするものとすること。(第413条第2項関係)

3 債権者が債務の履行を受けることを拒み、又は受けることができない場合において、履行の提供があった時以後に当事者双方の責めに帰することができない事由によってその債務の履行が不能となったときは、その履行の不能は、債権者の責めに帰すべき事由によるものとみなすものとすること。(第413条の2第2項関係)

＜新旧条文比較＞

【新条文】

<u>受領遅滞</u>
<u>第413条</u>　債権者が債務の履行を受けることを拒み、又は受けることができない場合において、その債務の目的が特定物の引渡しであるときは、債務者は、履行の提供をした時からその引渡しをするまで、自己の財産に対するのと同一の注意をもって、その物を保存すれば足りる。
<u>2</u>　債権者が債務の履行を受けることを拒み、又は受けることができないことによって、その履行の費用が増加したときは、その増加額は、債権者の負担とする。

<u>履行遅滞中又は受領遅滞中の履行不能と帰責事由</u>
<u>第413条の2</u>　債務者がその債務について遅滞の責任を負っている間に当事者双方の責めに帰することができない事由によってその債務の履行が不能となったときは、その履行の不能は、債務者の責めに帰すべき事由によるものとみなす。
<u>2</u>　債権者が債務の履行を受けることを拒み、又は受けることができない場合において、履行の提供があった時以後に当事者双方の責めに帰することができない事由によってその債務の履行が不能となったときは、その履行の不能は、債権者の責めに帰すべき事由によるものとみなす。

受領遅滞の規定内容の明確化

【変更事項】（民法の一部を改正する法律より）

第 413 条を、次のとおりに改める。
「第 413 条 債権者が債務の履行を受けることを拒み、又は受けることができない場合において、その債務の目的が特定物の引渡しであるときは、債務者は、履行の提供をした時からその引渡しをするまで、自己の財産に対するのと同一の注意をもって、その物を保存すれば足りる。
2 債権者が債務の履行を受けることを拒み、又は受けることができないことによって、その履行の費用が増加したときは、その増加額は、債権者の負担とする。

第 413 条の次に、第 413 条の 2 として、次の規定をおく。
「履行遅滞中又は受領遅滞中の履行不能と帰責事由
第 413 条の 2 債務者がその債務について遅滞の責任を負っている間に当事者双方の責めに帰することができない事由によってその債務の履行が不能となったときは、その履行の不能は、債務者の責めに帰すべき事由によるものとみなす。
2 債権者が債務の履行を受けることを拒み、又は受けることができない場合において、履行の提供があった時以後に当事者双方の責めに帰することができない事由によってその債務の履行が不能となったときは、その履行の不能は、債権者の責めに帰すべき事由によるものとみなす。」

【旧条文】

<u>受領遅滞 第 413 条</u>	<u>債権者が債務の履行を受けることを拒み、又は受けることができないときは、その債権者は、履行の提供があった時から遅滞の責任を負う。</u>
〔新設〕	

16 債権者代位権　【一】債権者代位権の要件

【改正要綱】

【一】債権者代位権の要件
①債権者は、自己の債権を保全するため必要があるときは、債務者に属する権利（以下「被代位権利」という。）を行使することができるものとすること。ただし、債務者の一身に専属する権利及び差押えを禁じられた権利は、この限りでないものとすること。（第423条第1項関係）
②債権者は、その債権の期限が到来しない間は、被代位権利を行使することができないものとすること。ただし、保存行為は、この限りでないものとすること。（第423条第2項関係）
③債権者は、その債権が強制執行により実現することのできないものであるときは、被代位権利を行使することができないものとすること。（第423条第3項関係）

＜新旧条文比較＞

【新条文】

<u>第2款 債権者代位権</u>

債権者代位権の要件
第423条　債権者は、自己の債権を保全するため<u>必要があるとき</u>は、債務者に属する権利<u>（以下「被代位権利」という。）</u>を行使することができる。ただし、債務者の一身に専属する権利<u>及び差押えを禁じられた権利</u>は、この限りでない。
　2　債権者は、その債権の期限が到来しない間は、<u>被代位権利</u>を行使することができない。ただし、保存行為は、この限りでない。

　<u>3　債権者は、その債権が強制執行により実現することのできないものであるときは、被代位権利を行使することができない。</u>

債権者代位権を整理・整備した。

【変更事項】（民法の一部を改正する法律より）

第3編第1章第2節第2款の款名を次のように改める。
「第2款 債権者代位権
第423条の見出しを「（債権者代位権の要件）」に改め、同条第1項中「保全するため」の下に「必要があるときは」を、「に属する権利」の下に「（以下「被代位権利」という。）」を加え、同項ただし書中「権利」の下に「及び差押えを禁じられた権利」を加え、同条第2項中「裁判上の代位によらなければ、前項の権利」を「被代位権利」に改め、同条に次の1項を加える。
3 債権者は、その債権が強制執行により実現することのできないものであるときは、被代位権利を行使することができない。」

【旧条文】

第2款 債権者代位権及び詐害行為取消権

債権者代位権
第423条　債権者は、自己の債権を保全するため、債務者に属する権利を行使することができる。ただし、債務者の一身に専属する権利は、この限りでない。

2 債権者は、その債権の期限が到来しない間は、<u>裁判上の代位によらなければ、前項の権利</u>を行使することができない。ただし、保存行為は、この限りでない。

〔新設〕

16 債権者代位権　【二】代位行使の範囲及び直接の引き渡し
【三】相手方の抗弁

【改正要綱】

【二】代位行使の範囲及び直接の引渡し

①債権者は、被代位権利を行使する場合において、被代位権利の目的が可分であるときは、自己の債権の額の限度においてのみ、被代位権利を行使することができるものとすること。（第423条の2関係）

②債権者は、被代位権利を行使する場合において、被代位権利が金銭の支払又は動産の引渡しを目的とするものであるときは、相手方に対し、その支払又は引渡しを自己に対してすることを求めることができるものとすること。この場合において、相手方が債権者に対してその支払又は引渡しをしたときは、被代位権利は、これによって消滅するものとすること。（第423条の3関係）

【三】相手方の抗弁

債権者が被代位権利を行使したときは、相手方は、債務者に対して主張することができる抗弁をもって、債権者に対抗することができるものとすること。（第423条の4関係）

＜新旧条文比較＞

【新条文】

<u>代位行使の範囲</u>
<u>第423条の2</u>　債権者は、被代位権利を行使する場合において、<u>被代位権利の目的が可分であるときは、自己の債権の額の限度においてのみ、被代位権利を行使することができる。</u>

<u>債権者への支払又は引渡し</u>
<u>第423条の3</u>　債権者は、被代位権利を行使する場合において、<u>被代位権利が金銭の支払又は動産の引渡しを目的とするものであるときは、相手方に対し、その支払又は引渡しを自己に対してすることを求めることができる。この場合において、相手方が債権者に対してその支払又は引渡しをしたときは、被代位権利は、これによって消滅する。</u>

<u>相手方の抗弁</u>
<u>第423条の4</u>　債権者が被代位権利を行使したときは、相手方は、債務者に対して<u>主張することができる抗弁をもって、債権者に対抗することができる。</u>

【変更事項】（民法の一部を改正する法律より）

第 423 条の次に次の 6 条、款名及び目名を加える。
「（代位行使の範囲）
第 423 条の 2　債権者は、被代位権利を行使する場合において、被代位権利の目的が可分であるときは、自己の債権の額の限度においてのみ、被代位権利を行使することができる。」

「（債権者への支払又は引渡し）
第 423 条の 3　債権者は、被代位権利を行使する場合において、被代位権利が金銭の支払又は動産の引渡しを目的とするものであるときは、相手方に対し、その支払又は引渡しを自己に対してすることを求めることができる。この場合において、相手方が債権者に対してその支払又は引渡しをしたときは、被代位権利は、これによって消滅する。」

「（相手方の抗弁）
第 423 条の 4　債権者が被代位権利を行使したときは、相手方は、債務者に対して主張することができる抗弁をもって、債権者に対抗することができる。」

【旧条文】

〔新設〕

〔新設〕

〔新設〕

16 債権者代位権

【四】債務者の取立てその他の処分の権限等
【五】訴えによる債権者代位権の行使
【六】登記又は登録の請求権を被保全債権とする債権者代位権

【改正要綱】

【四】債務者の取立てその他の処分の権限等
その他の処分の権限等債権者が被代位権利を行使した場合であっても、債務者は、被代位権利について、自ら取立てその他の処分をすることを妨げられないものとすること。この場合においては、相手方も、被代位権利について、債務者に対して履行をすることを妨げられないものとすること。（第423条の5関係）

【五】訴えによる債権者代位権の行使
債権者は、被代位権利の行使に係る訴えを提起したときは、遅滞なく、債務者に対し、訴訟告知をしなければならないものとすること。（第423条の6関係）

【六】登記又は登録の請求権を被保全債権とする債権者代位権
登記又は登録をしなければ権利の得喪及び変更を第三者に対抗することができない財産を譲り受けた者は、その譲渡人が第三者に対して有する登記手続又は登録手続をすべきことを請求する権利を行使しないときは、その権利を行使することができるものとすること。この場合においては、③から⑤までの規定を準用するものとすること。（第423条の7関係）

＜新旧条文比較＞

【新条文】

<u>債務者の取立てその他の処分の権限等</u>
<u>第423条の5</u>　債権者が被代位権利を行使した場合であっても、債務者は、被代位権利について、自ら取立てその他の処分をすることを妨げられない。この場合においては、相手方も、被代位権利について、債務者に対して履行をすることを妨げられない。

<u>被代位権利の行使に係る訴えを提起した場合の訴訟告知</u>
<u>第423条の6</u>　債権者は、被代位権利の行使に係る訴えを提起したときは、遅滞なく、債務者に対し、訴訟告知をしなければならない。

<u>登記又は登録の請求権を保全するための債権者代位権</u>
<u>第423条の7</u>　登記又は登録をしなければ権利の得喪及び変更を第三者に対抗することができない財産を譲り受けた者は、その譲渡人が第三者に対して有する登記手続又は登録手続をすべきことを請求する権利を行使しないときは、その権利を行使することができる。この場合においては、前3条の規定を準用する。

債権者代位権

【変更事項】（民法の一部を改正する法律より）

「（債務者の取立てその他の処分の権限等）
第423条の5　債権者が被代位権利を行使した場合であっても、債務者は、被代位権利について、自ら取立てその他の処分をすることを妨げられない。この場合においては、相手方も、被代位権利について、債務者に対して履行をすることを妨げられない。」

「（被代位権利の行使に係る訴えを提起した場合の訴訟告知）
第423条の6　債権者は、被代位権利の行使に係る訴えを提起したときは、遅滞なく、債務者に対し、訴訟告知をしなければならない。」

「（登記又は登録の請求権を保全するための債権者代位権）
第423条の7　登記又は登録をしなければ権利の得喪及び変更を第三者に対抗することができない財産を譲り受けた者は、その譲渡人が第三者に対して有する登記手続又は登録手続をすべきことを請求する権利を行使しないときは、その権利を行使することができる。この場合においては、前3条の規定を準用する。」

【旧条文】

〔新設〕

〔新設〕

〔新設〕

17 詐害行為取消権 【一】受益者に対する詐害行為取消権の要件

【改正要綱】

【一】受益者に対する詐害行為取消権の要件

1 債権者は、債務者が債権者を害することを知ってした行為の取消しを裁判所に請求することができるものとすること。ただし、その行為によって利益を受けた者（以下この第17において「受益者」という。）がその行為の時において債権者を害することを知らなかったときは、この限りでないものとすること。（第424条第1項関係）

2 1の規定は、財産権を目的としない行為については、適用しないものとすること。（第424条第2項関係）

3 債権者は、その債権が1に規定する行為の前の原因に基づいて生じたものである場合に限り、1の規定による請求（以下「詐害行為取消請求」という。）をすることができるものとすること。（第424条第3項関係）

4 債権者は、その債権が強制執行により実現することのできないものであるときは、詐害行為取消請求をすることができないものとすること。（第424条第4項関係）

<新旧条文比較>

【新条文】

<u>第3款 詐害行為取消権</u>
<u>第1目 詐害行為取消権の要件</u>
<u>詐害行為取消請求</u>
第424条　債権者は、債務者が債権者を害することを知ってした<u>行為</u>の取消しを裁判所に請求することができる。ただし、その行為によって利益を受けた者（以下この款において「受益者」という。）がその行為の時において債権者を<u>害すること</u>を知らなかったときは、この限りでない。
　2 前項の規定は、財産権を目的としない<u>行為</u>については、適用しない。
　<u>3 債権者は、その債権が第1項に規定する行為の前の原因に基づいて生じたものである場合に限り、同項の規定による請求（以下「詐害行為取消請求」という。）をすることができる。</u>
　<u>4 債権者は、その債権が強制執行により実現することのできないものであるときは、詐害行為取消請求をすることができない。</u>

詐害行為取消権の規定を整理・整備した。

【変更事項】（民法の一部を改正する法律より）
第424条の見出しを「（詐害行為取消請求）」に改め、同条第1項中「法律行為」を「行為」に改め、同項ただし書中「又は転得者がその行為又は転得」を「（以下この款において「受益者」という。）がその行為」に、「害すべき事実」を「害すること」に改め、同条第2項中「法律行為」を「行為」に改め、同条に次の2項を加える。
「3 債権者は、その債権が第一項に規定する行為の前の原因に基づいて生じたものである場合に限り、同項の規定による請求（以下「詐害行為取消請求」という。）をすることができる。
4 債権者は、その債権が強制執行により実現することのできないものであるときは、詐害行為取消請求をすることができない。」

【旧条文】
〔新設〕
〔新設〕
詐害行為取消権
第424条　債権者は、債務者が債権者を害することを知ってした<u>法律行為</u>の取消しを裁判所に請求することができる。ただし、その行為によって利益を受けた者<u>又は転得者が</u>その行為又は転得の時において債権者を<u>害すべき事実</u>を知らなかったときは、この限りでない。
　　　　　2　前項の規定は、財産権を目的としない<u>法律行為</u>については、適用しない。
〔新設〕

〔新設〕

詐害行為取消権

【二】受益者に対する詐害行為取消権の要件

17 詐害行為取消権 【二】相当の対価を得てした財産の処分行為の特則

【改正要綱】

【二】相当の対価を得てした財産の処分行為の特則
債務者が、その有する財産を処分する行為をした場合において、受益者から相当の対価を取得しているときは、債権者は、次に掲げる要件のいずれにも該当する場合に限り、その行為について、詐害行為取消請求をすることができるものとすること。（第424条の2関係）
1 その行為が、不動産の金銭への換価その他の当該処分による財産の種類の変更により、債務者において隠匿、無償の供与その他の債権者を害することとなる処分（以下この二において「隠匿等の処分」という。）をするおそれを現に生じさせるものであること。
2 債務者が、その行為の当時、対価として取得した金銭その他の財産について、隠匿等の処分をする意思を有していたこと。
3 受益者が、その行為の当時、債務者が隠匿等の処分をする意思を有していたことを知っていたこと。

＜新旧条文比較＞

【新条文】

<u>相当の対価を得てした財産の処分行為の特則</u>
<u>第424条の2</u>　債務者が、その有する財産を処分する行為をした場合において、受益者から相当の対価を取得しているときは、債権者は、次に掲げる要件のいずれにも該当する場合に限り、その行為について、詐害行為取消請求をすることができる。
①その行為が、不動産の金銭への換価その他の当該処分による財産の種類の変更により、債務者において隠匿、無償の供与その他の債権者を害することとなる処分（以下この条において「隠匿等の処分」という。）をするおそれを現に生じさせるものであること。
②債務者が、その行為の当時、対価として取得した金銭その他の財産について、隠匿等の処分をする意思を有していたこと。
③受益者が、その行為の当時、債務者が隠匿等の処分をする意思を有していたことを知っていたこと。

詐害行為取消権

【変更事項】（民法の一部を改正する法律より）

第424条の次に次の4条、1目及び目名を加える（50頁「第2目詐害行為取消権の行使の方法等」）。

「(相当の対価を得てした財産の処分行為の特則)

第424条の2　債務者が、その有する財産を処分する行為をした場合において、受益者から相当の対価を取得しているときは、債権者は、次に掲げる要件のいずれにも該当する場合に限り、その行為について、詐害行為取消請求をすることができる。

①その行為が、不動産の金銭への換価その他の当該処分による財産の種類の変更により、債務者において隠匿、無償の供与その他の債権者を害することとなる処分（以下この条において「隠匿等の処分」という。）をするおそれを現に生じさせるものであること。

②債務者が、その行為の当時、対価として取得した金銭その他の財産について、隠匿等の処分をする意思を有していたこと。

③受益者が、その行為の当時、債務者が隠匿等の処分をする意思を有していたことを知っていたこと。」

【旧条文】

〔新設〕

(二) 相当の対価を得てした財産の処分行為の特則

17 詐害行為取消権 【三】特定の債権者に対する担保の供与等の特則

【改正要綱】
【三】特定の債権者に対する担保の供与等の特則
1 債務者がした既存の債務についての担保の供与又は債務の消滅に関する行為について、債権者は、次に掲げる要件のいずれにも該当する場合に限り、詐害行為取消請求をすることができるものとすること。(第424条の3第1項関係)
①その行為が、債務者が支払不能(債務者が、支払能力を欠くために、その債務のうち弁済期にあるものにつき、一般的かつ継続的に弁済することができない状態をいう。二①において同じ。)の時に行われたものであること。
②その行為が、債務者と受益者とが通謀して他の債権者を害する意図をもって行われたものであること。
2 1に規定する行為が、債務者の義務に属せず、又はその時期が債務者の義務に属しないものである場合において、次に掲げる要件のいずれにも該当するときは、債権者は、1の規定にかかわらず、その行為について、詐害行為取消請求をすることができるものとすること。(第424条の3第2項関係)
①その行為が、債務者が支払不能になる前30日以内に行われたものであること。
②その行為が、債務者と受益者とが通謀して他の債権者を害する意図をもって行われたものであること。

＜新旧条文比較＞

【新条文】
特定の債権者に対する担保の供与等の特則
第424条の3　債務者がした既存の債務についての担保の供与又は債務の消滅に関する行為について、債権者は、次に掲げる要件のいずれにも該当する場合に限り、詐害行為取消請求をすることができる。
　①その行為が、債務者が支払不能(債務者が、支払能力を欠くために、その債務のうち弁済期にあるものにつき、一般的かつ継続的に弁済することができない状態をいう。次項第1号において同じ。)の時に行われたものであること。
　②その行為が、債務者と受益者とが通謀して他の債権者を害する意図をもって行われたものであること。
2　前項に規定する行為が、債務者の義務に属せず、又はその時期が債務者の義務に属しないものである場合において、次に掲げる要件のいずれにも該当するときは、債権者は、同項の規定にかかわらず、その行為について、詐害行為取消請求をすることができる。
　①その行為が、債務者が支払不能になる前30日以内に行われたものであること。
　②その行為が、債務者と受益者とが通謀して他の債権者を害する意図をもって行われたものであること。

【変更事項】（民法の一部を改正する法律より）

「(特定の債権者に対する担保の供与等の特則)
第424条の3 債務者がした既存の債務についての担保の供与又は債務の消滅に関する行為について、債権者は、次に掲げる要件のいずれにも該当する場合に限り、詐害行為取消請求をすることができる。
① その行為が、債務者が支払不能（債務者が、支払能力を欠くために、その債務のうち弁済期にあるものにつき、一般的かつ継続的に弁済することができない状態をいう。次項第1号において同じ。）の時に行われたものであること。
② その行為が、債務者と受益者とが通謀して他の債権者を害する意図をもって行われたものであること。
2 前項に規定する行為が、債務者の義務に属せず、又はその時期が債務者の義務に属しないものである場合において、次に掲げる要件のいずれにも該当するときは、債権者は、同項の規定にかかわらず、その行為について、詐害行為取消請求をすることができる。
① その行為が、債務者が支払不能になる前30日以内に行われたものであること。
② その行為が、債務者と受益者とが通謀して他の債権者を害する意図をもって行われたものであること。」

【旧条文】

〔新設〕

17 詐害行為取消権 【四】過大な代物弁済等の特則

【改正要綱】

【四】過大な代物弁済等の特則
　債務者がした債務の消滅に関する行為であって、受益者の受けた給付の価額がその行為によって消滅した債務の額より過大であるものについて、一に規定する要件に該当するときは、債権者は、三1の規定にかかわらず、その消滅した債務の額に相当する部分以外の部分については、詐害行為取消請求をすることができるものとすること。（第424条の4関係）

―――＜新旧条文比較＞―――

【新条文】

<u>過大な代物弁済等の特則</u>
<u>第424条の4　債務者がした債務の消滅に関する行為であって、受益者の受けた給付の価額がその行為によって消滅した債務の額より過大であるものについて、第424条に規定する要件に該当するときは、債権者は、前条第1項の規定にかかわらず、その消滅した債務の額に相当する部分以外の部分については、詐害行為取消請求をすることができる。</u>

【変更事項】（民法の一部を改正する法律より）

「（過大な代物弁済等の特則）
第424条の4　債務者がした債務の消滅に関する行為であって、受益者の受けた給付の価額がその行為によって消滅した債務の額より過大であるものについて、第424条に規定する要件に該当するときは、債権者は、前条第1項の規定にかかわらず、その消滅した債務の額に相当する部分以外の部分については、詐害行為取消請求をすることができる。」

【旧条文】

〔新設〕

17 詐害行為取消権 【五】転得者に対する詐害行為の取消権の要件

【改正要綱】

【五】転得者に対する詐害行為取消権の要件

債権者は、受益者に対して詐害行為取消請求をすることができる場合において、受益者に移転した財産を転得した者があるときは、次の1又は2に掲げる区分に応じ、それぞれ当該1又は2に定める場合に限り、その転得者に対しても、詐害行為取消請求をすることができるものとすること。(第424条の5関係)

1 その転得者が受益者から転得した者である場合 その転得者が、転得の当時、債務者がした行為が債権者を害することを知っていたとき。

2 その転得者が他の転得者から転得した者である場合 その転得者及びその前に転得した全ての転得者が、それぞれの転得の当時、債務者がした行為が債権者を害することを知っていたとき。

＜新旧条文比較＞

【新条文】

<u>転得者に対する詐害行為取消請求</u>
<u>第424条の5　債権者は、受益者に対して詐害行為取消請求をすることができる場合において、受益者に移転した財産を転得した者があるときは、次の各号に掲げる区分に応じ、それぞれ当該各号に定める場合に限り、その転得者に対しても、詐害行為取消請求をすることができる。</u>
<u>①その転得者が受益者から転得した者である場合　その転得者が、転得の当時、債務者がした行為が債権者を害することを知っていたとき。</u>
<u>②その転得者が他の転得者から転得した者である場合　その転得者及びその前に転得した全ての転得者が、それぞれの転得の当時、債務者がした行為が債権者を害することを知っていたとき。</u>

【変更事項】（民法の一部を改正する法律より）

「（転得者に対する詐害行為取消請求）
第424条の5　債権者は、受益者に対して詐害行為取消請求をすることができる場合において、受益者に移転した財産を転得した者があるときは、次の各号に掲げる区分に応じ、それぞれ当該各号に定める場合に限り、その転得者に対しても、詐害行為取消請求をすることができる。
①その転得者が受益者から転得した者である場合　その転得者が、転得の当時、債務者がした行為が債権者を害することを知っていたとき。
②その転得者が他の転得者から転得した者である場合　その転得者及びその前に転得した全ての転得者が、それぞれの転得の当時、債務者がした行為が債権者を害することを知っていたとき。」

【旧条文】

〔新設〕

17 詐害行為取消権 【六】詐害行為取消権の行使の方法

【改正要綱】

【六】詐害行為取消権の行使の方法

1 債権者は、受益者に対する詐害行為取消請求において、債務者がした行為の取消しとともに、その行為によって受益者に移転した財産の返還を請求することができるものとすること。受益者がその財産の返還をすることが困難であるときは、債権者は、その価額の償還を請求することができるものとすること。（第424条の6第1項関係）

2 債権者は、転得者に対する詐害行為取消請求において、債務者がした行為の取消しとともに、転得者が転得した財産の返還を請求することができるものとすること。転得者がその財産の返還をすることが困難であるときは、債権者は、その価額の償還を請求することができるものとすること。（第424条の6第2項関係）

3 詐害行為取消請求に係る訴えについては、次の①又は②に掲げる区分に応じ、それぞれ当該①又はに定める者を被告とするものとすること。（第424条の7第1項関係）
①受益者に対する詐害行為取消請求に係る訴え 受益者
②転得者に対する詐害行為取消請求に係る訴え その詐害行為取消請求の相手方である転得者

4 債権者は、詐害行為取消請求に係る訴えを提起したときは、遅滞なく、債務者に対し、訴訟告知をしなければならないものとすること。（第424条の7第2項関係）

＜新旧条文比較＞

【新条文】

第2目 詐害行為取消権の行使の方法等
財産の返還又は価額の償還の請求
第424条の6 債権者は、受益者に対する詐害行為取消請求において、債務者がした行為の取消しとともに、その行為によって受益者に移転した財産の返還を請求することができる。受益者がその財産の返還をすることが困難であるときは、債権者は、その価額の償還を請求することができる。
　2 債権者は、転得者に対する詐害行為取消請求において、債務者がした行為の取消しとともに、転得者が転得した財産の返還を請求することができる。転得者がその財産の返還をすることが困難であるときは、債権者は、その価額の償還を請求することができる。

被告及び訴訟告知
第424条の7 詐害行為取消請求に係る訴えについては、次の各号に掲げる区分に応じ、それぞれ当該各号に定める者を被告とする。
①受益者に対する詐害行為取消請求に係る訴え 受益者
②転得者に対する詐害行為取消請求に係る訴え その詐害行為取消請求の相手方である転得者
　2 債権者は、詐害行為取消請求に係る訴えを提起したときは、遅滞なく、債務者に対し、訴訟告知をしなければならない。

【変更事項】（民法の一部を改正する法律より）

「（財産の返還又は価額の償還の請求）
第424条の6　債権者は、受益者に対する詐害行為取消請求において、債務者がした行為の取消しとともに、その行為によって受益者に移転した財産の返還を請求することができる。受益者がその財産の返還をすることが困難であるときは、債権者は、その価額の償還を請求することができる。
1　債権者は、転得者に対する詐害行為取消請求において、債務者がした行為の取消しとともに、転得者が転得した財産の返還を請求することができる。転得者がその財産の返還をすることが困難であるときは、債権者は、その価額の償還を請求することができる。」

「（被告及び訴訟告知）
第424条の7　詐害行為取消請求に係る訴えについては、次の各号に掲げる区分に応じ、それぞれ当該各号に定める者を被告とする。
①受益者に対する詐害行為取消請求に係る訴え　受益者
②転得者に対する詐害行為取消請求に係る訴え　その詐害行為取消請求の相手方である転得者
2　債権者は、詐害行為取消請求に係る訴えを提起したときは、遅滞なく、債務者に対し、訴訟告知をしなければならない。」

【旧条文】

〔新設〕

〔新設〕

〔新設〕

17 詐害行為取消権 【七】詐害行為の取消しの範囲及び直接の引渡し

【改正要綱】
【七】詐害行為の取消しの範囲及び直接の引渡し
1 債権者は、詐害行為取消請求をする場合において、債務者がした行為の目的が可分であるときは、自己の債権の額の限度においてのみ、その行為の取消しを請求することができるものとすること。(第424条の8第1項関係)
2 債権者が六1後段又は2後段の規定により価額の償還を請求する場合についても、1と同様とするものとすること。(第424条の8第2項関係)
3 債権者は、六1前段又は2前段の規定により受益者又は転得者に対して財産の返還を請求する場合において、その返還の請求が金銭の支払又は動産の引渡しを求めるものであるときは、受益者に対してその支払又は引渡しを、転得者に対してその引渡しを、自己に対してすることを求めることができるものとすること。この場合において、受益者又は転得者は、債権者に対してその支払又は引渡しをしたときは、債務者に対してその支払又は引渡しをすることを要しない。(第424条の9第1項関係)
4 債権者が六1後段又は2後段の規定により受益者又は転得者に対して価額の償還を請求する場合についても、3と同様とするものとすること。(第424条の9第2項関係)

＜新旧条文比較＞

【新条文】

詐害行為の取消しの範囲
第424条の8　債権者は、詐害行為取消請求をする場合において、債務者がした行為の目的が可分であるときは、自己の債権の額の限度においてのみ、その行為の取消しを請求することができる。
　2　債権者が第424条の6第1項後段又は第2項後段の規定により価額の償還を請求する場合についても、前項と同様とする。

債権者への支払又は引渡し
第424条の9　債権者は、第424条の6第1項前段又は第2項前段の規定により受益者又は転得者に対して財産の返還を請求する場合において、その返還の請求が金銭の支払又は動産の引渡しを求めるものであるときは、受益者に対してその支払又は引渡しを、転得者に対してその引渡しを、自己に対してすることを求めることができる。この場合において、受益者又は転得者は、債権者に対してその支払又は引渡しをしたときは、債務者に対してその支払又は引渡しをすることを要しない。
　2　債権者が第424条の6第1項後段又は第2項後段の規定により受益者又は転得者に対して価額の償還を請求する場合についても、前項と同様とする。

【変更事項】（民法の一部を改正する法律より）

「（詐害行為の取消しの範囲）
第424条の8　債権者は、詐害行為取消請求をする場合において、債務者がした行為の目的が可分であるときは、自己の債権の額の限度においてのみ、その行為の取消しを請求することができる。
2　債権者が第424条の6第1項後段又は第2項後段の規定により価額の償還を請求する場合についても、前項と同様とする。」

「（債権者への支払又は引渡し）
第424条の9　債権者は、第424条の6第1項前段又は第2項前段の規定により受益者又は転得者に対して財産の返還を請求する場合において、その返還の請求が金銭の支払又は動産の引渡しを求めるものであるときは、受益者に対してその支払又は引渡しを、転得者に対してその引渡しを、自己に対してすることを求めることができる。この場合において、受益者又は転得者は、債権者に対してその支払又は引渡しをしたときは、債務者に対してその支払又は引渡しをすることを要しない。
2　債権者が第424条の6第1項後段又は第2項後段の規定により受益者又は転得者に対して価額の償還を請求する場合についても、前項と同様とする。」

【旧条文】

〔新設〕

〔新設〕

17 詐害行為取消権 【八】詐害行為の取消しの効果
【九】受益者の反対給付及び債権

【改正要綱】

【八】詐害行為の取消しの効果
詐害行為取消請求を認容する確定判決は、債務者及びその全ての債権者に対してもその効力を有するものとすること。（第425条関係）

【九】受益者の反対給付及び債権
1 債務者がした財産の処分に関する行為（債務の消滅に関する行為を除く。）が取り消されたときは、受益者は、債務者に対し、その財産を取得するためにした反対給付の返還を請求することができるものとすること。債務者がその反対給付の返還をすることが困難であるときは、受益者は、その価額の償還を請求することができるものとすること。（第425条の2関係）
2 債務者がした債務の消滅に関する行為が取り消された場合（四の規定により取り消された場合を除く。）において、受益者が債務者から受けた給付を返還し、又はその価額を償還したときは、受益者の債務者に対する債権は、これによって原状に復するものとすること。（第425条の3関係）

―――＜新旧条文比較＞―――

【新条文】

<u>第3目 詐害行為取消権の行使の効果</u>
<u>認容判決の効力が及ぶ者の範囲</u>
<u>第425条　　詐害行為取消請求を認容する確定判決は、債務者及びその全ての債権者に対してもその効力を有する。</u>

<u>債務者の受けた反対給付に関する受益者の権利</u>
<u>第425条の2　　債務者がした財産の処分に関する行為（債務の消滅に関する行為を除く。）が取り消されたときは、受益者は、債務者に対し、その財産を取得するためにした反対給付の返還を請求することができる。債務者がその反対給付の返還をすることが困難であるときは、受益者は、その価額の償還を請求することができる。</u>

<u>受益者の債権の回復</u>
<u>第425条の3　　債務者がした債務の消滅に関する行為が取り消された場合（第424条の4の規定により取り消された場合を除く。）において、受益者が債務者から受けた給付を返還し、又はその価額を償還したときは、受益者の債務者に対する債権は、これによって原状に復する。</u>

【変更事項】（民法の一部を改正する法律より）

第3目 詐害行為取消権の行使の効果
第425条を次のように改める。
「(認容判決の効力が及ぶ者の範囲)
第425条 詐害行為取消請求を認容する確定判決は、債務者及びその全ての債権者に対してもその効力を有する。」
第425条の次に次の3条及び目名を加える。
「(債務者の受けた反対給付に関する受益者の権利)
第425条の2 債務者がした財産の処分に関する行為（債務の消滅に関する行為を除く。）が取り消されたときは、受益者は、債務者に対し、その財産を取得するためにした反対給付の返還を請求することができる。債務者がその反対給付の返還をすることが困難であるときは、受益者は、その価額の償還を請求することができる。」
「(受益者の債権の回復)
第425条の3 債務者がした債務の消滅に関する行為が取り消された場合（第424条の4の規定により取り消された場合を除く。）において、受益者が債務者から受けた給付を返還し、又はその価額を償還したときは、受益者の債務者に対する債権は、これによって原状に復する。」

【旧条文】

〔新設〕
<u>詐害行為の取消しの効果</u>
第425条　前条の規定による取消しは、すべての債権者の利益のためにその効力を生ずる。

〔新設〕

〔新設〕

17 詐害行為取消権 【十】転得者の反対給付及び債権
【十一】詐害行為取消権の期間の制限

【改正要綱】

【十】転得者の反対給付及び債権

債務者がした行為が転得者に対する詐害行為取消請求によって取り消されたときは、その転得者は、次の1又は2に掲げる区分に応じ、それぞれ当該1又は2に定める権利を行使することができるものとすること。ただし、その転得者がその前者から財産を取得するためにした反対給付又はその前者から財産を取得することによって消滅した債権の価額を限度とするものとすること。(第425条の4関係)

1 九1に規定する行為が取り消された場合 その行為が受益者に対する詐害行為取消請求によって取り消されたとすれば九1の規定により生ずべき受益者の債務者に対する反対給付の返還請求権又はその価額の償還請求権

2 九2に規定する行為が取り消された場合(四の規定により取り消された場合を除く。) その行為が受益者に対する詐害行為取消請求によって取り消されたとすれば九2の規定により回復すべき受益者の債務者に対する債権

【十一】詐害行為取消権の期間の制限

詐害行為取消請求に係る訴えは、債務者が債権者を害することを知って行為をしたことを債権者が知った時から二年を経過したときは、提起することができないものとすること。行為の時から十年を経過したときも、同様とするものとすること。(第426条関係)

―――＜新旧条文比較＞―――

【新条文】

詐害行為取消請求を受けた転得者の権利
第425条の4　債務者がした行為が転得者に対する詐害行為取消請求によって取り消されたときは、その転得者は、次の各号に掲げる区分に応じ、それぞれ当該各号に定める権利を行使することができる。ただし、その転得者がその前者から財産を取得するためにした反対給付又はその前者から財産を取得することによって消滅した債権の価額を限度とする。
　①第425条の2に規定する行為が取り消された場合　その行為が受益者に対する詐害行為取消請求によって取り消されたとすれば同条の規定により生ずべき受益者の債務者に対する反対給付の返還請求権又はその価額の償還請求権
　②前条に規定する行為が取り消された場合(第424条の4の規定により取り消された場合を除く。) その行為が受益者に対する詐害行為取消請求によって取り消されたとすれば前条の規定により回復すべき受益者の債務者に対する債権

第4目　詐害行為取消権の期間の制限

第426条　詐害行為取消請求に係る訴えは、債務者が債権者を害することを知って行為をしたことを債権者が知った時から2年を経過したときは、提起することができない。行為の時から10年を経過したときも、同様とする。

【変更事項】（民法の一部を改正する法律より）

「（詐害行為取消請求を受けた転得者の権利）
第425条の4 債務者がした行為が転得者に対する詐害行為取消請求によって取り消されたときは、その転得者は、次の各号に掲げる区分に応じ、それぞれ当該各号に定める権利を行使することができる。ただし、その転得者がその前者から財産を取得するためにした反対給付又はその前者から財産を取得することによって消滅した債権の価額を限度とする。
①第425条の2に規定する行為が取り消された場合 その行為が受益者に対する詐害行為取消請求によって取り消されたとすれば同条の規定により生ずべき受益者の債務者に対する反対給付の返還請求権又はその価額の償還請求権
②前条に規定する行為が取り消された場合（第424条の4の規定により取り消された場合を除く。）その行為が受益者に対する詐害行為取消請求によって取り消されたとすれば前条の規定により回復すべき受益者の債務者に対する債権」
第426条を次のように改める。
「第426条 詐害行為取消請求に係る訴えは、債務者が債権者を害することを知って行為をしたことを債権者が知った時から2年を経過したときは、提起することができない。行為の時から10年を経過したときも、同様とする。」

【旧条文】

〔新設〕

〔新設〕
詐害行為取消権の期間の制限
第426条　第424条の規定による取消権は、債権者が取消しの原因を知った時から2年間行使しないときは、時効によって消滅する。行為の時から20年を経過したときも、同様とする。

18 多 数当事者 【一】連帯債務

【改正要綱】

【一】連帯債務

　債務の目的がその性質上可分である場合において、法令の規定又は当事者の意思表示によって数人が連帯して債務を負担するときは、債権者は、その連帯債務者の一人に対し、又は同時に若しくは順次に全ての連帯債務者に対し、全部又は一部の履行を請求することができるものとすること。（第436条関係）

―――＜新旧条文比較＞―――

【新条文】

<u>第4款 連帯債務</u>
<u>連帯債務者に対する履行の請求</u>
<u>第436条</u>　　<u>債務の目的がその性質上可分である場合において、法令の規定又は当事者の意思表示によって数人が連帯して債務を負担するときは、</u>債権者は、その連帯債務者の一人に対し、又は同時に若しくは順次に<u>全て</u>の連帯債務者に対し、全部又は一部の履行を請求することができる。

多数当事者の再建債務関係について、判例・学説等を踏まえて規定内容を整理・整備した。

【変更事項】（民法の一部を改正する法律より）

（連帯責務）
第432条の見出しを「（連帯債務者に対する履行の請求）」に改め、同条中「数人が連帯債務」を「債務の目的がその性質上可分である場合において、法令の規定又は当事者の意思表示によって数人が連帯して債務」に、「すべて」を「全て」に改め、同条を第436条とする。

【旧条文】

第3款 連帯債務
履行の請求
第432条　数人が連帯債務を負担するときは、債権者は、その連帯債務者の一人に対し、又は同時に若しくは順次にすべての連帯債務者に対し、全部又は一部の履行を請求することができる。

18 多数当事者 【二】連帯債務者の一人について生じた事由の効力等
【三】連帯債務者についての破産手続の開始

【改正要綱】
【二】連帯債務者の一人について生じた事由の効力等
1 民法第434条を削除するものとすること。
2 民法第436条第1項の債権を有する連帯債務者が相殺を援用しない間は、その連帯債務者の負担部分の限度において、他の連帯債務者は、債権者に対して債務の履行を拒むことができるものとすること。(第439条第2項関係)
3 民法第437条及び第439条を削除するものとすること。
4 連帯債務者の一人に対して債務の免除がされ、又は連帯債務者の一人のために時効が完成した場合においても、他の連帯債務者は、その一人の連帯債務者に対し、四1の求償権を行使することができるものとすること。(第445条関係)
5 民法第435条、第436条第1項及び第438条に規定する場合を除き、連帯債務者の一人について生じた事由は、他の連帯債務者に対してその効力を生じないものとすること。ただし、債権者及び他の連帯債務者の一人が別段の意思を表示したときは、当該他の連帯債務者に対する効力は、その意思に従うものとすること。(第441条関係)

【三】連帯債務者についての破産手続の開始
民法第441条を削除するものとすること。

―― <新旧条文比較> ――

【新条文】

〔削る〕

連帯債務者の一人による相殺等
第439条　連帯債務者の一人が債権者に対して債権を有する場合において、その連帯債務者が相殺を援用したときは、債権は、全ての連帯債務者の利益のために消滅する。
　　2　前項の債権を有する連帯債務者が相殺を援用しない間は、その連帯債務者の負担部分の限度において、他の連帯債務者は、債権者に対して債務の履行を拒むことができる。

〔削る〕

〔削る〕

連帯債務者の一人との間の混同
第440条　〔略〕
連帯債務者の一人との間の免除等と求償権
第445条　連帯債務者の一人に対して債務の免除がされ、又は連帯債務者の一人のために時効が完成した場合においても、他の連帯債務者は、その一人の連帯債務者に対し、第442条第1項の求償権を行使することができる。
相対的効力の原則
第441条　第438条、第439条第一項及び前条に規定する場合を除き、連帯債務者の一人について生じた事由は、他の連帯債務者に対してその効力を生じない。ただし、債権者及び他の連帯債務者の一人が別段の意思を表示したときは、当該他の連帯債務者に対する効力は、その意思に従う。

〔削る〕

【変更事項】（民法の一部を改正する法律より）
第436条第1項中「すべて」を「全て」に改め、同条第2項中「についてのみ他の連帯債務者が相殺を援用する」を「の限度において、他の連帯債務者は、債権者に対して債務の履行を拒む」に改め、同条を第439条とする。
第440条を第441条とし、第439条を削り、第438条を第440条とし、第437条を削る。
第445条を次のように改める。
「（連帯債務者の一人との間の免除等と求償権）
第445条　連帯債務者の一人に対して債務の免除がされ、又は連帯債務者の一人のために時効が完成した場合においても、他の連帯債務者は、その一人の連帯債務者に対し、第442条第1項の求償権を行使することができる。」
第441条を削る。

【旧条文】

連帯債務者の一人に対する履行の請求
第434条　連帯債務者の一人に対する履行の請求は、他の連帯債務者に対しても、その効力を生ずる。

連帯債務者の一人による相殺等
第436条　連帯債務者の一人が債権者に対して債権を有する場合において、その連帯債務者が相殺を援用したときは、債権は、すべての連帯債務者の利益のために消滅する。
　2　前項の債権を有する連帯債務者が相殺を援用しない間は、その連帯債務者の負担部分についてのみ他の連帯債務者が相殺を援用することができる。

連帯債務者の一人に対する免除
第437条　連帯債務者の一人に対してした債務の免除は、その連帯債務者の負担部分についてのみ、他の連帯債務者の利益のためにも、その効力を生ずる。

連帯債務者の一人についての時効の完成
第439条　連帯債務者の一人のために時効が完成したときは、その連帯債務者の負担部分については、他の連帯債務者も、その義務を免れる。

連帯債務者の一人との間の混同
第438条　〔同左〕

連帯の免除と弁済をする資力のない者の負担部分の分担
第445条　連帯債務者の一人が連帯の免除を得た場合において、他の連帯債務者の中に弁済をする資力のない者があるときは、債権者は、その資力のない者が弁済をすることができない部分のうち連帯の免除を得た者が負担すべき部分を負担する。

相対的効力の原則
第440条　第434条から前条までに規定する場合を除き、連帯債務者の一人について生じた事由は、他の連帯債務者に対してその効力を生じない。

連帯債務者についての破産手続の開始
第441条　連帯債務者の全員又はそのうちの数人が破産手続開始の決定を受けたときは、債権者は、その債権の全額について各破産財団の配当に加入することができる。

18 多数当事者 【四】連帯債務者間の求償関係①
1 連帯債務者間の求償権
2 連帯債務者間の通知義務

【改正要綱】

【四】連帯債務者間の求償関係

1 連帯債務者間の求償権

連帯債務者の一人が弁済をし、その他自己の財産をもって共同の免責を得たときは、その連帯債務者は、その免責を得た額が自己の負担部分を超えるかどうかにかかわらず、他の連帯債務者に対し、その免責を得るために支出した財産の額（その財産の額が共同の免責を得た額を超える場合にあっては、その免責を得た額）のうち各自の負担部分に応じた額の求償権を有するものとすること。（第442条第1項関係）

2 連帯債務者間の通知義務

(1) 他の連帯債務者があることを知りながら、連帯債務者の一人が共同の免責を得ることを他の連帯債務者に通知しないで弁済をし、その他自己の財産をもって共同の免責を得た場合において、他の連帯債務者は、債権者に対抗することができる事由を有していたときは、その負担部分について、その事由をもってその免責を得た連帯債務者に対抗することができるものとすること。この場合において、相殺をもってその免責を得た連帯債務者に対抗したときは、その連帯債務者は、債権者に対し、相殺によって消滅すべきであった債務の履行を請求することができるものとすること。（第443条第1項関係）

(2) 弁済をし、その他自己の財産をもって共同の免責を得た連帯債務者が、他の連帯債務者があることを知りながらその免責を得たことを他の連帯債務者に通知することを怠ったため、他の連帯債務者が善意で弁済その他自己の財産をもって免責を得るための行為をしたときは、当該他の連帯債務者は、その免責を得るための行為を有効であったものとみなすことができるものとすること。（第443条第2項関係）

―――＜新旧条文比較＞―――

【新条文】

連帯債務者間の求償権
第442条　連帯債務者の一人が弁済をし、その他自己の財産をもって共同の免責を得たときは、<u>その連帯債務者は、その免責を得た額が自己の負担部分を超えるかどうかにかかわらず、</u>他の連帯債務者に対し、<u>その免責を得るために支出した財産の額（その財産の額が共同の免責を得た額を超える場合にあっては、その免責を得た額）のうち各自の負担部分に応じた額の</u>求償権を有する。

2〔略〕

通知を怠った連帯債務者の求償の制限
第443条　<u>他の連帯債務者があることを知りながら、連帯債務者の一人が共同の免責を得ることを他の連帯債務者に通知しないで弁済をし、その他自己の財産をもって共同の免責を得た場合において、</u>他の連帯債務者は、債権者に対抗することができる事由を有していたときは、その負担部分について、その事由をもってその免責を得た連帯債務者に対抗することができる。この場合において、相殺をもってその免責を得た連帯債務者に対抗したときは、<u>その連帯債務者は、</u>債権者に対し、相殺によって消滅すべきであった債務の履行を請求することができる。

2　弁済をし、その他自己の財産をもって共同の免責を得た<u>連帯債務者が、他の連帯債務者があることを知りながらその免責を得たことを他の連帯債務者に通知することを怠ったため、他の連帯債務者が善意で弁済その他自己の財産をもって免責を得るための行為をしたときは、当該他の連帯債務者は、その免責を得るための行為を</u>有効であったものとみなすことができる。

【変更事項】（民法の一部を改正する法律より）

第442条第1項中「連帯債務者は」の下に「、その免責を得た額が自己の負担部分を超えるかどうかにかかわらず」を加え、「各自の負担部分について」を「その免責を得るために支出した財産の額（その財産の額が共同の免責を得た額を超える場合にあっては、その免責を得た額）のうち各自の負担部分に応じた額の」に改める。

第443条第1項中「連帯債務者の一人が債権者から履行の請求を受けた」を「他の連帯債務者があることを知りながら、連帯債務者の一人が共同の免責を得る」に、「過失のある」を「その」に改め、同条第2項中「連帯債務者の一人が」を削り、「共同の免責を得た」の下に「連帯債務者が、他の連帯債務者があることを知りながらその免責を得た」を加え、「弁済をし、その他有償の行為をもって免責を得た」を「弁済その他自己の財産をもって免責を得るための行為をした」に、「その免責を得た」を「当該他の」に、「自己の弁済その他免責のためにした」を「その免責を得るための」に改める

【旧条文】

連帯債務者間の求償権
第442条　　連帯債務者の一人が弁済をし、その他自己の財産をもって共同の免責を得たときは、その連帯債務者は、他の連帯債務者に対し、<u>各自の負担部分について</u>求償権を有する。

　　　　　　２〔同左〕

通知を怠った連帯債務者の求償の制限
第443条　　<u>連帯債務者の一人が債権者から履行の請求を受けた</u>ことを他の連帯債務者に通知しないで弁済をし、その他自己の財産をもって共同の免責を得た場合において、他の連帯債務者は、債権者に対抗することができる事由を有していたときは、その負担部分について、その事由をもってその免責を得た連帯債務者に対抗することができる。この場合において、相殺をもってその免責を得た連帯債務者に対抗したときは、<u>過失のある</u>連帯債務者は、債権者に対し、相殺によって消滅すべきであった債務の履行を請求することができる。

　　　　　２　<u>連帯債務者の一人が</u>弁済をし、その他自己の財産をもって共同の免責を得たことを他の連帯債務者に通知することを怠ったため、他の連帯債務者が善意で<u>弁済をし、その他有償の行為をもって免責を得た</u>ときは、<u>その免責を得た</u>連帯債務者は、<u>自己の弁済その他免責のためにした</u>行為を有効であったものとみなすことができる。

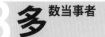

18 多数当事者 【四】連帯債務者間の求償関係②
3 負担部分を有する連帯債務者が全て無資力者である場合の求償関係
4 連帯の免除をした場合の債権者の負担

【改正要綱】

【四】連帯債務者の求償関係
3 負担部分を有する連帯債務者が全て無資力者である場合の求償関係
　(1) 民法第444条第1項に規定する場合において、求償者及び他の資力のある者がいずれも負担部分を有しない者であるときは、その償還をすることができない部分は、求償者及び他の資力のある者の間で、等しい割合で分割して負担するものとすること。(第444条第2項関係)
　(2) (1)民法第444条第1項及びの規定にかかわらず、償還を受けることができないことについて求償者に過失があるときは、他の連帯債務者に対して分担を請求することができないものとすること。(第444条第3項関係)
4 連帯の免除をした場合の債権者の負担
　民法第445条を削除するものとすること。

―― <新旧条文比較> ――

【新条文】

償還をする資力のない者の負担部分の分担
第444条　　連帯債務者の中に償還をする資力のない者があるときは、その償還をすることができない部分は、求償者及び他の資力のある者の間で、各自の負担部分に応じて分割して負担する。

　2 前項に規定する場合において、求償者及び他の資力のある者がいずれも負担部分を有しない者であるときは、その償還をすることができない部分は、求償者及び他の資力のある者の間で、等しい割合で分割して負担する。
　3 前2項の規定にかかわらず、償還を受けることができないことについて求償者に過失があるときは、他の連帯債務者に対して分担を請求することができない。

連帯債務者の一人との間の免除等と求償権
第445条　　連帯債務者の一人に対して債務の免除がされ、又は連帯債務者の一人のために時効が完成した場合においても、他の連帯債務者は、その一人の連帯債務者に対し、第442条第2項の求償権を行使することができる。

【変更事項】（民法の一部を改正する法律より）

第444条ただし書を削り、同条に次の2項を加える。
「2　前項に規定する場合において、求償者及び他の資力のある者がいずれも負担部分を有しない者であるときは、その償還をすることができない部分は、求償者及び他の資力のある者の間で、等しい割合で分割して負担する。
3　前2項の規定にかかわらず、償還を受けることができないことについて求償者に過失があるときは、他の連帯債務者に対して分担を請求することができない。」

第445条を次のように改める。
「（連帯債務者の一人との間の免除等と求償権）
第445条　連帯債務者の一人に対して債務の免除がされ、又は連帯債務者の一人のために時効が完成した場合においても、他の連帯債務者は、その一人の連帯債務者に対し、第442条第1項の求償権を行使することができる。」

【旧条文】

償還をする資力のない者の負担部分の分担
第444条　　連帯債務者の中に償還をする資力のない者があるときは、その償還をすることができない部分は、求償者及び他の資力のある者の間で、各自の負担部分に応じて分割して負担する。<u>ただし、求償者に過失があるときは、他の連帯債務者に対して分担を請求することができない。</u>

〔新設〕

〔新設〕

<u>連帯の免除と弁済をする資力のない者の負担部分の分担</u>
第445条　　<u>連帯債務者の一人が連帯の免除を得た場合において、他の連帯債務者の中に弁済をする資力のない者があるときは、債権者は、その資力のない者が弁済をすることができない部分のうち連帯の免除を得た者が負担すべき部分を負担する。</u>

18 多数当事者 【五】不可分債務 【六】連帯債権

【改正要綱】

【五】不可分債務
連帯債務の規定（民法第438条の規定を除く。）は、債務の目的がその性質上不可分である場合において、数人の債務者があるときについて準用するものとすること。（第430条関係）

【六】連帯債権
債権の目的がその性質上可分である場合において、法令の規定又は当事者の意思表示によって数人が連帯して債権を有するときは、各債権者は、全ての債権者のために全部又は一部の履行を請求することができ、債務者は、全ての債権者のために各債権者に対して履行をすることができるものとすること。（第432条関係）

―――<新旧条文比較>―――

【新条文】

<u>不可分債務</u>
<u>第430条</u>　<u>第4款（連帯債務）の規定（第440条の規定を除く。）は、債務の目的がその性質上不可分である場合において、数人の債務者があるときについて準用する。</u>

<u>第3款 連帯債権</u>
<u>連帯債権者による履行の請求等</u>
<u>第432条</u>　<u>債権の目的がその性質上可分である場合において、法令の規定又は当事者の意思表示によって数人が連帯して債権を有するときは、各債権者は、全ての債権者のために全部又は一部の履行を請求することができ、債務者は、全ての債権者のために各債権者に対して履行をすることができる。</u>

連帯債権の規定を新設し、整備される。

【変更事項】（民法の一部を改正する法律より）

第 430 条を次のように改める。
「(不可分債務)
第 430 条第 4 款（連帯債務）の規定（第 440 条の規定を除く。）は、債務の目的がその性質上不可分である場合において、数人の債務者があるときについて準用する。」

連帯債権の規定の新設。
「(連帯債権者による履行の請求等)
第 432 条債権の目的がその性質上可分である場合において、法令の規定又は当事者の意思表示によって数人が連帯して債権を有するときは、各債権者は、全ての債権者のために全部又は一部の履行を請求することができ、債務者は、全ての債権者のために各債権者に対して履行をすることができる。」

【旧条文】

<u>不可分債務</u>
第 430 条　前条の規定及び次款（連帯債務）の規定（第 434 条から第 440 条までの規定を除く。）は、数人が不可分債務を負担する場合について準用する。

〔新設〕

〔新設〕

【五】不可分債務
【六】連帯債権

多数当事者

18 多数当事者 【七】連帯債権者の一人について生じた事由の効力等

【改正要綱】

【七】連帯債権者の一人について生じた事由の効力等

1 連帯債権者の一人と債務者との間に更改又は免除があったときは、その連帯債権者がその権利を失わなければ分与されるべき利益に係る部分については、他の連帯債権者は、履行を請求することができないものとすること。(第433条関係)

2 債務者が連帯債権者の一人に対して債権を有する場合において、その債務者が相殺を援用したときは、その相殺は、他の連帯債権者に対しても、その効力を生ずるものとすること。(第434条関係)

3 連帯債権者の一人と債務者との間に混同があったときは、債務者は、弁済をしたものとみなすものとすること。(第435条関係)

4 六及び七1から3までに規定する場合を除き、連帯債権者の一人の行為又は一人について生じた事由は、他の連帯債権者に対してその効力を生じないものとすること。ただし、他の連帯債権者の一人及び債務者が別段の意思を表示したときは、当該他の連帯債権者に対する効力は、その意思に従うものとすること。(第435条の2関係)

―――＜新旧条文比較＞―――

【新条文】

連帯債権者の一人との間の更改又は免除
第433条　　連帯債権者の一人と債務者との間に更改又は免除があったときは、その連帯債権者がその権利を失わなければ分与されるべき利益に係る部分については、他の連帯債権者は、履行を請求することができない。

連帯債権者の一人との間の相殺
第434条　　債務者が連帯債権者の一人に対して債権を有する場合において、その債務者が相殺を援用したときは、その相殺は、他の連帯債権者に対しても、その効力を生ずる。

連帯債権者の一人との間の混同
第435条　　連帯債権者の一人と債務者との間に混同があったときは、債務者は、弁済をしたものとみなす。

相対的効力の原則
第435条の2　第432条から前条までに規定する場合を除き、連帯債権者の一人の行為又は一人について生じた事由は、他の連帯債権者に対してその効力を生じない。ただし、他の連帯債権者の一人及び債務者が別段の意思を表示したときは、当該他の連帯債権者に対する効力は、その意思に従う。

【変更事項】（民法の一部を改正する法律より）

「（連帯債権者の一人との間の更改又は免除）
第433条 連帯債権者の一人と債務者との間に更改又は免除があったときは、その連帯債権者がその権利を失わなければ分与されるべき利益に係る部分については、他の連帯債権者は、履行を請求することができない。」

「（連帯債権者の一人との間の相殺）
第434条 債務者が連帯債権者の一人に対して債権を有する場合において、その債務者が相殺を援用したときは、その相殺は、他の連帯債権者に対しても、その効力を生ずる。」

「（連帯債権者の一人との間の混同）
第435条 連帯債権者の一人と債務者との間に混同があったときは、債務者は、弁済をしたものとみなす。」

「（相対的効力の原則）
第435条の2 第432条から前条までに規定する場合を除き、連帯債権者の一人の行為又は一人について生じた事由は、他の連帯債権者に対してその効力を生じない。ただし、他の連帯債権者の一人及び債務者が別段の意思を表示したときは、当該他の連帯債権者に対する効力は、その意思に従う。」

第428条を次のように改める。

【旧条文】

〔新設〕

〔新設〕

〔新設〕

〔新設〕

18 多数当事者 【八】不可分債権

【改正要綱】

【八】不可分債権
　連帯債権の規定（七１及び３の規定を除く。）は、債権の目的がその性質上不可分である場合において、数人の債権者があるときについて準用するものとすること。（第428条関係）

―――＜新旧条文比較＞―――

【新条文】

不可分債権
第428条　<u>次款（連帯債権）の規定（第433条及び第435条の規定を除く。）は、債権の目的がその性質上不可分である場合において、数人の債権者があるときについて準用する。</u>

<u>第5款</u> 保証債務
保証人の責任等
第446条　〔略〕
　２　〔略〕
　<u>３　保証契約がその内容を記録した電磁的記録によってされたときは、その保証契約は、書面によってされたものとみなして、前項の規定を適用する。</u>

【変更事項】（民法の一部を改正する法律より）
「(不可分債権)
第 428 条次款（連帯債権）の規定（第 433 条及び第 435 条の規定を除く。）は、債権の目的がその性質上不可分である場合において、数人の債権者があるときについて準用する。」

【旧条文】

不可分債権
第 428 条　債権の目的がその性質上又は当事者の意思表示によって不可分である場合において、数人の債権者があるときは、各債権者はすべての債権者のために履行を請求し、債務者はすべての債権者のために各債権者に対して履行をすることができる。

第 4 款 保証債務
保証人の責任等
第 446 条　〔同左〕
　　　　　 2〔同左〕
　　　　　 3　保証契約がその内容を記録した電磁的記録（電子的方式、磁気的方式その他人の知覚によっては認識することができない方式で作られる記録であって、電子計算機による情報処理の用に供されるものをいう。）によってされたときは、その保証契約は、書面によってされたものとみなして、前項の規定を適用する。

19 保証債務　【一】保証債務の付従性
##　　　　　【二】主たる債務者の有する抗弁等

【改正要綱】

【一】保証債務の付従性　（保証人の負担と主たる債務の目的又は様態）
　主たる債務の目的又は態様が保証契約の締結後に加重されたときであっても、保証人の負担は加重されないものとすること。（第448条第2項関係）

【二】主たる債務者の有する抗弁等（主たる債務者について生じた事由の効力）
　1　保証人は、主たる債務者が主張することができる抗弁をもって債権者に対抗することができるものとすること。（第457条第2項関係）
　2　主たる債務者が債権者に対して相殺権、取消権又は解除権を有するときは、これらの権利の行使によって主たる債務者がその債務を免れるべき限度において、保証人は、債権者に対して債務の履行を拒むことができるものとすること。（第457条第3項関係）

＜新旧条文比較＞

【新条文】

<u>保証人の負担と主たる債務の目的又は態様</u>
第448条　　〔略〕
　　　　　<u>2　主たる債務の目的又は態様が保証契約の締結後に加重されたときであっても、保証人の負担は加重されない。</u>

主たる債務者について生じた事由の効力
第457条　　主たる債務者に対する履行の請求その他の事由による時効の<u>完成猶予及び更新</u>は、保証人に対しても、その効力を生ずる。
　　　　　<u>2　保証人は、主たる債務者が主張することができる抗弁をもって債権者に対抗することができる。</u>
　　　　　<u>3　主たる債務者が債権者に対して相殺権、取消権又は解除権を有するときは、これらの権利の行使によって主たる債務者がその債務を免れるべき限度において、保証人は、債権者に対して債務の履行を拒むことができる。</u>

保証に関する規定の整備。

【変更事項】（民法の一部を改正する法律より）

第448条の見出しを「（保証人の負担と主たる債務の目的又は態様）」に改め、同条に次の1項を加える。
2 主たる債務の目的又は態様が保証契約の締結後に加重されたときであっても、保証人の負担は加重されない。
第457条第1項中「中断」を「完成猶予及び更新」に改め、同条第2項中「の債権による相殺」を「が主張することができる抗弁」に改め、同条に次の1項を加える。
3 主たる債務者が債権者に対して相殺権、取消権又は解除権を有するときは、これらの権利の行使によって主たる債務者がその債務を免れるべき限度において、保証人は、債権者に対して債務の履行を拒むことができる。

【旧条文】

<u>保証人の負担が主たる債務より重い場合</u>
第448条　〔同左〕
〔新設〕

主たる債務者に対する履行の請求
第457条　主たる債務者に対する履行の請求その他の事由による時効の<u>中断</u>は、保証人に対しても、その効力を生ずる。
　　　　2 保証人は、<u>主たる債務者の債権による相殺</u>をもって債権者に対抗することができる。
〔新設〕

保証債務

〔二〕保証債務の付従性
〔三〕主たる債務者の有する抗弁等

19 保証債務 【三】保証人の求償権

1 委託を受けた保証人の求償権

【改正要綱】

【三】保証人の求償権

1 委託を受けた保証人の求償権

①保証人が主たる債務者の委託を受けて保証をした場合において、主たる債務者に代わって弁済その他自己の財産をもって債務を消滅させる行為（以下「債務の消滅行為」という。）をしたときは、その保証人は、主たる債務者に対し、そのために支出した財産の額（その財産の額がその債務の消滅行為によって消滅した主たる債務の額を超える場合にあっては、その消滅した額）の求償権を有するものとすること。（第459条第1項関係）

②保証人が主たる債務者の委託を受けて保証をした場合において、主たる債務の弁済期前に債務の消滅行為をしたときは、その保証人は、主たる債務者に対し、主たる債務者がその当時利益を受けた限度において求償権を有するものとすること。この場合において、主たる債務者が債務の消滅行為の日以前に相殺の原因を有していたことを主張するときは、保証人は、債権者に対し、その相殺によって消滅すべきであった債務の履行を請求することができるものとすること。（第459条の2第1項関係）

③②の規定による求償は、主たる債務の弁済期以後の法定利息及びその弁済期以後に債務の消滅行為をしたとしても避けることができなかった費用その他の損害の賠償を包含するものとすること。（第459条の2第2項関係）

④②の求償権は、主たる債務の弁済期以後でなければ、これを行使することができないものとすること。（第459条の2第3項関係）

―― <新旧条文比較> ――

【新条文】

委託を受けた保証人の求償権

第459条　保証人が主たる債務者の委託を受けて保証をした場合において、主たる債務者に代わって弁済その他自己の財産をもって債務を消滅させる行為（以下「債務の消滅行為」という。）をしたときは、その保証人は、主たる債務者に対し、そのために支出した財産の額（その財産の額がその債務の消滅行為によって消滅した主たる債務の額を超える場合にあっては、その消滅した額）の求償権を有する。

2〔略〕

委託を受けた保証人が弁済期前に弁済等をした場合の求償権

第459条の2　保証人が主たる債務者の委託を受けて保証をした場合において、主たる債務の弁済期前に債務の消滅行為をしたときは、その保証人は、主たる債務者に対し、主たる債務者がその当時利益を受けた限度において求償権を有する。この場合において、主たる債務者が債務の消滅行為の日以前に相殺の原因を有していたことを主張するときは、保証人は、債権者に対し、その相殺によって消滅すべきであった債務の履行を請求することができる。

2　前項の規定による求償は、主たる債務の弁済期以後の法定利息及びその弁済期以後に債務の消滅行為をしたとしても避けることができなかった費用その他の損害の賠償を包含する。

3　第1項の求償権は、主たる債務の弁済期以後でなければ、これを行使することができない。

【変更事項】（民法の一部を改正する法律より）

第459条第1項中「過失なく債権者に弁済をすべき旨の裁判の言渡しを受け、又は」及び「をし、」を削り、「消滅させるべき行為」を「消滅させる行為（以下「債務の消滅行為」という。）」に、「対して」を「対し、そのために支出した財産の額（その財産の額がその債務の消滅行為によって消滅した主たる債務の額を超える場合にあっては、その消滅した額）」に改め、同条の次に次の1条を加える。

「（委託を受けた保証人が弁済期前に弁済等をした場合の求償権）
第459条の2　保証人が主たる債務者の委託を受けて保証をした場合において、主たる債務の弁済期前に債務の消滅行為をしたときは、その保証人は、主たる債務者に対し、主たる債務者がその当時利益を受けた限度において求償権を有する。この場合において、主たる債務者が債務の消滅行為の日以前に相殺の原因を有していたことを主張するときは、保証人は、債権者に対し、その相殺によって消滅すべきであった債務の履行を請求することができる。
2　前項の規定による求償は、主たる債務の弁済期以後の法定利息及びその弁済期以後に債務の消滅行為をしたとしても避けることができなかった費用その他の損害の賠償を包含する。
3　第1項の求償権は、主たる債務の弁済期以後でなければ、これを行使することができない。」

【旧条文】

委託を受けた保証人の求償権
第459条　　保証人が主たる債務者の委託を受けて保証をした場合において、過失なく債権者に弁済をすべき旨の裁判の言渡しを受け、又は主たる債務者に代わって弁済をし、その他自己の財産をもって債務を消滅させるべき行為をしたときは、その保証人は、主たる債務者に対して求償権を有する。

　　　　　　2〔同左〕

〔新設〕

19 保証債務 【三】保証人の求償権
2 委託を受けた保証人の事前の求償権
3 保証人の通知義務

【改正要綱】
【三】保証人の求償権

2 委託を受けた保証人の事前の求償権
民法第460条第3号を削除するとともに、同条に掲げる場合（事前求償権を行使することができる場合）に次の場合を加えるものとすること。（第460条第3号関係）
保証人が過失なく債権者に弁済をすべき旨の裁判の言渡しを受けたとき。

3 保証人の通知義務
1 保証人が主たる債務者の委託を受けて保証をした場合において、主たる債務者にあらかじめ通知しないで債務の消滅行為をしたときは、主たる債務者は、債権者に対抗することができた事由をもってその保証人に対抗することができるものとすること。この場合において、相殺をもってその保証人に対抗したときは、その保証人は、債権者に対し、相殺によって消滅すべきであった債務の履行を請求することができるものとすること。（第463条第1項関係）
2 保証人が主たる債務者の委託を受けて保証をした場合において、主たる債務者が債務の消滅行為をしたことを保証人に通知することを怠ったため、その保証人が善意で債務の消滅行為をしたときは、その保証人は、その債務の消滅行為を有効であったものとみなすことができるものとすること。（第463条第2項関係）
3 保証人が債務の消滅行為をした後に主たる債務者が債務の消滅行為をした場合においては、保証人が主たる債務者の意思に反して保証をしたときのほか、保証人が債務の消滅行為をしたことを主たる債務者に通知することを怠ったため、主たる債務者が善意で債務の消滅行為をしたときも、主たる債務者は、その債務の消滅行為を有効であったものとみなすことができるものとすること。（第463条第3項関係）

――＜新旧条文比較＞――

【新条文】

委託を受けた保証人の事前の求償権
第460条　〔略〕
　1・2〔略〕
　<u>3　保証人が過失なく債権者に弁済をすべき旨の裁判の言渡しを受けたとき。</u>

<u>通知を怠った保証人の求償の制限等</u>
第463条　<u>保証人が主たる債務者の委託を受けて保証をした場合において、主たる債務者にあらかじめ通知しないで債務の消滅行為をしたときは、主たる債務者は、債権者に対抗することができた事由をもってその保証人に対抗することができる。この場合において、相殺をもってその保証人に対抗したときは、その保証人は、債権者に対し、相殺によって消滅すべきであった債務の履行を請求することができる。</u>
　2　<u>保証人が主たる債務者の委託を受けて保証をした場合において、主たる債務者が債務の消滅行為をしたことを保証人に通知することを怠ったため、その保証人が善意で債務の消滅行為をしたときは、その保証人は、その債務の消滅行為を有効であったものとみなすことができる。</u>
　3　<u>保証人が債務の消滅行為をした後に主たる債務者が債務の消滅行為をした場合においては、保証人が主たる債務者の意思に反して保証をしたときのほか、保証人が債務の消滅行為をしたことを主たる債務者に通知することを怠ったため、主たる債務者が善意で債務の消滅行為をしたときも、主たる債務者は、その債務の消滅行為を有効であったものとみなすことができる。</u>

【変更事項】（民法の一部を改正する法律より）

第460条第3号を次のように改める。
「3 保証人が過失なく債権者に弁済をすべき旨の裁判の言渡しを受けたとき。
（通知を怠った保証人の求償の制限等）
第463条 保証人が主たる債務者の委託を受けて保証をした場合において、主たる債務者にあらかじめ通知しないで債務の消滅行為をしたときは、主たる債務者は、債権者に対抗することができた事由をもってその保証人に対抗することができる。この場合において、相殺をもってその保証人に対抗したときは、その保証人は、債権者に対し、相殺によって消滅すべきであった債務の履行を請求することができる。
2 保証人が主たる債務者の委託を受けて保証をした場合において、主たる債務者が債務の消滅行為をしたことを保証人に通知することを怠ったため、その保証人が善意で債務の消滅行為をしたときは、その保証人は、その債務の消滅行為を有効であったものとみなすことができる。
3 保証人が債務の消滅行為をした後に主たる債務者が債務の消滅行為をした場合においては、保証人が主たる債務者の意思に反して保証をしたときのほか、保証人が債務の消滅行為をしたことを主たる債務者に通知することを怠ったため、主たる債務者が善意で債務の消滅行為をしたときも、主たる債務者は、その債務の消滅行為を有効であったものとみなすことができる。」

【旧条文】

委託を受けた保証人の事前の求償権
第460条　〔同左〕
　　　　　1・2〔同左〕
　　　　　<u>3 債務の弁済期が不確定で、かつ、その最長期をも確定することができない場合において、保証契約の後10年を経過したとき。</u>

通知を怠った保証人の求償の制限
第463条　<u>第443条の規定は、保証人について準用する。</u>
　　　　　<u>2 保証人が主たる債務者の委託を受けて保証をした場合において、善意で弁済をし、その他自己の財産をもって債務を消滅させるべき行為をしたときは、第443条の規定は、主たる債務者についても準用する。</u>

19 保証債務 【四】連帯保証人について生じた事由の効力

【改正要綱】

【四】連帯保証人について生じた事由の効力

民法第435条、第436条第1項及び第438条並びに第18の2⑤の規定は、主たる債務者と連帯して債務を負担する保証人について生じた事由について準用するものとすること。(第458条関係)

＜新旧条文比較＞

【新条文】

<u>連帯保証人について生じた事由の効力</u>
<u>第458条</u>　　<u>第438条、第439条第1項、第440条及び第441条の規定は、主たる債務者と連帯して債務を負担する保証人について生じた事由について準用する。</u>

【変更事項】（民法の一部を改正する法律より）
第458条を次のように改める。
「（連帯保証人について生じた事由の効力）
第458条　第438条、第439条第1項、第440条及び第441条の規定は、主たる債務者と連帯して債務を負担する保証人について生じた事由について準用する。」

【旧条文】
<u>連帯保証人について生じた事由の効力</u>
<u>第458条</u>　　<u>第434条から第440条までの規定は、主たる債務者が保証人と連帯して債務を負担する場合について準用する。</u>

19 保証債務 【五】根保証

1 極度額

【改正要綱】

【五】根保証
1 極度額
　1 一定の範囲に属する不特定の債務を主たる債務とする保証契約（以下「根保証契約」という。）であって保証人が法人でないもの（以下「個人根保証契約」という。）の保証人は、主たる債務の元本、主たる債務に関する利息、違約金、損害賠償その他その債務に従たる全てのもの及びその保証債務について約定された違約金又は損害賠償の額について、その全部に係る極度額を限度として、その履行をする責任を負うものとすること。（第465条の2第1項関係）
　2 個人根保証契約は、1に規定する極度額を定めなければ、その効力を生じないものとすること。（第465条の2第2項関係）
　3 民法第446条第2項及び第3項の規定は、個人根保証契約における1に規定する極度額の定めについて準用するものとすること。（第465条の2第3項関係）

＜新旧条文比較＞

【新条文】

第2目 個人根保証契約
個人根保証契約の保証人の責任等
第465条の2　一定の範囲に属する不特定の債務を主たる債務とする保証契約（以下「根保証契約」という。）であって保証人が法人でないもの（以下「個人根保証契約」という。）の保証人は、主たる債務の元本、主たる債務に関する利息、違約金、損害賠償その他その債務に従たる全てのもの及びその保証債務について約定された違約金又は損害賠償の額について、その全部に係る極度額を限度として、その履行をする責任を負う。

2　個人根保証契約は、前項に規定する極度額を定めなければ、その効力を生じない。
3　第446条第2項及び第3項の規定は、個人根保証契約における第1項に規定する極度額の定めについて準用する。

個人の根保証契約について、その個人が不利にならないように整備した。

【変更事項】（民法の一部を改正する法律より）
　第3編第1章第3節第4款第2目の目名を次のように改める。
「第2目 個人根保証契約」
　第465条の2の見出しを「(個人根保証契約の保証人の責任等)」に改め、同条第1項中「その債務の範囲に金銭の貸渡し又は手形の割引を受けることによって負担する債務(以下「貸金等債務」という。)が含まれるもの(保証人が法人であるものを除く。以下「貸金等根保証契約」を「保証人が法人でないもの(以下「個人根保証契約」に、「すべて」を「全て」に改め、同条第2項及び第3項中「貸金等根保証契約」を「個人根保証契約」に改める。

【旧条文】

第2目　貸金等根保証契約
貸金等根保証契約の保証人の責任等
第465条の2　一定の範囲に属する不特定の債務を主たる債務とする保証契約(以下「根保証契約」という。)であってその債務の範囲に金銭の貸渡し又は手形の割引を受けることによって負担する債務(以下「貸金等債務」という。)が含まれるもの(保証人が法人であるものを除く。以下「貸金等根保証契約」という。)の保証人は、主たる債務の元本、主たる債務に関する利息、違約金、損害賠償その他その債務に従たるすべてのもの及びその保証債務について約定された違約金又は損害賠償の額について、その全部に係る極度額を限度として、その履行をする責任を負う。
　2　貸金等根保証契約は、前項に規定する極度額を定めなければ、その効力を生じない。
　3　第446条第2項及び第3項の規定は、貸金等根保証契約における第1項に規定する極度額の定めについて準用する。

19 保証債務 【五】根保証
2 元本の確定事由

【改正要綱】

―――＜新旧条文比較＞―――

【新条文】

<u>個人貸金等根保証契約の元本確定期日</u>
第465条の3　<u>個人根保証契約であってその主たる債務の範囲に金銭の貸渡し又は手形の割引を受けることによって負担する債務（以下「貸金等債務」という。）が含まれるもの（以下「個人貸金等根保証契約」という。）</u>において主たる債務の元本の確定すべき期日（以下「元本確定期日」という。）の定めがある場合において、その元本確定期日がその<u>個人貸金等根保証契約</u>の締結の日から5年を経過する日より後の日と定められているときは、その元本確定期日の定めは、その効力を生じない。
2　<u>個人貸金等根保証契約</u>において元本確定期日の定めがない場合（前項の規定により元本確定期日の定めがその効力を生じない場合を含む。）には、その元本確定期日は、その<u>個人貸金等根保証契約</u>の締結の日から3年を経過する日とする。

3　<u>個人貸金等根保証契約</u>における元本確定期日の変更をする場合において、変更後の元本確定期日がその変更をした日から5年を経過する日より後の日となるときは、その元本確定期日の変更は、その効力を生じない。ただし、元本確定期日の前2箇月以内に元本確定期日の変更をする場合において、変更後の元本確定期日が変更前の元本確定期日から5年以内の日となるときは、この限りでない。
4　第446条第2項及び第3項の規定は、<u>個人貸金等根保証契約における元本確定期日の定め及びその変更（その個人貸金等根保証契約の締結の日から3年以内の日を元本確定期日とする旨の定め及び元本確定期日より前の日を変更後の元本確定期日とする変更を除く。）</u>について準用する。

根保証の元本確定事由について整備。

【変更事項】（民法の一部を改正する法律より）

第465条の3の見出しを「（個人貸金等根保証契約の元本確定期日）」に改め、同条第1項中「貸金等根保証契約に」を「個人根保証契約であってその主たる債務の範囲に金銭の貸渡し又は手形の割引を受けることによって負担する債務（以下「貸金等債務」という。）が含まれるもの（以下「個人貸金等根保証契約」という。）に」に、「貸金等根保証契約の」を「個人貸金等根保証契約の」に改め、同条第2項から第4項までの規定中「貸金等根保証契約」を「個人貸金等根保証契約」に改める。

【旧条文】

貸金等根保証契約の元本確定期日
第465条の3　貸金等根保証契約において主たる債務の元本の確定すべき期日（以下「元本確定期日」という。）の定めがある場合において、その元本確定期日がその貸金等根保証契約の締結の日から5年を経過する日より後の日と定められているときは、その元本確定期日の定めは、その効力を生じない。

2　貸金等根保証契約において元本確定期日の定めがない場合（前項の規定により元本確定期日の定めがその効力を生じない場合を含む。）には、その元本確定期日は、その貸金等根保証契約の締結の日から3年を経過する日とする。

3　貸金等根保証契約における元本確定期日の変更をする場合において、変更後の元本確定期日がその変更をした日から五年を経過する日より後の日となるときは、その元本確定期日の変更は、その効力を生じない。ただし、元本確定期日の前2箇月以内に元本確定期日の変更をする場合において、変更後の元本確定期日が変更前の元本確定期日から5年以内の日となるときは、この限りでない。
4　第446条第2項及び第3項の規定は、貸金等根保証契約における元本確定期日の定め及びその変更（その貸金等根保証契約の締結の日から3年以内の日を元本確定期日とする旨の定め及び元本確定期日より前の日を変更後の元本確定期日とする変更を除く。）について準用する。

19 保証債務 【五】根保証
2 元本の確定事由

【改正要綱】

【五】根保証
2　元本の確定事由
　1　次に掲げる場合には、個人根保証契約における主たる債務の元本は、確定するものとすること。ただし、①に掲げる場合にあっては、強制執行又は担保権の実行の手続の開始があったときに限るものとすること。（第465条の4第1項関係）
　①債権者が、保証人の財産について、金銭の支払を目的とする債権についての強制執行又は担保権の実行を申し立てたとき。
　②保証人が破産手続開始の決定を受けたとき。
　③主たる債務者又は保証人が死亡したとき。
　2　1に規定する場合のほか、個人根保証契約であってその主たる債務の範囲に金銭の貸渡し又は手形の割引を受けることによって負担する債務（以下「貸金等債務」という。）が含まれるものにおける主たる債務の元本は、次に掲げる場合にも確定するものとすること。ただし、①に掲げる場合にあっては、強制執行又は担保権の実行の手続の開始があったときに限るものとすること。（第465条の4第2項関係）
　①債権者が、主たる債務者の財産について、金銭の支払を目的とする債権についての強制執行又は担保権の実行を申し立てたとき。
　②主たる債務者が破産手続開始の決定を受けたとき。

―――＜新旧条文比較＞―――

【新条文】

<u>個人根保証契約の元本の確定事由</u>
第465条の4　次に掲げる場合には、<u>個人根保証契約における主たる債務の元本は、確定する。ただし、第1号に掲げる場合にあっては、強制執行又は担保権の実行の手続の開始があったときに限る。</u>
　①債権者が、保証人の財産について、金銭の支払を目的とする債権についての強制執行又は担保権の実行を申し立てたとき。

　②保証人が破産手続開始の決定を受けたとき。
　③〔略〕
　<u>2　前項に規定する場合のほか、個人貸金等根保証契約における主たる債務の元本は、次に掲げる場合にも確定する。ただし、第①号に掲げる場合にあっては、強制執行又は担保権の実行の手続の開始があったときに限る。</u>
　<u>①債権者が、主たる債務者の財産について、金銭の支払を目的とする債権についての強制執行又は担保権の実行を申し立てたとき。</u>
　<u>②主たる債務者が破産手続開始の決定を受けたとき。</u>

【変更事項】（民法の一部を改正する法律より）
　第465条の4の見出しを「(個人根保証契約の元本の確定事由)」に改め、同条中「貸金等根保証契約」を「個人根保証契約」に改め、同条に次のただし書を加える。ただし、第1号に掲げる場合にあっては、強制執行又は担保権の実行の手続の開始があったときに限る。第465条の4第1号中「主たる債務者又は」を削り、ただし書を削り、同条第2号中「主たる債務者又は」を削り、同条に次の一項を加える。
「2　前項に規定する場合のほか、個人貸金等根保証契約における主たる債務の元本は、次に掲げる場合にも確定する。ただし、第一号に掲げる場合にあっては、強制執行又は担保権の実行の手続の開始があったときに限る。
1　債権者が、主たる債務者の財産について、金銭の支払を目的とする債権についての強制執行又は担保権の実行を申し立てたとき。
2　主たる債務者が破産手続開始の決定を受けたとき。」

【旧条文】
<u>貸金等根保証契約の元本の確定事由</u>
　第465条の4　次に掲げる場合には、<u>貸金等根保証契約</u>における主たる債務の元本は、確定する。

　①債権者が、<u>主たる債務者又は保証人</u>の財産について、金銭の支払を目的とする債権についての強制執行又は担保権の実行を申し立てたとき。<u>ただし、強制執行又は担保権の実行の手続の開始があったときに限る。</u>
　②<u>主たる債務者又は</u>保証人が破産手続開始の決定を受けたとき。
　③〔同左〕

〔新設〕

19 保証債務 【五】根保証
3 求償権についての保証契約

【改正要綱】

【五】根保証
3 求償権についての保証契約
(1) 保証人が法人である根保証契約において、1に規定する極度額の定めがないときは、その根保証契約の保証人の主たる債務者に対する求償権に係る債務を主たる債務とする保証契約は、その効力を生じないものとすること。(第465条の5第1項関係)
(2) 保証人が法人である根保証契約であってその主たる債務の範囲に貸金等債務が含まれるものにおいて、元本確定期日の定めがないとき、又は元本確定期日の定め若しくはその変更が民法第465条の3第1項若しくは第3項の規定を適用するとすればその効力を生じないものであるときは、その根保証契約の保証人の主たる債務者に対する求償権に係る債務を主たる債務とする保証契約は、その効力を生じないものとすること。主たる債務の範囲にその求償権に係る債務が含まれる根保証契約も、同様とするものとすること。(第465条の5第2項関係)
(3) (1)及び(2)の規定は、求償権に係る債務を主たる債務とする保証契約又は主たる債務の範囲に求償権に係る債務が含まれる根保証契約の保証人が法人である場合には、適用しないものとすること。(第465条の5第3項関係)

＜新旧条文比較＞

【新条文】

<u>保証人が法人である根保証契約の求償権</u>
<u>第465条の5</u>　保証人が法人である根保証契約において、第465条の2第1項に規定する極度額の定めがないときは、その根保証契約の保証人の主たる債務者に対する求償権に係る債務を主たる債務とする保証契約は、その効力を生じない。
　<u>2 保証人が法人である根保証契約であってその主たる債務の範囲に貸金等債務が含まれるものにおいて、元本確定期日の定めがないとき、又は元本確定期日の定め若しくはその変更が第465条の3第1項若しくは第3項の規定を適用するとすればその効力を生じないものであるときは、その根保証契約の保証人の主たる債務者に対する求償権に係る債務を主たる債務とする保証契約は、その効力を生じない。主たる債務の範囲にその求償権に係る債務が含まれる根保証契約も、同様とする。</u>
　<u>3 前2項の規定は、求償権に係る債務を主たる債務とする保証契約又は主たる債務の範囲に求償権に係る債務が含まれる根保証契約の保証人が法人である場合には、適用しない。</u>

【変更事項】（民法の一部を改正する法律より）

第465条の5を次のように改める。
「(保証人が法人である根保証契約の求償権)
第465条の5　保証人が法人である根保証契約において、第465条の2第1項に規定する極度額の定めがないときは、その根保証契約の保証人の主たる債務者に対する求償権に係る債務を主たる債務とする保証契約は、その効力を生じない。
2　保証人が法人である根保証契約であってその主たる債務の範囲に貸金等債務が含まれるものにおいて、元本確定期日の定めがないとき、又は元本確定期日の定め若しくはその変更が第465条の3第1項若しくは第3項の規定を適用するとすればその効力を生じないものであるときは、その根保証契約の保証人の主たる債務者に対する求償権に係る債務を主たる債務とする保証契約は、その効力を生じない。主たる債務の範囲にその求償権に係る債務が含まれる根保証契約も、同様とする。
3　前2項の規定は、求償権に係る債務を主たる債務とする保証契約又は主たる債務の範囲に求償権に係る債務が含まれる根保証契約の保証人が法人である場合には、適用しない。」

【旧条文】

<u>保証人が法人である貸金等債務の根保証契約の求償権</u>
<u>第465条の5　保証人が法人である根保証契約であってその主たる債務の範囲に貸金等債務が含まれるものにおいて、第465条の第1項に規定する極度額の定めがないとき、元本確定期日の定めがないとき、又は元本確定期日の定め若しくはその変更が第465条の3第1項若しくは第3項の規定を適用するとすればその効力を生じないものであるときは、その根保証契約の保証人の主たる債務者に対する求償権についての保証契約（保証人が法人であるものを除く。）は、その効力を生じない。</u>

19 保証債務 【六】保証人保護の方策の拡充
1 個人保証の制限①

【改正要綱】

【六】保証人保護の方策の拡充

1 個人保証の制限

1 事業のために負担した貸金等債務を主たる債務とする保証契約又は主たる債務の範囲に事業のために負担する貸金等債務が含まれる根保証契約は、その契約の締結に先立ち、その締結の日前1箇月以内に作成された公正証書で保証人になろうとする者が保証債務を履行する意思を表示していなければ、その効力を生じないものとすること。(第465条の6第1項関係)

―――＜新旧条文比較＞―――

【新条文】

第3目 事業に係る債務についての保証契約の特則
公正証書の作成と保証の効力
第465条の6　事業のために負担した貸金等債務を主たる債務とする保証契約又は主たる債務の範囲に事業のために負担する貸金等債務が含まれる根保証契約は、その契約の締結に先立ち、その締結の日前1箇月以内に作成された公正証書で保証人になろうとする者が保証債務を履行する意思を表示していなければ、その効力を生じない。

(162頁へ)

公正証書作成が必要であることを明記。

【変更事項】（民法の一部を改正する法律より）
　第3編第1章第3節第4款に次の1目を加える。
「第3目 事業に係る債務についての保証契約の特則
（公正証書の作成と保証の効力）
　第465条の6 事業のために負担した貸金等債務を主たる債務とする保証契約又は主たる債務の範囲に事業のために負担する貸金等債務が含まれる根保証契約は、その契約の締結に先立ち、その締結の日前1箇月以内に作成された公正証書で保証人になろうとする者が保証債務を履行する意思を表示していなければ、その効力を生じない。」

【旧条文】
　〔新設〕

　〔新設〕

19 保証債務 【六】保証人保護の方策の拡充
1 個人保証の制限②

【改正要綱】

【六】保証人保護の方策の拡充
1 個人保証の制限
　(2) (1)の公正証書を作成するには、次に掲げる方式に従わなければならないものとすること。（第465条の6第2項関係）
　①保証人になろうとする者が、次のア又はイに掲げる契約の区分に応じ、それぞれ当該ア又はイに定める事項を公証人に口授すること。
　ア 保証契約（イに掲げるものを除く。）主たる債務の債権者及び債務者、主たる債務の元本、主たる債務に関する利息、違約金、損害賠償その他その債務に従たる全てのものの定めの有無及びその内容並びに主たる債務者がその債務を履行しないときには、その債務の全額について履行する意思（保証人になろうとする者が主たる債務者と連帯して債務を負担しようとするものである場合には、債権者が主たる債務者に対して催告をしたかどうか、主たる債務者がその債務を履行することができるかどうか、又は他に保証人があるかどうかにかかわらず、その全額について履行する意思）を有していること。

―――＜新旧条文比較＞―――

【新条文】

　　（160頁より）
　　公正証書の作成と保証の効力
　　　　２　前項の公正証書を作成するには、次に掲げる方式に従わなければならない。
　　　①保証人になろうとする者が、次のイ又はロに掲げる契約の区分に応じ、それぞれ当該イ又はロに定める事項を公証人に口授すること。
　　　イ　保証契約（ロに掲げるものを除く。）主たる債務の債権者及び債務者、主たる債務の元本、主たる債務に関する利息、違約金、損害賠償その他その債務に従たる全てのものの定めの有無及びその内容並びに主たる債務者がその債務を履行しないときには、その債務の全額について履行する意思（保証人になろうとする者が主たる債務者と連帯して債務を負担しようとするものである場合には、債権者が主たる債務者に対して催告をしたかどうか、主たる債務者がその債務を履行することができるかどうか、又は他に保証人があるかどうかにかかわらず、その全額について履行する意思）を有していること。

　　（164頁へ）

【変更事項】（民法の一部を改正する法律より）

「2　前項の公正証書を作成するには、次に掲げる方式に従わなければならない。
①保証人になろうとする者が、次のイ又はロに掲げる契約の区分に応じ、それぞれ当該イ又はロに定める事項を公証人に口授すること。
イ　保証契約（ロに掲げるものを除く。）主たる債務の債権者及び債務者、主たる債務の元本、主たる債務に関する利息、違約金、損害賠償その他その債務に従たる全てのものの定めの有無及びその内容並びに主たる債務者がその債務を履行しないときには、その債務の全額について履行する意思（保証人になろうとする者が主たる債務者と連帯して債務を負担しようとするものである場合には、債権者が主たる債務者に対して催告をしたかどうか、主たる債務者がその債務を履行することができるかどうか、又は他に保証人があるかどうかにかかわらず、その全額について履行する意思）を有していること。」

【旧条文】

19 保証債務 【六】保証人保護の方策の拡充
1 個人保証の制限③

【改正要綱】
【六】保証人保護の方策の拡充
1 個人保証の制限
　イ根保証契約主たる債務の債権者及び債務者、主たる債務の範囲、根保証契約における極度額、元本確定期日の定めの有無及びその内容並びに主たる債務者がその債務を履行しないときには、極度額の限度において元本確定期日又は五2（一）若しくは（二）に掲げる事由その他の元本を確定すべき事由が生ずる時までに生ずべき主たる債務の元本及び主たる債務に関する利息、違約金、損害賠償その他その債務に従たる全てのものの全額について履行する意思（保証人になろうとする者が主たる債務者と連帯して債務を負担しようとするものである場合には、債権者が主たる債務者に対して催告をしたかどうか、主たる債務者がその債務を履行することができるかどうか、又は他に保証人があるかどうかにかかわらず、その全額について履行する意思）を有していること。
　②公証人が、保証人になろうとする者の口述を筆記し、これを保証人になろうとする者に読み聞かせ、又は閲覧させること。
　③保証人になろうとする者が、筆記の正確なことを承認した後、署名し、印を押すこと。ただし、保証人になろうとする者が署名することができない場合は、公証人がその事由を付記して、署名に代えることができる。
　④公証人が、その証書は①から③までに掲げる方式に従って作ったものである旨を付記して、これに署名し、印を押すこと。
　（3）（1）及び（2）の規定は、保証人になろうとする者が法人である場合には、適用しないものとすること。
　（第465条の6第3項関係）

―――＜新旧条文比較＞―――

【新条文】
　　（162頁より）
　　公正証書の作成と保証の効力
　　　　ロ 根保証契約 主たる債務の債権者及び債務者、主たる債務の範囲、根保証契約における極度額、元本確定期日の定めの有無及びその内容並びに主たる債務者がその債務を履行しないときには、極度額の限度において元本確定期日又は第465条の4第1項各号若しくは第2項各号に掲げる事由その他の元本を確定すべき事由が生ずる時までに生ずべき主たる債務の元本及び主たる債務に関する利息、違約金、損害賠償その他その債務に従たる全てのものの全額について履行する意思（保証人になろうとする者が主たる債務者と連帯して債務を負担しようとするものである場合には、債権者が主たる債務者に対して催告をしたかどうか、主たる債務者がその債務を履行することができるかどうか、又は他に保証人があるかどうかにかかわらず、その全額について履行する意思）を有していること。
　　　②公証人が、保証人になろうとする者の口述を筆記し、これを保証人になろうとする者に読み聞かせ、又は閲覧させること。
　　　③保証人になろうとする者が、筆記の正確なことを承認した後、署名し、印を押すこと。ただし、保証人になろうとする者が署名することができない場合は、公証人がその事由を付記して、署名に代えることができる。
　　　④公証人が、その証書は前3号に掲げる方式に従って作ったものである旨を付記して、これに署名し、印を押すこと。
　　　3 前2項の規定は、保証人になろうとする者が法人である場合には、適用しない。

【変更事項】（民法の一部を改正する法律より）

「②公証人が、保証人になろうとする者の口述を筆記し、これを保証人になろうとする者に読み聞かせ、又は閲覧させること。
③保証人になろうとする者が、筆記の正確なことを承認した後、署名し、印を押すこと。ただし、保証人になろうとする者が署名することができない場合は、公証人がその事由を付記して、署名に代えることができる。
④公証人が、その証書は前③号に掲げる方式に従って作ったものである旨を付記して、これに署名し、印を押すこと。
3 前項の規定は、保証人になろうとする者が法人である場合には、適用しない。」

【旧条文】

19 保証債務 【六】保証人保護の方策の拡充
1 個人保証の制限④

【改正要綱】

<新旧条文比較>

【新条文】

<u>保証に係る公正証書の方式の特則</u>
<u>第 465 条の 7</u>　<u>前条第 1 項の保証契約又は根保証契約の保証人になろうとする者が口がきけない者である場合には、公証人の前で、同条第 2 項第 1 号イ又はロに掲げる契約の区分に応じ、それぞれ当該イ又はロに定める事項を通訳人の通訳により申述し、又は自書して、同号の口授に代えなければならない。この場合における同項第 2 号の規定の適用については、同号中「口述」とあるのは、「通訳人の通訳による申述又は自書」とする。</u>
<u>2　前条第一項の保証契約又は根保証契約の保証人になろうとする者が耳が聞こえない者である場合には、公証人は、同条第 2 項第 2 号に規定する筆記した内容を通訳人の通訳により保証人になろうとする者に伝えて、同号の読み聞かせに代えることができる。</u>
<u>3　公証人は、前 2 項に定める方式に従って公正証書を作ったときは、その旨をその証書に付記しなければならない。</u>

【変更事項】（民法の一部を改正する法律より）

「第465条の7 前条第1項の保証契約又は根保証契約の保証人になろうとする者が口がきけない者である場合には、公証人の前で、同条第2項第1号イ又はロに掲げる契約の区分に応じ、それぞれ当該イ又はロに定める事項を通訳人の通訳により申述し、又は自書して、同号の口授に代えなければならない。この場合における同項第2号の規定の適用については、同号中「口述」とあるのは、「通訳人の通訳による申述又は自書」とする。

2 前条第1項の保証契約又は根保証契約の保証人になろうとする者が耳が聞こえない者である場合には、公証人は、同条第2項第2号に規定する筆記した内容を通訳人の通訳により保証人になろうとする者に伝えて、同号の読み聞かせに代えることができる。

3 公証人は、前2項に定める方式に従って公正証書を作ったときは、その旨をその証書に付記しなければならない。」

【旧条文】

〔新設〕

19 保証債務 【六】保証人保護の方策の拡充
2 個人保証（求償権保証）の制限

【改正要綱】

【六】保証人保護の方策の拡充
2 個人保証（求償権保証）の制限
　(1) 1 (1) 及び (2) の規定は、事業のために負担した貸金等債務を主たる債務とする保証契約又は主たる債務の範囲に事業のために負担する貸金等債務が含まれる根保証契約の保証人の主たる債務者に対する求償権に係る債務を主たる債務とする保証契約について準用するものとすること。主たる債務の範囲にその求償権に係る債務が含まれる根保証契約も、同様とするものとすること。（第465条の8第1項関係）
　(2) (1) の規定は、保証人になろうとする者が法人である場合には、適用しないものとすること。（第465条の8第2項関係）

―――＜新旧条文比較＞―――

【新条文】

公正証書の作成と求償権についての保証の効力
第465条の8　第465条の6第1項及び第2項並びに前条の規定は、事業のために負担した貸金等債務を主たる債務とする保証契約又は主たる債務の範囲に事業のために負担する貸金等債務が含まれる根保証契約の保証人の主たる債務者に対する求償権に係る債務を主たる債務とする保証契約について準用する。主たる債務の範囲にその求償権に係る債務が含まれる根保証契約も、同様とする。
2　前項の規定は、保証人になろうとする者が法人である場合には、適用しない。

【変更事項】（民法の一部を改正する法律より）

「（公正証書の作成と求償権についての保証の効力）
第465条の8　第465条の6第1項及び第2項並びに前条の規定は、事業のために負担した貸金等債務を主たる債務とする保証契約又は主たる債務の範囲に事業のために負担する貸金等債務が含まれる根保証契約の保証人の主たる債務者に対する求償権に係る債務を主たる債務とする保証契約について準用する。主たる債務の範囲にその求償権に係る債務が含まれる根保証契約も、同様とする。
2　前項の規定は、保証人になろうとする者が法人である場合には、適用しない。」

【旧条文】

〔新設〕

19 保証債務 【六】保証人保護の方策の拡充
3 個人保証の制限の例外

【改正要綱】

【六】保証人保護の方策の拡充
3 個人保証の制限の例外
　1及び2の規定は、保証人になろうとする者が次に掲げる者である保証契約については、適用しないものとすること。（第465条の9関係）
　(1) 主たる債務者が法人である場合のその理事、取締役、執行役又はこれらに準ずる者
　(2) 主たる債務者が法人である場合の次に掲げる者
①主たる債務者の総株主の議決権（株主総会において決議をすることができる事項の全部につき議決権を行使することができない株式についての議決権を除く。以下この（2）において同じ。）の過半数を有する者
②主たる債務者の総株主の議決権の過半数を他の株式会社が有する場合における当該他の株式会社の総株主の議決権の過半数を有する者
③主たる債務者の総株主の議決権の過半数を他の株式会社及び当該他の株式会社の総株主の議決権の過半数を有する者が有する場合における当該他の株式会社の総株主の議決権の過半数を有する者
④株式会社以外の法人が主たる債務者である場合における①、②又は③に掲げる者に準ずる者
　(3) 主たる債務者（法人であるものを除く。以下この（3）において同じ。）と共同して事業を行う者又は主たる債務者が行う事業に現に従事している主たる債務者の配偶者

――＜新旧条文比較＞――

【新条文】

<u>公正証書の作成と保証の効力に関する規定の適用除外
第465条の9　前3条の規定は、保証人になろうとする者が次に掲げる者である保証契約については、適用しない。
　①主たる債務者が法人である場合のその理事、取締役、執行役又はこれらに準ずる者
　②主たる債務者が法人である場合の次に掲げる者
　イ　主たる債務者の総株主の議決権（株主総会において決議をすることができる事項の全部につき議決権を行使することができない株式についての議決権を除く。以下この号において同じ。）の過半数を有する者
　ロ　主たる債務者の総株主の議決権の過半数を他の株式会社が有する場合における当該他の株式会社の総株主の議決権の過半数を有する者
　ハ　主たる債務者の総株主の議決権の過半数を他の株式会社及び当該他の株式会社の総株主の議決権の過半数を有する者が有する場合における当該他の株式会社の総株主の議決権の過半数を有する者
　ニ　株式会社以外の法人が主たる債務者である場合におけるイ、ロ又はハに掲げる者に準ずる者
　③主たる債務者（法人であるものを除く。以下この号において同じ。）と共同して事業を行う者又は主たる債務者が行う事業に現に従事している主たる債務者の配偶者</u>

【変更事項】(民法の一部を改正する法律より)

「(公正証書の作成と保証の効力に関する規定の適用除外)
第465条の9 前3条の規定は、保証人になろうとする者が次に掲げる者である保証契約については、適用しない。
①主たる債務者が法人である場合のその理事、取締役、執行役又はこれらに準ずる者
②主たる債務者が法人である場合の次に掲げる者
イ 主たる債務者の総株主の議決権(株主総会において決議をすることができる事項の全部につき議決権を行使することができない株式についての議決権を除く。以下この号において同じ。)の過半数を有する者
ロ 主たる債務者の総株主の議決権の過半数を他の株式会社が有する場合における当該他の株式会社の総株主の議決権の過半数を有する者
ハ 主たる債務者の総株主の議決権の過半数を他の株式会社及び当該他の株式会社の総株主の議決権の過半数を有する者が有する場合における当該他の株式会社の総株主の議決権の過半数を有する者
ニ 株式会社以外の法人が主たる債務者である場合におけるイ、ロ又はハに掲げる者に準ずる者
③主たる債務者(法人であるものを除く。以下この号において同じ。)と共同して事業を行う者又は主たる債務者が行う事業に現に従事している主たる債務者の配偶者」

【旧条文】

〔新設〕

19 保証債務 【六】保証人保護の方策の拡充

4 契約締結時の情報提供義務

【改正要綱】

【六】保証人保護の方策に拡充
4 契約締結時の情報提供義務
（1）主たる債務者は、事業のために負担する債務を主たる債務とする保証又は主たる債務の範囲に事業のために負担する債務が含まれる根保証の委託をするときは、委託を受ける者に対し、次に掲げる事項に関する情報を提供しなければならないものとすること。（第465条の10第1項関係）
①財産及び収支の状況
②主たる債務以外に負担している債務の有無並びにその額及び履行状況
③主たる債務の担保として他に提供し、又は提供しようとするものがあるときは、その旨及びその内容
（2）主たる債務者が（1）に掲げる事項に関して情報を提供せず、又は事実と異なる情報を提供したために委託を受けた者がその事項について誤認をし、それによって保証契約の申込み又はその承諾の意思表示をした場合において、主たる債務者がその事項に関して情報を提供せず又は事実と異なる情報を提供したことを債権者が知り又は知ることができたときは、保証人は、保証契約を取り消すことができるものとすること。（第465条の10第2項関係）
（3）（1）及び（2）の規定は、保証をする者が法人である場合には、適用しないものとすること。（第465条の10第3項関係）

＜新旧条文比較＞

【新条文】

<u>契約締結時の情報の提供義務</u>
<u>第465条の10</u> <u>主たる債務者は、事業のために負担する債務を主たる債務とする保証又は主たる債務の範囲に事業のために負担する債務が含まれる根保証の委託をするときは、委託を受ける者に対し、次に掲げる事項に関する情報を提供しなければならない。</u>
<u>①財産及び収支の状況</u>
<u>②主たる債務以外に負担している債務の有無並びにその額及び履行状況</u>
<u>③主たる債務の担保として他に提供し、又は提供しようとするものがあるときは、その旨及びその内容</u>
<u>2 主たる債務者が前項各号に掲げる事項に関して情報を提供せず、又は事実と異なる情報を提供したために委託を受けた者がその事項について誤認をし、それによって保証契約の申込み又はその承諾の意思表示をした場合において、主たる債務者がその事項に関して情報を提供せず又は事実と異なる情報を提供したことを債権者が知り又は知ることができたときは、保証人は、保証契約を取り消すことができる。</u>
<u>3 前2項の規定は、保証をする者が法人である場合には、適用しない。</u>

【変更事項】（民法の一部を改正する法律より）

「（契約締結時の情報の提供義務）
第465条の10　主たる債務者は、事業のために負担する債務を主たる債務とする保証又は主たる債務の範囲に事業のために負担する債務が含まれる根保証の委託をするときは、委託を受ける者に対し、次に掲げる事項に関する情報を提供しなければならない。
①財産及び収支の状況
②主たる債務以外に負担している債務の有無並びにその額及び履行状況
③主たる債務の担保として他に提供し、又は提供しようとするものがあるときは、その旨及びその内容
2　主たる債務者が前項各号に掲げる事項に関して情報を提供せず、又は事実と異なる情報を提供したために委託を受けた者がその事項について誤認をし、それによって保証契約の申込み又はその承諾の意思表示をした場合において、主たる債務者がその事項に関して情報を提供せず又は事実と異なる情報を提供したことを債権者が知り又は知ることができたときは、保証人は、保証契約を取り消すことができる。
3　前2項の規定は、保証をする者が法人である場合には、適用しない。」

【旧条文】

〔新設〕

19 保証債務 【六】保証人保護の方策の拡充
5 保証人の請求による主たる責務の履行状況に関する情報提供義務

【改正要綱】

【六】保証人保護の方策と拡充

5 保証人の請求による主たる債務の履行状況に関する情報提供義務

　保証人が主たる債務者の委託を受けて保証をした場合において、保証人の請求があったときは、債権者は、保証人に対し、遅滞なく、主たる債務の元本及び主たる債務に関する利息、違約金、損害賠償その他その債務に従たる全てのものについての不履行の有無並びにこれらの残額及びそのうち弁済期が到来しているものの額に関する情報を提供しなければならないものとすること。(第458条の2関係)

――――＜新旧条文比較＞――――

【新条文】

<u>主たる債務の履行状況に関する情報の提供義務</u>
<u>第458条の2</u>　<u>保証人が主たる債務者の委託を受けて保証をした場合において、保証人の請求があったときは、債権者は、保証人に対し、遅滞なく、主たる債務の元本及び主たる債務に関する利息、違約金、損害賠償その他その債務に従たる全てのものについての不履行の有無並びにこれらの残額及びそのうち弁済期が到来しているものの額に関する情報を提供しなければならない。</u>

【変更事項】（民法の一部を改正する法律より）

「（主たる債務の履行状況に関する情報の提供義務）
第458条の2　保証人が主たる債務者の委託を受けて保証をした場合において、保証人の請求があったときは、債権者は、保証人に対し、遅滞なく、主たる債務の元本及び主たる債務に関する利息、違約金、損害賠償その他その債務に従たる全てのものについての不履行の有無並びにこれらの残額及びそのうち弁済期が到来しているものの額に関する情報を提供しなければならない。」

【旧条文】

〔新設〕

19 保証債務 【六】保証人保護の方策の拡充
6 主たる債務者が期限の利益を損失した場合の情報提供義務

【改正要綱】

【六】保証人保護の方策と拡充

6 主たる債務者が期限の利益を喪失した場合の情報提供義務

(1) 主たる債務者が期限の利益を有する場合において、その利益を喪失したときは、債権者は、保証人に対し、その利益の喪失を知った時から2箇月以内に、その旨を通知しなければならないものとすること。(第458条の3第1項関係)

(2) (1) の期間内に (1) の通知をしなかったときは、債権者は、保証人に対し、主たる債務者が期限の利益を喪失した時から (1) の通知を現にするまでに生じた遅延損害金(期限の利益を喪失しなかったとしても生ずべきものを除く。)に係る保証債務の履行を請求することができないものとすること。(第458条の3第2項関係)

(3) (1) 及び (2) の規定は、保証人が法人である場合には、適用しないものとすること。(第458条の3第3項関係)

―――＜新旧条文比較＞―――

【新条文】

<u>主たる債務者が期限の利益を喪失した場合における情報の提供義務</u>
<u>第458条の3　主たる債務者が期限の利益を有する場合において、その利益を喪失したときは、債権者は、保証人に対し、その利益の喪失を知った時から2箇月以内に、その旨を通知しなければならない。</u>
<u>2 前項の期間内に同項の通知をしなかったときは、債権者は、保証人に対し、主たる債務者が期限の利益を喪失した時から同項の通知を現にするまでに生じた遅延損害金(期限の利益を喪失しなかったとしても生ずべきものを除く。)に係る保証債務の履行を請求することができない。</u>
<u>3 前2項の規定は、保証人が法人である場合には、適用しない。</u>

【変更事項】（民法の一部を改正する法律より）

「（主たる債務者が期限の利益を喪失した場合における情報の提供義務）
第458条の3 主たる債務者が期限の利益を有する場合において、その利益を喪失したときは、債権者は、保証人に対し、その利益の喪失を知った時から2箇月以内に、その旨を通知しなければならない。
2 前項の期間内に同項の通知をしなかったときは、債権者は、保証人に対し、主たる債務者が期限の利益を喪失した時から同項の通知を現にするまでに生じた遅延損害金（期限の利益を喪失しなかったとしても生ずべきものを除く。）に係る保証債務の履行を請求することができない。
3 前2項の規定は、保証人が法人である場合には、適用しない。」

【旧条文】

〔新設〕

20 債権譲渡　【一】債権の譲渡性とその制限

1 譲渡制限の意思表示の効力

【改正要綱】

【一】債権の譲渡性とその制限

1 譲渡制限の意思表示の効力
　(1) 当事者が債権の譲渡を禁止し、又は制限する旨の意思表示（以下「譲渡制限の意思表示」という。）をしたときであっても、債権の譲渡は、その効力を妨げられないものとすること。（第466条第2項関係）
　(2) (1)に規定する場合には、譲渡制限の意思表示がされたことを知り、又は重大な過失によって知らなかった譲受人その他の第三者に対しては、債務者は、その債務の履行を拒むことができ、かつ、譲渡人に対する弁済その他の債務を消滅させる事由をもってその第三者に対抗することができるものとすること。（第466条第3項関係）
　(3) (2)の規定は、債務者が債務を履行しない場合において、(2)に規定する第三者が相当の期間を定めて譲渡人への履行の催告をし、その期間内に履行がないときは、その債務者については、適用しないものとすること。（第466条第4項関係）

――＜新旧条文比較＞――

【新条文】

債権の譲渡性
第466条　〔略〕
　2　当事者が債権の譲渡を禁止し、又は制限する旨の意思表示（以下「譲渡制限の意思表示」という。）をしたときであっても、債権の譲渡は、その効力を妨げられない。
　3　前項に規定する場合には、譲渡制限の意思表示がされたことを知り、又は重大な過失によって知らなかった譲受人その他の第三者に対しては、債務者は、その債務の履行を拒むことができ、かつ、譲渡人に対する弁済その他の債務を消滅させる事由をもってその第三者に対抗することができる。
　4　前項の規定は、債務者が債務を履行しない場合において、同項に規定する第三者が相当の期間を定めて譲渡人への履行の催告をし、その期間内に履行がないときは、その債務者については、適用しない。

譲渡禁止特約のついた債権の譲渡について整備された。

【変更事項】（民法の一部を改正する法律より）

第466条第2項を次のように改める。
「2 当事者が債権の譲渡を禁止し、又は制限する旨の意思表示（以下「譲渡制限の意思表示」という。）をしたときであっても、債権の譲渡は、その効力を妨げられない。」

【旧条文】

債権の譲渡性
第466条　〔同左〕
　　　　　2 前項の規定は、当事者が反対の意思を表示した場合には、適用しない。ただし、その意思表示は、善意の第三者に対抗することができない。

〔新設〕

〔新設〕

20 債権譲渡　【一】債権の譲渡性とその制限
2 譲渡制限の意思表示が付された債権の債務者の供託

【改正要綱】
【一】債権の譲渡性とその制限
2 譲渡制限の意思表示が付された債権の債務者の供託
(1) 債務者は、譲渡制限の意思表示がされた金銭の給付を目的とする債権が譲渡されたときは、その債権の全額に相当する金銭を債務の履行地（債務の履行地が債権者の現在の住所により定まる場合にあっては、譲渡人の現在の住所を含む。(4)において同じ。）の供託所に供託することができるものとすること。（第466条の2第1項関係）
(2) (1) の規定により供託をした債務者は、遅滞なく、譲渡人及び譲受人に供託の通知をしなければならないものとすること。（第466条の2第2項関係）
(3) (1) の規定により供託をした金銭は、譲受人に限り、還付を請求することができるものとすること。（第466条の2第3項関係）
(4) (1) に規定する場合において、譲渡人について破産手続開始の決定があったときは、譲受人（(1) の債権の全額を譲り受けた者であって、その債権の譲渡を債務者その他の第三者に対抗することができるものに限る。）は、譲渡制限の意思表示がされたことを知り、又は重大な過失によって知らなかったときであっても、債務者にその債権の全額に相当する金銭を債務の履行地の供託所に供託させることができるものとすること。この場合においては、(2) 及び (3) の規定を準用するものとすること。（第466条の3関係）

＜新旧条文比較＞

【新条文】

譲渡制限の意思表示がされた債権に係る債務者の供託
第466条の2　債務者は、譲渡制限の意思表示がされた金銭の給付を目的とする債権が譲渡されたときは、その債権の全額に相当する金銭を債務の履行地（債務の履行地が債権者の現在の住所により定まる場合にあっては、譲渡人の現在の住所を含む。次条において同じ。）の供託所に供託することができる。
2　前項の規定により供託をした債務者は、遅滞なく、譲渡人及び譲受人に供託の通知をしなければならない。
3　第1項の規定により供託をした金銭は、譲受人に限り、還付を請求することができる。

第466条の3　前条第1項に規定する場合において、譲渡人について破産手続開始の決定があったときは、譲受人（同項の債権の全額を譲り受けた者であって、その債権の譲渡を債務者その他の第三者に対抗することができるものに限る。）は、譲渡制限の意思表示がされたことを知り、又は重大な過失によって知らなかったときであっても、債務者にその債権の全額に相当する金銭を債務の履行地の供託所に供託させることができる。この場合においては、同条第2項及び第3項の規定を準用する。

【変更事項】（民法の一部を改正する法律より）

「（譲渡制限の意思表示がされた債権に係る債務者の供託）
第466条の2　債務者は、譲渡制限の意思表示がされた金銭の給付を目的とする債権が譲渡されたときは、その債権の全額に相当する金銭を債務の履行地（債務の履行地が債権者の現在の住所により定まる場合にあっては、譲渡人の現在の住所を含む。次条において同じ。）の供託所に供託することができる。

2　前項の規定により供託をした債務者は、遅滞なく、譲渡人及び譲受人に供託の通知をしなければならない。

3　第1項の規定により供託をした金銭は、譲受人に限り、還付を請求することができる。」

「第466条の3　前条第1項に規定する場合において、譲渡人について破産手続開始の決定があったときは、譲受人（同項の債権の全額を譲り受けた者であって、その債権の譲渡を債務者その他の第三者に対抗することができるものに限る。）は、譲渡制限の意思表示がされたことを知り、又は重大な過失によって知らなかったときであっても、債務者にその債権の全額に相当する金銭を債務の履行地の供託所に供託させることができる。この場合においては、同条第2項及び第3項の規定を準用する。」

【旧条文】

〔新設〕

〔新設〕

20 債権譲渡 【一】債権の譲渡性とその制限
3 譲渡制限の意思表示が付された債権の差押え
4 預金債権又は貯金債権に係る譲渡制限の意思表示の効力

【改正要綱】

【一】債権の譲渡性とその制限

3 譲渡制限の意思表示が付された債権の差押え
 (1) 1 (2) の規定は、譲渡制限の意思表示がされた債権に対する強制執行をした差押債権者に対しては、適用しないものとすること。(第466条の4第1項関係)
 (2) (1) の規定にかかわらず、譲受人その他の第三者が譲渡制限の意思表示がされたことを知り、又は重大な過失によって知らなかった場合において、その債権者が (1) の債権に対する強制執行をしたときは、債務者は、その債務の履行を拒むことができ、かつ、譲渡人に対する弁済その他の債務を消滅させる事由をもって差押債権者に対抗することができるものとすること。(第466条の4第2項関係)

4 預金債権又は貯金債権に係る譲渡制限の意思表示の効力
 (1) 預金口座又は貯金口座に係る預金又は貯金に係る債権(以下「預貯金債権」という。)について当事者がした譲渡制限の意思表示は、1 (1) の規定にかかわらず、その譲渡制限の意思表示がされたことを知り、又は重大な過失によって知らなかった譲受人その他の第三者に対抗することができるものとすること。(第466条の5第1項関係)
 (2) (1) の規定は、譲渡制限の意思表示がされた預貯金債権に対する強制執行をした差押債権者に対しては、適用しないものとすること。(第466条の5第2項関係)

＜新旧条文比較＞

【新条文】

<u>譲渡制限の意思表示がされた債権の差押え</u>
<u>第466条の4</u> 第466条第3項の規定は、譲渡制限の意思表示がされた債権に対する強制執行をした差押債権者に対しては、適用しない。
　2 前項の規定にかかわらず、譲受人その他の第三者が譲渡制限の意思表示がされたことを知り、又は重大な過失によって知らなかった場合において、その債権者が同項の債権に対する強制執行をしたときは、債務者は、その債務の履行を拒むことができ、かつ、譲渡人に対する弁済その他の債務を消滅させる事由をもって差押債権者に対抗することができる。

<u>預金債権又は貯金債権に係る譲渡制限の意思表示の効力</u>
<u>第466条の5</u> 預金口座又は貯金口座に係る預金又は貯金に係る債権(以下「預貯金債権」という。)について当事者がした譲渡制限の意思表示は、第466条第2項の規定にかかわらず、その譲渡制限の意思表示がされたことを知り、又は重大な過失によって知らなかった譲受人その他の第三者に対抗することができる。
　2 前項の規定は、譲渡制限の意思表示がされた預貯金債権に対する強制執行をした差押債権者に対しては、適用しない。

債権譲渡

【変更事項】（民法の一部を改正する法律より）

「（譲渡制限の意思表示がされた債権の差押え）
第466条の4　第466条第3項の規定は、譲渡制限の意思表示がされた債権に対する強制執行をした差押債権者に対しては、適用しない。
2　前項の規定にかかわらず、譲受人その他の第三者が譲渡制限の意思表示がされたことを知り、又は重大な過失によって知らなかった場合において、その債権者が同項の債権に対する強制執行をしたときは、債務者は、その債務の履行を拒むことができ、かつ、譲渡人に対する弁済その他の債務を消滅させる事由をもって差押債権者に対抗することができる。」

「（預金債権又は貯金債権に係る譲渡制限の意思表示の効力）
第466条の5　預金口座又は貯金口座に係る預金又は貯金に係る債権（以下「預貯金債権」という。）について当事者がした譲渡制限の意思表示は、第466条第2項の規定にかかわらず、その譲渡制限の意思表示がされたことを知り、又は重大な過失によって知らなかった譲受人その他の第三者に対抗することができる。
2　前項の規定は、譲渡制限の意思表示がされた預貯金債権に対する強制執行をした差押債権者に対しては、適用しない。」

【旧条文】

〔新設〕

〔新設〕

[一] 債権の譲渡性とその制限

3　譲渡制限の意思表示が付された債権の差押え

4　預金債権又は貯金債権に係る譲渡制限の意思表示の効力

20 債権譲渡 【二】将来債権譲渡

【改正要綱】

1 債権の譲渡は、その意思表示の時に債権が現に発生していることを要しないものとすること。(第466条の6第1項関係)
2 債権が譲渡された場合において、その意思表示の時に債権が現に発生していないときは、譲受人は、発生した債権を当然に取得するものとすること。(第466条の6第2項関係)
3 2に規定する場合において、譲渡人が民法467条の規定による通知をし、又は債務者が同条の規定による承諾をした時(以下「対抗要件具備時」という。)までに譲渡制限の意思表示がされたときは、譲受人その他の第三者がそのことを知っていたものとみなして、一1(譲渡制限の意思表示がされた債権が預貯金債権の場合にあっては、一4(1)預金債権又は、貯金債権に係る譲渡制限の意思表示の効力)の規定を適用するものとすること。(第466条の6第3項関係)
4 債権の譲渡(現に発生していない債権の譲渡を含む。)は、譲渡人が債務者に通知をし、又は債務者が承諾をしなければ、債務者その他の第三者に対抗することができないものとすること。(第467条第1項関係)

―――＜新旧条文比較＞―――

【新条文】

<u>将来債権の譲渡性</u>
第466条の6　<u>債権の譲渡は、その意思表示の時に債権が現に発生していることを要しない。</u>
　　<u>2 債権が譲渡された場合において、その意思表示の時に債権が現に発生していないときは、譲受人は、発生した債権を当然に取得する。</u>
　　<u>3 前項に規定する場合において、譲渡人が次条の規定による通知をし、又は債務者が同条の規定による承諾をした時(以下「対抗要件具備時」という。)までに譲渡制限の意思表示がされたときは、譲受人その他の第三者がそのことを知っていたものとみなして、第466条第3項(譲渡制限の意思表示がされた債権が預貯金債権の場合にあっては、前条第1項)の規定を適用する。</u>

債権の譲渡の対抗要件
第467条　　債権の譲渡(<u>現に発生していない債権の譲渡を含む。</u>)は、譲渡人が債務者に通知をし、又は債務者が承諾をしなければ、債務者その他の第三者に対抗することができない。
　　2 〔略〕

将来債権も債権譲渡の対象になることを明記。

【変更事項】（民法の一部を改正する法律より）
「（将来債権の譲渡性）
第466条の6 債権の譲渡は、その意思表示の時に債権が現に発生していることを要しない。
2 債権が譲渡された場合において、その意思表示の時に債権が現に発生していないときは、譲受人は、発生した債権を当然に取得する。
3 前項に規定する場合において、譲渡人が次条の規定による通知をし、又は債務者が同条の規定による承諾をした時（以下「対抗要件具備時」という。）までに譲渡制限の意思表示がされたときは、譲受人その他の第三者がそのことを知っていたものとみなして、第466条第3項（譲渡制限の意思表示がされた債権が預貯金債権の場合にあっては、前条第一項）の規定を適用する。」

第467条の見出し中「指名債権」を「債権」に改め、同条第一項中「指名債権の譲渡」を「債権の譲渡（現に発生していない債権の譲渡を含む。）」に改める。

【旧条文】

〔新設〕

指名債権の譲渡の対抗要件
第467条　指名債権の譲渡は、譲渡人が債務者に通知をし、又は債務者が承諾をしなければ、債務者その他の第三者に対抗することができない。

2〔同左〕

20 債権譲渡 【三】債権譲渡と債務者の抗弁
1 異議をとどめない承諾による抗弁の切断

【改正要綱】

【三】債権譲渡と債務者の抗弁
1 異議をとどめない承諾による抗弁の切断
 (1) 民法第468条第1項を削除するものとすること。
 (2) 債務者は、対抗要件具備時までに譲渡人に対して生じた事由をもって譲受人に対抗することができるものとすること。(第468条第1項関係)
 (3) 一1(3)の場合における(2)の規定の適用については、(2)中「対抗要件具備時」とあるのは、「一1(3)の相当の期間を経過した時」とし、一2(4)の場合における(2)の規定の適用については、(2)中「対抗要件具備時」とあるのは、「一2(4)の規定により一2(4)の譲受人から供託の請求を受けた時」とするものとすること。(第468条第2項関係)

―――<新旧条文比較>―――

【新条文】

<u>債権の譲渡における債務者の抗弁</u>
<u>第468条</u>　　債務者は、対抗要件具備時までに譲渡人に対して生じた事由をもって譲受人に対抗することができる。
　　<u>2　第466条第4項の場合における前項の規定の適用については、同項中「対抗要件具備時」とあるのは、「第466条第4項の相当の期間を経過した時」とし、第466条の3の場合における同項の規定の適用については、同項中「対抗要件具備時」とあるのは、「第466条の3の規定により同条の譲受人から供託の請求を受けた時」とする。</u>

【変更事項】（民法の一部を改正する法律より）

「（債権の譲渡における債務者の抗弁）
第468条 債務者は、対抗要件具備時までに譲渡人に対して生じた事由をもって譲受人に対抗することができる。
2 第466条第4項の場合における前項の規定の適用については、同項中「対抗要件具備時」とあるのは、「第466条第4項の相当の期間を経過した時」とし、第466条の3の場合における同項の規定の適用については、同項中「対抗要件具備時」とあるのは、「第466条の3の規定により同条の譲受人から供託の請求を受けた時」とする。」

【旧条文】

<u>指名債権の譲渡における債務者の抗弁</u>
第468条　債務者が異議をとどめないで前条の承諾をしたときは、譲渡人に対抗することができた事由があっても、これをもって譲受人に対抗することができない。この場合において、債務者がその債務を消滅させるために譲渡人に払い渡したものがあるときはこれを取り戻し、譲渡人に対して負担した債務があるときはこれを成立しないものとみなすことができる。
2 譲渡人が譲渡の通知をしたにとどまるときは、債務者は、その通知を受けるまでに譲渡人に対して生じた事由をもって譲受人に対抗することができる。

20 債務譲渡　【三】債権譲渡と債務者の抗弁
2 債権譲渡と相殺

【改正要綱】

【三】債権譲渡と債務者の抗弁
2 債権譲渡と相殺
(1) 債務者は、対抗要件具備時より前に取得した譲渡人に対する債権による相殺をもって譲受人に対抗することができるものとすること。（第469条第1項関係）
(2) 債務者が対抗要件具備時より後に取得した譲渡人に対する債権であっても、その債権が次に掲げるものであるときは、(1)と同様とするものとすること。ただし、債務者が対抗要件具備時より後に他人の債権を取得したときは、この限りでないものとすること。（第469条第2項関係）
①対抗要件具備時より前の原因に基づいて生じた債権
②①に掲げるもののほか、譲受人の取得した債権の発生原因である契約に基づいて生じた債権
(3) 一1(3)の場合における(1)及び(2)の規定の適用については、これらの規定中「対抗要件具備時」とあるのは、「一1(3)の相当の期間を経過した時」とし、一2(4)の場合におけるこれらの規定の適用については、これらの規定中「対抗要件具備時」とあるのは、「一2(4)の規定により一2(4)の譲受人から供託の請求を受けた時」とするものとすること。（第469条第3項関係）

―――＜新旧条文比較＞―――

【新条文】

<u>債権の譲渡における相殺権</u>
<u>第469条　　債務者は、対抗要件具備時より前に取得した譲渡人に対する債権による相殺をもって譲受人に対抗することができる。
2　債務者が対抗要件具備時より後に取得した譲渡人に対する債権であっても、その債権が次に掲げるものであるときは、前項と同様とする。ただし、債務者が対抗要件具備時より後に他人の債権を取得したときは、この限りでない。
①対抗要件具備時より前の原因に基づいて生じた債権
②前号に掲げるもののほか、譲受人の取得した債権の発生原因である契約に基づいて生じた債権
3　第466条第4項の場合における前2項の規定の適用については、これらの規定中「対抗要件具備時」とあるのは、「第466条第4項の相当の期間を経過した時」とし、第466条の3の場合におけるこれらの規定の適用については、これらの規定中「対抗要件具備時」とあるのは、「第466条の3の規定により同条の譲受人から供託の請求を受けた時」とする。</u>

【変更事項】（民法の一部を改正する法律より）

「（債権の譲渡における相殺権）
第469条 債務者は、対抗要件具備時より前に取得した譲渡人に対する債権による相殺をもって譲受人に対抗することができる。
2 債務者が対抗要件具備時より後に取得した譲渡人に対する債権であっても、その債権が次に掲げるものであるときは、前項と同様とする。ただし、債務者が対抗要件具備時より後に他人の債権を取得したときは、この限りでない。
①対抗要件具備時より前の原因に基づいて生じた債権
②前号に掲げるもののほか、譲受人の取得した債権の発生原因である契約に基づいて生じた債権」

【旧条文】

<u>指図債権の譲渡の対抗要件
第469条　　指図債権の譲渡は、その証書に譲渡の裏書をして譲受人に交付しなければ、債務者その他の第三者に対抗することができない。</u>

21 有価証券 【一】指図証券

【改正要綱】

【一】指図証券

1 指図証券の譲渡は、その証券に譲渡の裏書をして譲受人に交付しなければ、その効力を生じないものとすること。（第520条の2関係）
2 指図証券の譲渡については、その指図証券の性質に応じ、手形法（昭和7年法律第20号）中裏書の方式に関する規定を準用するものとすること。（第520条の3関係）
3 指図証券の所持人が裏書の連続によりその権利を証明するときは、その所持人は、証券上の権利を適法に有するものと推定するものとすること。（第520条の4関係）
4 何らかの事由により指図証券の占有を失った者がある場合において、その所持人が3の規定によりその権利を証明するときは、その所持人は、その証券を返還する義務を負わないものとすること。ただし、その所持人が悪意又は重大な過失によりその証券を取得したときは、この限りでないものとすること。（第520条の5関係）
5 指図証券の債務者は、その証券に記載した事項及びその証券の性質から当然に生ずる結果を除き、その証券の譲渡前の債権者に対抗することができた事由をもって善意の譲受人に対抗することができないものとすること。（第520条の6関係）
6 1から5までの規定は、指図証券を目的とする質権の設定について準用するものとすること。（第520条の7関係）
7 指図証券の弁済は、債務者の現在の住所においてしなければならないものとすること。（第520条の8関係）

―― ＜新旧条文比較＞ ――

【新条文】

第7節 有価証券　第1款 指図証券
指図証券の譲渡
第520条の2　指図証券の譲渡は、その証券に譲渡の裏書をして譲受人に交付しなければ、その効力を生じない。
指図証券の裏書の方式
第520条の3　指図証券の譲渡については、その指図証券の性質に応じ、手形法（昭和7年法律第20号）中裏書の方式に関する規定を準用する。
指図証券の所持人の権利の推定
第520条の4　指図証券の所持人が裏書の連続によりその権利を証明するときは、その所持人は、証券上の権利を適法に有するものと推定する。
指図証券の善意取得
第520条の5　何らかの事由により指図証券の占有を失った者がある場合において、その所持人が前条の規定によりその権利を証明するときは、その所持人は、その証券を返還する義務を負わない。ただし、その所持人が悪意又は重大な過失によりその証券を取得したときは、この限りでない。
指図証券の譲渡における債務者の抗弁の制限
第520条の6　指図証券の債務者は、その証券に記載した事項及びその証券の性質から当然に生ずる結果を除き、その証券の譲渡前の債権者に対抗することができた事由をもって善意の譲受人に対抗することができない。
指図証券の質入れ
第520条の7　第520条の2から前条までの規定は、指図証券を目的とする質権の設定について準用する。
指図証券の弁済の場所
第520条の8　指図証券の弁済は、債務者の現在の住所においてしなければならない。

有価証券の節を新設。

【変更事項】（民法の一部を改正する法律より）

　第3編第1章に次の一節を加える。「第7節有価証券　第1款指図証券」
「（指図証券の譲渡）第520条の2　指図証券の譲渡は、その証券に譲渡の裏書をして譲受人に交付しなければ、その効力を生じない。」
「（指図証券の裏書の方式）第520条の3　指図証券の譲渡については、その指図証券の性質に応じ、手形法（昭和7年法律第20号）中裏書の方式に関する規定を準用する。」
「（指図証券の所持人の権利の推定）第520条の4　指図証券の所持人が裏書の連続によりその権利を証明するときは、その所持人は、証券上の権利を適法に有するものと推定する。」
「（指図証券の善意取得）第520条の5　何らかの事由により指図証券の占有を失った者がある場合において、その所持人が前条の規定によりその権利を証明するときは、その所持人は、その証券を返還する義務を負わない。ただし、その所持人が悪意又は重大な過失によりその証券を取得したときは、この限りでない。」
「（指図証券の譲渡における債務者の抗弁の制限）第520条の6　指図証券の債務者は、その証券に記載した事項及びその証券の性質から当然に生ずる結果を除き、その証券の譲渡前の債権者に対抗することができた事由をもって善意の譲受人に対抗することができない。」
「（指図証券の質入れ）第520条の7　第520条の2から前条までの規定は、指図証券を目的とする質権の設定について準用する。」
「（指図証券の弁済の場所）第520条の8　指図証券の弁済は、債務者の現在の住所においてしなければならない。」

【旧条文】

〔新設〕

〔新設〕

〔新設〕

〔新設〕

〔新設〕

〔新設〕

〔新設〕

〔新設〕

21 有価証券 【一】指図証券

【改正要綱】

【一】指図証券

8 指図証券の債務者は、その債務の履行について期限の定めがあるときであっても、その期限が到来した後に所持人がその証券を提示してその履行の請求をした時から遅滞の責任を負うものとすること。（第520条の9関係）

9 指図証券の債務者は、その証券の所持人並びにその署名及び押印の真偽を調査する権利を有するが、その義務を負わないものとすること。ただし、債務者に悪意又は重大な過失があるときは、その弁済は、無効とするものとすること。（第520条の10関係）

10 指図証券は、非訟事件手続法（平成23年法律第51号）第百条に規定する公示催告手続によって無効とすることができるものとすること。（第520条の11関係）

11 金銭その他の物又は有価証券の給付を目的とする指図証券の所持人がその指図証券を喪失した場合において、非訟事件手続法第114条に規定する公示催告の申立てをしたときは、その債務者に、その債務の目的物を供託させ、又は相当の担保を供してその指図証券の趣旨に従い履行をさせることができるものとすること。（第520条の12関係）

＜新旧条文比較＞

【新条文】

<u>指図証券の提示と履行遅滞</u>
<u>第520条の9</u> 指図証券の債務者は、その債務の履行について期限の定めがあるときであっても、その期限が到来した後に所持人がその証券を提示してその履行の請求をした時から遅滞の責任を負う。

<u>指図証券の債務者の調査の権利等</u>
<u>第520条の10</u> 指図証券の債務者は、その証券の所持人並びにその署名及び押印の真偽を調査する権利を有するが、その義務を負わない。ただし、債務者に悪意又は重大な過失があるときは、その弁済は、無効とする。

<u>指図証券の喪失</u>
<u>第520条の11</u> 指図証券は、非訟事件手続法（平成23年法律第51号）第100条に規定する公示催告手続によって無効とすることができる。

<u>指図証券喪失の場合の権利行使方法</u>
<u>第520条の12</u> 金銭その他の物又は有価証券の給付を目的とする指図証券の所持人がその指図証券を喪失した場合において、非訟事件手続法第114条に規定する公示催告の申立てをしたときは、その債務者に、その債務の目的物を供託させ、又は相当の担保を供してその指図証券の趣旨に従い履行をさせることができる。

有価証券

〔二〕指図証券

【変更事項】（民法の一部を改正する法律より）

「（指図証券の提示と履行遅滞）
第520条の9　指図証券の債務者は、その債務の履行について期限の定めがあるときであっても、その期限が到来した後に所持人がその証券を提示してその履行の請求をした時から遅滞の責任を負う。」

「（指図証券の債務者の調査の権利等）
第520条の10　指図証券の債務者は、その証券の所持人並びにその署名及び押印の真偽を調査する権利を有するが、その義務を負わない。ただし、債務者に悪意又は重大な過失があるときは、その弁済は、無効とする。」

「（指図証券の喪失）
第520条の11　指図証券は、非訟事件手続法（平成23年法律第51号）第百条に規定する公示催告手続によって無効とすることができる。」

「（指図証券喪失の場合の権利行使方法）
第520条の12　金銭その他の物又は有価証券の給付を目的とする指図証券の所持人がその指図証券を喪失した場合において、非訟事件手続法第百十四条に規定する公示催告の申立てをしたときは、その債務者に、その債務の目的物を供託させ、又は相当の担保を供してその指図証券の趣旨に従い履行をさせることができる。」

【旧条文】

〔新設〕

〔新設〕

〔新設〕

〔新設〕

有価証券 【二】記名式所持人払証券

【改正要綱】

【二】記名式所持人払証券

1　記名式所持人払証券（債権者を指名する記載がされている証券であって、その所持人に弁済をすべき旨が付記されているものをいう。以下同じ。）の譲渡は、その証券を交付しなければ、その効力を生じないものとすること。（第520条の13関係）

2　記名式所持人払証券の所持人は、証券上の権利を適法に有するものと推定するものとすること。（第520条の14関係）

3　何らかの事由により記名式所持人払証券の占有を失った者がある場合において、その所持人が2の規定によりその権利を証明するときは、その所持人は、その証券を返還する義務を負わないものとすること。ただし、その所持人が悪意又は重大な過失によりその証券を取得したときは、この限りでないものとすること。（第520条の15関係）

4　記名式所持人払証券の債務者は、その証券に記載した事項及びその証券の性質から当然に生ずる結果を除き、その証券の譲渡前の債権者に対抗することができた事由をもって善意の譲受人に対抗することができないものとすること。（第520条の16関係）

―――＜新旧条文比較＞―――

【新条文】

<u>第2款　記名式所持人払証券</u>
<u>記名式所持人払証券の譲渡</u>
<u>第520条の13　記名式所持人払証券（債権者を指名する記載がされている証券であって、その所持人に弁済をすべき旨が付記されているものをいう。以下同じ。）の譲渡は、その証券を交付しなければ、その効力を生じない。</u>

<u>記名式所持人払証券の所持人の権利の推定</u>
<u>第520条の14　記名式所持人払証券の所持人は、証券上の権利を適法に有するものと推定する。</u>

<u>記名式所持人払証券の善意取得</u>
<u>第520条の15　何らかの事由により記名式所持人払証券の占有を失った者がある場合において、その所持人が前条の規定によりその権利を証明するときは、その所持人は、その証券を返還する義務を負わない。ただし、その所持人が悪意又は重大な過失によりその証券を取得したときは、この限りでない。</u>

<u>記名式所持人払証券の譲渡における債務者の抗弁の制限</u>
<u>第520条の16　記名式所持人払証券の債務者は、その証券に記載した事項及びその証券の性質から当然に生ずる結果を除き、その証券の譲渡前の債権者に対抗することができた事由をもって善意の譲受人に対抗することができない。</u>

【変更事項】（民法の一部を改正する法律より）

「第2款 記名式所持人払証券
（記名式所持人払証券の譲渡）第520条の13　記名式所持人払証券（債権者を指名する記載がされている証券であって、その所持人に弁済をすべき旨が付記されているものをいう。以下同じ。）の譲渡は、その証券を交付しなければ、その効力を生じない。」
「（記名式所持人払証券の所持人の権利の推定）第520条の14　記名式所持人払証券の所持人は、証券上の権利を適法に有するものと推定する。」
「（記名式所持人払証券の善意取得）第520条の15　何らかの事由により記名式所持人払証券の占有を失った者がある場合において、その所持人が前条の規定によりその権利を証明するときは、その所持人は、その証券を返還する義務を負わない。ただし、その所持人が悪意又は重大な過失によりその証券を取得したときは、この限りでない。」
「（記名式所持人払証券の譲渡における債務者の抗弁の制限）第520条の16　記名式所持人払証券の債務者は、その証券に記載した事項及びその証券の性質から当然に生ずる結果を除き、その証券の譲渡前の債権者に対抗することができた事由をもって善意の譲受人に対抗することができない。」

【旧条文】

〔新設〕

〔新設〕

〔新設〕

〔新設〕

〔新設〕

21 有価証券 【二】記名式所持人払証券

【改正要綱】

【二】記名式所持人払証券

5　1から4までの規定は、記名式所持人払証券を目的とする質権の設定について準用するものとすること。（第520条の17関係）

6―7から11までの規定は、記名式所持人払証券について準用するものとすること。（第520条の18関係）

―――＜新旧条文比較＞―――

【新条文】

<u>記名式所持人払証券の質入れ</u>
<u>第520条の17</u>　<u>第520条の13から前条までの規定は、記名式所持人払証券を目的とする質権の設定について準用する。</u>

<u>指図証券の規定の準用</u>
<u>第520条の18</u>　<u>第520条の8から第520条の12までの規定は、記名式所持人払証券について準用する。</u>

【変更事項】（民法の一部を改正する法律より）

「第 520 条の 17　第 520 条の 13 から前条までの規定は、記名式所持人払証券を目的とする質権の設定について準用する。」

「（指図証券の規定の準用）

第 520 条の 18　第 520 条の 8 から第 520 条の 12 までの規定は、記名式所持人払証券について準用する。」

【旧条文】

〔新設〕

〔新設〕

有価証券 【三】指図証券及び記名式所持人払証券以外の記名証券
【四】無記名証券

【改正要綱】

【三】指図証券及び記名式所持人払証券以外の記名証券
1 債権者を指名する記載がされている証券であって指図証券及び記名式所持人払証券以外のものは、債権の譲渡又はこれを目的とする質権の設定に関する方式に従い、かつ、その効力をもってのみ、譲渡し、又は質権の目的とすることができるものとすること。（第520条の19第1項関係）
2 一10及び11の規定は、1の証券について準用するものとすること。（第520条の19第2項関係）

【四】無記名証券
二の規定は、無記名証券について準用するものとすること。（第520条の20関係）

―――＜新旧条文比較＞―――

【新条文】

<u>第3款 その他の記名証券</u>
<u>第520条の19</u> 債権者を指名する記載がされている証券であって指図証券及び記名式所持人払証券以外のものは、債権の譲渡又はこれを目的とする質権の設定に関する方式に従い、かつ、その効力をもってのみ、譲渡し、又は質権の目的とすることができる。
　2 第520条の11及び第520条の12の規定は、前項の証券について準用する。

<u>第4款 無記名証券</u>
<u>第520条の20</u> 第2款（記名式所持人払証券）の規定は、無記名証券について準用する。

【変更事項】（民法の一部を改正する法律より）

「第3款 その他の記名証券
第520条の19 債権者を指名する記載がされている証券であって指図証券及び記名式所持人払証券以外のものは、債権の譲渡又はこれを目的とする質権の設定に関する方式に従い、かつ、その効力をもってのみ、譲渡し、又は質権の目的とすることができる。
2 第520条の11及び第520条の12の規定は、前項の証券について準用する。」

「第4款 無記名証券
第520条の20 第2款（記名式所持人払証券）の規定は、無記名証券について準用する。」

【旧条文】

〔新設〕
〔新設〕

〔新設〕
〔新設〕

22 債務引受 【一】併存的債務引受

1 併存的債務引受の要件・効果
2 併存的債務引受の引受人の抗弁等

【改正要綱】

【一】併存的債務引受

1 併存的債務引受の要件・効果
  (1) 併存的債務引受の引受人は、債務者と連帯して、債務者が債権者に対して負担する債務と同一の内容の債務を負担するものとすること。(第470条第1項関係)
  (2) 併存的債務引受は、債権者と引受人となる者との契約によってすることができるものとすること。(第470条第2項関係)
  (3) 併存的債務引受は、債務者と引受人となる者との契約によってもすることができるものとすること。この場合において、併存的債務引受は、債権者が引受人となる者に対して承諾をした時に、その効力を生ずるものとすること。(第470条第3項関係)
  (4) (3)の規定によってする併存的債務引受は、第三者のためにする契約に関する規定に従うものとすること。(第470条第4項関係)
2 併存的債務引受の引受人の抗弁等
  (1) 引受人は、併存的債務引受により負担した自己の債務について、その効力が生じた時に債務者が主張することができた抗弁をもって債権者に対抗することができるものとすること。(第471条第1項関係)
  (2) 債務者が債権者に対して取消権又は解除権を有するときは、引受人は、これらの権利の行使によって債務者がその債務を免れるべき限度において、債権者に対して債務の履行を拒むことができるものとすること。(第471条第2項関係)

―― <新旧条文比較> ――

【新条文】

第5節 債務の引受け
第1款 併存的債務引受
併存的債務引受の要件及び効果
第470条　併存的債務引受の引受人は、債務者と連帯して、債務者が債権者に対して負担する債務と同一の内容の債務を負担する。
　　　　　2 併存的債務引受は、債権者と引受人となる者との契約によってすることができる。
　　　　　3 併存的債務引受は、債務者と引受人となる者との契約によってもすることができる。この場合において、併存的債務引受は、債権者が引受人となる者に対して承諾をした時に、その効力を生ずる。
　　　　　4 前項の規定によってする併存的債務引受は、第三者のためにする契約に関する規定に従う。

併存的債務引受における引受人の抗弁等
第471条　引受人は、併存的債務引受により負担した自己の債務について、その効力が生じた時に債務者が主張することができた抗弁をもって債権者に対抗することができる。
　　　　　2 債務者が債権者に対して取消権又は解除権を有するときは、引受人は、これらの権利の行使によって債務者がその債務を免れるべき限度において、債権者に対して債務の履行を拒むことができる。

債務引渡について、規定が整備された。

【変更事項】（民法の一部を改正する法律より）

「第5節 債務の引受け 第1款 併存的債務引受
（併存的債務引受の要件及び効果）
第470条 併存的債務引受の引受人は、債務者と連帯して、債務者が債権者に対して負担する債務と同一の内容の債務を負担する。
2 併存的債務引受は、債権者と引受人となる者との契約によってすることができる。
3 併存的債務引受は、債務者と引受人となる者との契約によってもすることができる。この場合において、併存的債務引受は、債権者が引受人となる者に対して承諾をした時に、その効力を生ずる。
4 前項の規定によってする併存的債務引受は、第三者のためにする契約に関する規定に従う。」
「（併存的債務引受における引受人の抗弁等）
第471条 引受人は、併存的債務引受により負担した自己の債務について、その効力が生じた時に債務者が主張することができた抗弁をもって債権者に対抗することができる。
2 債務者が債権者に対して取消権又は解除権を有するときは、引受人は、これらの権利の行使によって債務者がその債務を免れるべき限度において、債権者に対して債務の履行を拒むことができる。」

【旧条文】

〔新設〕
〔新設〕

〔新設〕

〔新設〕

22 債務引受 【二】免責的債務引受
1 免責的債務引受の要件・効果
2 免責的債務引受による引受けの効果

【改正要綱】

【二】免責的債務引受

1 免責的債務引受の要件・効果
　(1) 免責的債務引受の引受人は債務者が債権者に対して負担する債務と同一の内容の債務を負担し、債務者は自己の債務を免れるものとすること。(第472条第1項関係)
　(2) 免責的債務引受は、債権者と引受人となる者との契約によってすることができるものとすること。この場合において、免責的債務引受は、債権者が債務者に対してその契約をした旨を通知した時に、その効力を生ずるものとすること。(第472条第2項関係)
　(3) 免責的債務引受は、債務者と引受人となる者が契約をし、債権者が引受人となる者に対して承諾をすることによってもすることができるものとすること。(第472条第3項関係)

2 免責的債務引受による引受けの効果
　(1) 免責的債務引受の引受人は、債務者に対して求償権を取得しないものとすること。(第472条の3関係)
　(2) 引受人は、免責的債務引受により負担した自己の債務について、その効力が生じた時に債務者が主張することができた抗弁をもって債権者に対抗することができるものとすること。(第472条の2第1項関係)
　(3) 債務者が債権者に対して取消権又は解除権を有するときは、引受人は、免責的債務引受がなければこれらの権利の行使によって債務者がその債務を免れることができた限度において、債権者に対して債務の履行を拒むことができるものとすること。(第472条の2第2項関係)

―――＜新旧条文比較＞―――

【新条文】

第2款 免責的債務引受

免責的債務引受の要件及び効果

第472条　免責的債務引受の引受人は債務者が債権者に対して負担する債務と同一の内容の債務を負担し、債務者は自己の債務を免れる。
　2　免責的債務引受は、債権者と引受人となる者との契約によってすることができる。この場合において、免責的債務引受は、債権者が債務者に対してその契約をした旨を通知した時に、その効力を生ずる。
　3　免責的債務引受は、債務者と引受人となる者が契約をし、債権者が引受人となる者に対して承諾をすることによってもすることができる。

免責的債務引受における引受人の抗弁等

第472条の2　引受人は、免責的債務引受により負担した自己の債務について、その効力が生じた時に債務者が主張することができた抗弁をもって債権者に対抗することができる。
　2　債務者が債権者に対して取消権又は解除権を有するときは、引受人は、免責的債務引受がなければこれらの権利の行使によって債務者がその債務を免れることができた限度において、債権者に対して債務の履行を拒むことができる。

免責的債務引受における引受人の求償権

第472条の3　免責的債務引受の引受人は、債務者に対して求償権を取得しない。

責務引受

【変更事項】（民法の一部を改正する法律より）

「第2款 免責的債務引受

第472条 免責的債務引受の引受人は債務者が債権者に対して負担する債務と同一の内容の債務を負担し、債務者は自己の債務を免れる。

2 免責的債務引受は、債権者と引受人となる者との契約によってすることができる。この場合において、免責的債務引受は、債権者が債務者に対してその契約をした旨を通知した時に、その効力を生ずる。

3 免責的債務引受は、債務者と引受人となる者が契約をし、債権者が引受人となる者に対して承諾をすることによってもすることができる。」

「（免責的債務引受における引受人の抗弁等）

第472条の2 引受人は、免責的債務引受により負担した自己の債務について、その効力が生じた時に債務者が主張することができた抗弁をもって債権者に対抗することができる。

2 債務者が債権者に対して取消権又は解除権を有するときは、引受人は、免責的債務引受がなければこれらの権利の行使によって債務者がその債務を免れることができた限度において、債権者に対して債務の履行を拒むことができる。」

「（免責的債務引受における引受人の求償権）

第472条の3 免責的債務引受の引受人は、債務者に対して求償権を取得しない。」

【旧条文】

〔新設〕

〔新設〕

〔新設〕

〔新設〕

（二）免責的債務引受

1 免責的債務引受の要件・効果

2 免責的債務引受による引受けの効果

22 債務引受 【二】免責的債務引受

3 免責的債務引受による担保の移転

【改正要綱】

【二】免責的債務引受

3 免責的債務引受による担保の移転
　(1) 債権者は、1(1) の規定により債務者が免れる債務の担保として設定された担保権を引受人が負担する債務に移すことができるものとすること。ただし、引受人以外の者がこれを設定した場合には、その承諾を得なければならないものとすること。(第472条の4第1項関係)
　(2) (1) の規定による担保権の移転は、あらかじめ又は同時に引受人に対してする意思表示によってしなければならないものとすること。(第472条の4第2項関係)
　(3) (1) 及び (2) の規定は、1(1) の規定により債務者が免れる債務の保証をした者があるときについて準用するものとすること。(第472条の4第3項関係)
　(4) (3) の場合において、(3) において準用する (1) の承諾は、書面でしなければ、その効力を生じないものとすること。(第472条の4第4項関係)
　(5) (4) の承諾がその内容を記録した電磁的記録によってされたときは、その承諾は、書面によってされたものとみなして、の規定を適用するものとすること。(第472条の4第5項関係)

――＜新旧条文比較＞――

【新条文】

<u>免責的債務引受による担保の移転</u>
第472条の4　債権者は、第472条第1項の規定により債務者が免れる債務の担保として設定された担保権を引受人が負担する債務に移すことができる。ただし、引受人以外の者がこれを設定した場合には、その承諾を得なければならない。
　<u>2</u> 前項の規定による担保権の移転は、あらかじめ又は同時に引受人に対してする意思表示によってしなければならない。
　<u>3</u> 前2項の規定は、第472条第1項の規定により債務者が免れる債務の保証をした者があるときについて準用する。
　<u>4</u> 前項の場合において、同項において準用する第1項の承諾は、書面でしなければ、その効力を生じない。
　<u>5</u> 前項の承諾がその内容を記録した電磁的記録によってされたときは、その承諾は、書面によってされたものとみなして、同項の規定を適用する。

【変更事項】（民法の一部を改正する法律より）

「（免責的債務引受による担保の移転）
第472条の4　債権者は、第472条第1項の規定により債務者が免れる債務の担保として設定された担保権を引受人が負担する債務に移すことができる。ただし、引受人以外の者がこれを設定した場合には、その承諾を得なければならない。
2　前項の規定による担保権の移転は、あらかじめ又は同時に引受人に対してする意思表示によってしなければならない。」

【旧条文】

〔新設〕

23 契約上の地位の移転

【改正要綱】

契約の当事者の一方が第三者との間で契約上の地位を譲渡する旨の合意をした場合において、その契約の相手方がその譲渡を承諾したときは、契約上の地位は、その第三者に移転するものとすること。（第539条の2関係）

―――＜新旧条文比較＞―――

【新条文】

<u>第3款 契約上の地位の移転</u>
<u>第539条の2</u>　<u>契約の当事者の一方が第三者との間で契約上の地位を譲渡する旨の合意をした場合において、その契約の相手方がその譲渡を承諾したときは、契約上の地位は、その第三者に移転する。</u>

契約上の地位の移転

【変更事項】（民法の一部を改正する法律より）

第3編第2章第1節中第3款を第4款とし、第2款の次に次の1款を加える
「第3款 契約上の地位の移転
第539条の2 契約の当事者の一方が第三者との間で契約上の地位を譲渡する旨の合意をした場合において、その契約の相手方がその譲渡を承諾したときは、契約上の地位は、その第三者に移転する。」

【旧条文】

〔新設〕
〔新設〕

[二] 免責的債務引受

24 弁済 【一】弁済の意義
【二】第三者の弁済

【改正要綱】

【一】弁済の意義
債務者が債権者に対して債務の弁済をしたときは、その債権は、消滅するものとすること。(第473条関係)

【二】第三者の弁済
1 債務の弁済は、第三者もすることができるものとすること。(第474条第1項関係)
2 弁済をするについて正当な利益を有する者でない第三者は、債務者の意思に反して弁済をすることができないものとすること。ただし、債務者の意思に反することを債権者が知らなかったときは、この限りでないものとすること。(第474条第2項関係)
3 2に規定する第三者は、債権者の意思に反して弁済をすることができないものとすること。ただし、その第三者が債務者の委託を受けて弁済をする場合において、そのことを債権者が知っていたときは、この限りでないものとすること。(第474条第3項関係)
4 1から3までの規定は、その債務の性質が第三者の弁済を許さないとき、又は当事者が第三者の弁済を禁止し、若しくは制限する旨の意思表示をしたときは、適用しないものとすること。(第474条第4項関係)

＜新旧条文比較＞

【新条文】

第6節 債権の消滅
弁済
第473条　債務者が債権者に対して債務の弁済をしたときは、その債権は、消滅する。

第三者の弁済
第474条　債務の弁済は、第三者もすることができる。

2 弁済をするについて正当な利益を有する者でない第三者は、債務者の意思に反して弁済をすることができない。ただし、債務者の意思に反することを債権者が知らなかったときは、この限りでない。
3 前項に規定する第三者は、債権者の意思に反して弁済をすることができない。ただし、その第三者が債務者の委託を受けて弁済をする場合において、そのことを債権者が知っていたときは、この限りでない。
4 前3項の規定は、その債務の性質が第三者の弁済を許さないとき、又は当事者が第三者の弁済を禁止し、若しくは制限する旨の意思表示をしたときは、適用しない。

弁済の規定の整備。

【変更事項】（民法の一部を改正する法律より）

第3編第1章第5節第1款第1目中第474条の前に次の1条を加える。
「（弁済）
第473条 債務者が債権者に対して債務の弁済をしたときは、その債権は、消滅する。」

第474条第1項ただし書を削り、同条第1項中「利害関係を有しない」を「弁済をするについて正当な利益を有する者でない」に改め、同項に次のただし書を加える。
ただし、債務者の意思に反することを債権者が知らなかったときは、この限りでない。
第474条に次の2項を加える。
「3 前項に規定する第三者は、債権者の意思に反して弁済をすることができない。ただし、その第三者が債務者の委託を受けて弁済をする場合において、そのことを債権者が知っていたときは、この限りでない。
4 前3項の規定は、その債務の性質が第三者の弁済を許さないとき、又は当事者が第三者の弁済を禁止し、若しくは制限する旨の意思表示をしたときは、適用しない。」

【旧条文】

<u>第5節 債権の消滅</u>

〔新設〕

第三者の弁済
第474条　債務の弁済は、第三者もすることができる。<u>ただし、その債務の性質がこれを許さないとき、又は当事者が反対の意思を表示したときは、この限りでない。</u>
　　　　　2 <u>利害関係を有しない</u>第三者は、債務者の意思に反して弁済をすることができない。

〔新設〕

〔新設〕

24 弁済

【三】弁済として引き渡した物の取戻し
【四】債務の履行の相手方
【五】代物弁済

【改正要綱】

【三】弁済として引き渡した物の取戻し
民法第476条を削除するものとすること。

【四】債務の履行の相手方
1 受領権者（債権者及び法令の規定又は当事者の意思表示によって弁済を受領する権限を付与された第三者をいう。以下同じ。）以外の者であって取引上の社会通念に照らして受領権者としての外観を有するものに対してした弁済は、その弁済をした者が善意であり、かつ、過失がなかったときに限り、その効力を有するものとすること。（第478条関係）
2 民法第480条を削除するものとすること。

【五】代物弁済
弁済をすることができる者（以下「弁済者」という。）が、債権者との間で、債務者の負担した給付に代えて他の給付をすることにより債務を消滅させる旨の契約をした場合において、その弁済者が当該他の給付をしたときは、その給付は、弁済と同一の効力を有するものとすること。（第482条関係）

＜新旧条文比較＞

【新条文】

〔削る〕

<u>受領権者としての外観を有する者に対する弁済</u>
第478条 　<u>受領権者（債権者及び法令の規定又は当事者の意思表示によって弁済を受領する権限を付与された第三者をいう。以下同じ。）以外の者であって取引上の社会通念に照らして受領権者としての外観を有するものに対してした弁済は、その弁済をした者が善意であり、かつ、過失がなかったときに限り、その効力を有する。</u>

第480条 　〔削除〕

代物弁済
第482条 　<u>弁済をすることができる者（以下「弁済者」という。）が、債権者との間で、債務者の負担した給付に代えて他の給付をすることにより債務を消滅させる旨の契約をした場合において、その弁済者が当該他の給付をしたときは、その給付は、弁済と同一の効力を有する。</u>

【変更事項】（民法の一部を改正する法律より）

第476条を削る。

第478条の見出しを「（受領権者としての外観を有する者に対する弁済）」に改め、同条中「債権の準占有者」を「受領権者（債権者及び法令の規定又は当事者の意思表示によって弁済を受領する権限を付与された第三者をいう。以下同じ。）以外の者であって取引上の社会通念に照らして受領権者としての外観を有するもの」に改める。

第482条中「債務者が、債権者の承諾を得て、その」を「弁済をすることができる者（以下「弁済者」という。）が、債権者との間で、債務者の」に改め、「給付を」の下に「することにより債務を消滅させる旨の契約をした場合において、その弁済者が当該他の給付を」を加える。

【旧条文】

第476条　譲渡につき行為能力の制限を受けた所有者が弁済として物の引渡しをした場合において、その弁済を取り消したときは、その所有者は、更に有効な弁済をしなければ、その物を取り戻すことができない。

債権の準占有者に対する弁済
第478条　債権の準占有者に対してした弁済は、その弁済をした者が善意であり、かつ、過失がなかったときに限り、その効力を有する。

受取証書の持参人に対する弁済
第480条　受取証書の持参人は、弁済を受領する権限があるものとみなす。ただし、弁済をした者がその権限がないことを知っていたとき、又は過失によって知らなかったときは、この限りでない。

代物弁済
第482条　債務者が、債権者の承諾を得て、その負担した給付に代えて他の給付をしたときは、その給付は、弁済と同一の効力を有する。

24 弁済 【六】弁済の方法

【改正要綱】

【六】弁済の方法

1　債権の目的が特定物の引渡しである場合において、契約その他の債権の発生原因及び取引上の社会通念に照らしてその引渡しをすべき時の品質を定めることができないときは、弁済をする者は、その引渡しをすべき時の現状でその物を引き渡さなければならないものとすること。（第483条関係）

2　法令又は慣習により取引時間の定めがあるときは、その取引時間内に限り、弁済をし、又は弁済の請求をすることができるものとすること。（第484条第2項関係）

3　弁済をする者は、弁済と引換えに、弁済を受領する者に対して受取証書の交付を請求することができるものとすること。（第486条関係）

4　債権者の預金又は貯金の口座に対する払込みによってする弁済は、債権者がその預金又は貯金に係る債権の債務者に対してその払込みに係る金額の払戻しを請求する権利を取得した時に、その効力を生ずるものとすること。（第477条関係）

―――＜新旧条文比較＞―――

【新条文】

特定物の現状による引渡し
第483条　　債権の目的が特定物の引渡しである場合において、契約その他の債権の発生原因及び取引上の社会通念に照らしてその引渡しをすべき時の品質を定めることができないときは、弁済をする者は、その引渡しをすべき時の現状でその物を引き渡さなければならない。

弁済の場所及び時間
第484条　　〔略〕
　　　　　<u>2　法令又は慣習により取引時間の定めがあるときは、その取引時間内に限り、弁済をし、又は弁済の請求をすることができる。</u>

受取証書の交付請求
第486条　　弁済をする者は、<u>弁済と引換えに、</u>弁済を受領する者に対して受取証書の交付を請求することができる。

預金又は貯金の口座に対する払込みによる弁済
第477条　　債権者の預金又は貯金の口座に対する払込みによってする弁済は、債権者がその預金又は貯金に係る債権の債務者に対してその払込みに係る金額の払戻しを請求する権利を取得した時に、その効力を生ずる。

【変更事項】（民法の一部を改正する法律より）

第483条中「である」の下に「場合において、契約その他の債権の発生原因及び取引上の社会通念に照らしてその引渡しをすべき時の品質を定めることができない」を加える。
第484条の見出しを「（弁済の場所及び時間）」に改め、同条に次の1項を加える。
2 法令又は慣習により取引時間の定めがあるときは、その取引時間内に限り、弁済をし、又は弁済の請求をすることができる。
第486条中「した者は」を「する者は、弁済と引換えに」に、「受領した」を「受領する」に改める。
第477条中「前2条」を「前条」に改め、同条を第476条とし、同条の次に次の1条を加える。
「（預金又は貯金の口座に対する払込みによる弁済）
第477条 債権者の預金又は貯金の口座に対する払込みによってする弁済は、債権者がその預金又は貯金に係る債権の債務者に対してその払込みに係る金額の払戻しを請求する権利を取得した時に、その効力を生ずる。」

〔旧条文〕

特定物の現状による引渡し
第483条　　債権の目的が特定物の引渡しであるときは、弁済をする者は、その引渡しをすべき時の現状でその物を引き渡さなければならない。

弁済の場所
第484条　　〔同左〕
〔新設〕

受取証書の交付請求
第486条　　弁済をした者は、弁済を受領した者に対して受取証書の交付を請求することができる。

〔新設〕

24 弁済 【七】弁済の充当

【改正要綱】

【七】弁済の充当

1 債務者が一個又は数個の債務について元本のほか利息及び費用を支払うべき場合（債務者が数個の債務を負担する場合にあっては、同一の債権者に対して同種の給付を目的とする数個の債務を負担するときに限る。）において、弁済をする者がその債務の全部を消滅させるのに足りない給付をしたときは、これを順次に費用、利息及び元本に充当しなければならないものとすること。（第489条第1項関係）

2 民法第488条及び第489条の規定は、1の場合において、費用、利息又は元本のいずれかの全てを消滅させるのに足りない給付をしたときについて準用するものとすること。（第489条第2項関係）

3 民法第488条及び第489条並びに1及び2の規定にかかわらず、弁済をする者と弁済を受領する者との間に弁済の充当の順序に関する合意があるときは、その順序に従い、その弁済を充当するものとすること。（第490条関係）

―――――＜新旧条文比較＞―――――

【新条文】

元本、利息及び費用を支払うべき場合の充当
第489条　債務者が一個又は数個の債務について元本のほか利息及び費用を支払うべき場合（債務者が数個の債務を負担する場合にあっては、同一の債権者に対して同種の給付を目的とする数個の債務を負担するときに限る。）において、弁済をする者がその債務の全部を消滅させるのに足りない給付をしたときは、これを順次に費用、利息及び元本に充当しなければならない。
2　前条の規定は、前項の場合において、費用、利息又は元本のいずれかの全てを消滅させるのに足りない給付をしたときについて準用する。

合意による弁済の充当
第490条　前2条の規定にかかわらず、弁済をする者と弁済を受領する者との間に弁済の充当の順序に関する合意があるときは、その順序に従い、その弁済を充当する。

弁済

【変更事項】（民法の一部を改正する法律より）

第489条を次のように改める。
「（元本、利息及び費用を支払うべき場合の充当）
第489条 債務者が一個又は数個の債務について元本のほか利息及び費用を支払うべき場合（債務者が数個の債務を負担する場合にあっては、同一の債権者に対して同種の給付を目的とする数個の債務を負担するときに限る。）において、弁済をする者がその債務の全部を消滅させるのに足りない給付をしたときは、これを順次に費用、利息及び元本に充当しなければならない。
2 前条の規定は、前項の場合において、費用、利息又は元本のいずれかの全てを消滅させるのに足りない給付をしたときについて準用する。」
「（合意による弁済の充当）
第490条 前2条の規定にかかわらず、弁済をする者と弁済を受領する者との間に弁済の充当の順序に関する合意があるときは、その順序に従い、その弁済を充当する。」

【旧条文】

<u>法定充当
第489条</u>　<u>弁済をする者及び弁済を受領する者がいずれも前条の規定による弁済の充当の指定をしないときは、次の各号の定めるところに従い、その弁済を充当する。
①債務の中に弁済期にあるものと弁済期にないものとがあるときは、弁済期にあるものに先に充当する。
②すべての債務が弁済期にあるとき、又は弁済期にないときは、債務者のために弁済の利益が多いものに先に充当する。
③債務者のために弁済の利益が相等しいときは、弁済期が先に到来したもの又は先に到来すべきものに先に充当する。
④前2号に掲げる事項が相等しい債務の弁済は、各債務の額に応じて充当する。</u>

〔新設〕

24 弁済 【八】弁済の提供
【九】弁済の目的物の供託

【改正要綱】

【八】弁済の提供
債務者は、弁済の提供の時から、債務を履行しないことによって生ずべき責任を免れるものとすること。(第492条関係)

【九】弁済の目的物の供託
1 弁済者は、次に掲げる場合には、債権者のために弁済の目的物を供託することができるものとすること。この場合においては、弁済者が供託をした時に、その債権は、消滅するものとすること。(第494条第1項関係)
(1) 弁済の提供をした場合において、債権者がその受領を拒んだとき。
(2) 債権者が弁済を受領することができないとき。
2 弁済者が債権者を確知することができないときも、1と同様とするものとすること。ただし、弁済者に過失があるときは、この限りでないものとすること。(第494条第2項関係)
3 弁済者は、次に掲げる場合には、裁判所の許可を得て、弁済の目的物を競売に付し、その代金を供託することができるものとすること。(第497条第1項関係)
(1) その物が供託に適しないとき。
(2) その物について滅失、損傷その他の事由による価格の低落のおそれがあるとき。
(3) その物の保存について過分の費用を要するとき。
(4) (1)から(3)までに掲げる場合のほか、その物を供託することが困難な事情があるとき。
4 弁済の目的物又は3の代金が供託された場合には、債権者は、供託物の還付を請求することができるものとすること。(第498条第1項関係)

――＜新旧条文比較＞――

【新条文】

弁済の提供の効果
第492条　債務者は、弁済の提供の時から、債務を履行しないことによって生ずべき責任を免れる。

供託
第494条　弁済者は、次に掲げる場合には、債権者のために弁済の目的物を供託することができる。この場合においては、弁済者が供託をした時に、その債権は、消滅する。
①弁済の提供をした場合において、債権者がその受領を拒んだとき。
②債権者が弁済を受領することができないとき。
2　弁済者が債権者を確知することができないときも、前項と同様とする。ただし、弁済者に過失があるときは、この限りでない。

供託に適しない物等
第497条　弁済者は、次に掲げる場合には、裁判所の許可を得て、弁済の目的物を競売に付し、その代金を供託することができる。
①その物が供託に適しないとき。
②その物について滅失、損傷その他の事由による価格の低落のおそれがあるとき。
③その物の保存について過分の費用を要するとき。
④前3号に掲げる場合のほか、その物を供託することが困難な事情があるとき。

供託物の還付請求等
第498条　弁済の目的物又は前条の代金が供託された場合には、債権者は、供託物の還付を請求することができる。
2〔略〕

【変更事項】（民法の一部を改正する法律より）

第492条中「の不履行」を「を履行しないこと」に改め、「一切の」を削る。
第494条を次のように改める。
「（供託）
第494条　弁済者は、次に掲げる場合には、債権者のために弁済の目的物を供託することができる。この場合においては、弁済者が供託をした時に、その債権は、消滅する。
①弁済の提供をした場合において、債権者がその受領を拒んだとき。
②債権者が弁済を受領することができないとき。
2　弁済者が債権者を確知することができないときも、前項と同様とする。ただし、弁済者に過失があるときは、この限りでない。」
「（供託に適しない物等）
第497条　弁済者は、次に掲げる場合には、裁判所の許可を得て、弁済の目的物を競売に付し、その代金を供託することができる。
①その物が供託に適しないとき。
②その物について滅失、損傷その他の事由による価格の低落のおそれがあるとき。
③その物の保存について過分の費用を要するとき。
④前3号に掲げる場合のほか、その物を供託することが困難な事情があるとき。」
第498条の見出しを「（供託物の還付請求等）」に改め、同条を同条第2項とし、同条に第1項として次の1項を加える。
「弁済の目的物又は前条の代金が供託された場合には、債権者は、供託物の還付を請求することができる。」

【旧条文】

弁済の提供の効果
第492条　債務者は、弁済の提供の時から、債務の不履行によって生ずべき一切の責任を免れる。

供託
第494条　債権者が弁済の受領を拒み、又はこれを受領することができないときは、弁済をすることができる者（以下この目において「弁済者」という。）は、債権者のために弁済の目的物を供託してその債務を免れることができる。弁済者が過失なく債権者を確知することができないときも、同様とする。

供託に適しない物等
第497条　弁済の目的物が供託に適しないとき、又はその物について滅失若しくは損傷のおそれがあるときは、弁済者は、裁判所の許可を得て、これを競売に付し、その代金を供託することができる。その物の保存について過分の費用を要するときも、同様とする。

供託物の受領の要件
第498条　〔新設〕

〔同左〕

24 弁済 【十】弁済による代位
1 弁済による代位の要件・効果①

【改正要綱】

【十】弁済による代位
1 弁済による代位の要件・効果―①
　（1）債務者のために弁済をした者は、債権者に代位するものとすること。（第499条関係）
　（2）第467条の規定は、（1）の場合（弁済をするについて正当な利益を有する者が債権者に代位する場合を除く。）について準用するものとすること。（第500条関係）
　（3）（1）及び（2）の規定により債権者に代位した者は、債権の効力及び担保としてその債権者が有していた一切の権利を行使することができるものとすること。（第501条第1項関係）

―――＜新旧条文比較＞―――

【新条文】

<u>弁済による代位の要件</u>
第499条　　債務者のために弁済をした者は、債権者に代位する。

〔削る〕

<u>第500条　　第467条の規定は、前条の場合（弁済をするについて正当な利益を有する者が債権者に代位する場合を除く。）について準用する。</u>

弁済による代位の効果
第501条　　前2条の規定により債権者に代位した者は、債権の効力及び担保としてその債権者が有していた一切の権利を行使することができる。

〔削る〕

〔削る〕
〔削る〕

〔削る〕

〔削る〕

（220頁へ）

【変更事項】（民法の一部を改正する法律より）
第499条の見出しを削り、同条の前に見出しとして「（弁済による代位の要件）」を付し、同条第1項中「、その弁済と同時に債権者の承諾を得て」及び「ことができる」を削り、同条第2項を削る。
第500条を次のように改める。
「第500条　第467条の規定は、前条の場合（弁済をするについて正当な利益を有する者が債権者に代位する場合を除く。）について準用する。」
第501条中「、自己の権利に基づいて求償をすることができる範囲内において」を削り、後段及び各号を削り、同条に次の2項を加える。
（146頁へ）

【旧条文】

任意代位
第499条　債務者のために弁済をした者は、その弁済と同時に債権者の承諾を得て、債権者に代位することができる。
２　第467条の規定は、前項の場合について準用する。

法定代位
第500条　弁済をするについて正当な利益を有する者は、弁済によって当然に債権者に代位する。

弁済による代位の効果
第501条　前2条の規定により債権者に代位した者は、自己の権利に基づいて求償をすることができる範囲内において、債権の効力及び担保としてその債権者が有していた一切の権利を行使することができる。この場合においては、次の各号の定めるところに従わなければならない。
①保証人は、あらかじめ先取特権、不動産質権又は抵当権の登記にその代位を付記しなければ、その先取特権、不動産質権又は抵当権の目的である不動産の第三取得者に対して債権者に代位することができない。
②第三取得者は、保証人に対して債権者に代位しない。
③第三取得者の一人は、各不動産の価格に応じて、他の第三取得者に対して債権者に代位する。
④物上保証人の一人は、各財産の価格に応じて、他の物上保証人に対して債権者に代位する。
⑤保証人と物上保証人との間においては、その数に応じて、債権者に代位する。ただし、物上保証人が数人あるときは、保証人の負担部分を除いた残額について、各財産の価格に応じて、債権者に代位する。
⑥前号の場合において、その財産が不動産であるときは、第一号の規定を準用する。

（221頁へ）

24 弁済 【十】弁済による代位
1 弁済による代位の要件・効果②

【改正要綱】
【一】弁済による代位
1 弁済による代位の要件・効果

　(4) (3)の規定による権利の行使は、債権者に代位した者が自己の権利に基づいて債務者に対して求償をすることができる範囲内（保証人の一人が他の保証人に対して債権者に代位する場合には、自己の権利に基づいて当該他の保証人に対して求償をすることができる範囲内）に限り、することができるものとすること。（第501条第2項関係）

　(5) (3)の場合には、(4)の規定によるほか、次に掲げるところによるものとすること。（第501条第3項関係）
①第三取得者（債務者から担保の目的となっている財産を譲り受けた者をいう。以下この⑤において同じ。）は、保証人及び物上保証人に対して債権者に代位しない。
②第三取得者の一人は、各財産の価格に応じて、他の第三取得者に対して債権者に代位する。
③②の規定は、物上保証人の一人が他の物上保証人に対して債権者に代位する場合について準用する。
④保証人と物上保証人との間においては、その数に応じて、債権者に代位する。ただし、物上保証人が数人あるときは、保証人の負担部分を除いた残額について、各財産の価格に応じて、債権者に代位する。
⑤第三取得者から担保の目的となっている財産を譲り受けた者は、第三取得者とみなして①及び②の規定を適用し、物上保証人から担保の目的となっている財産を譲り受けた者は、物上保証人とみなして①、③及び④の規定を適用する。

＜新旧条文比較＞

【新条文】
（218頁より）

　2 前項の規定による権利の行使は、債権者に代位した者が自己の権利に基づいて債務者に対して求償をすることができる範囲内（保証人の一人が他の保証人に対して債権者に代位する場合には、自己の権利に基づいて当該他の保証人に対して求償をすることができる範囲内）に限り、することができる。

　3 第1項の場合には、前項の規定によるほか、次に掲げるところによる。
①第三取得者（債務者から担保の目的となっている財産を譲り受けた者をいう。以下この項において同じ。）は、保証人及び物上保証人に対して債権者に代位しない。
②第三取得者の一人は、各財産の価格に応じて、他の第三取得者に対して債権者に代位する。
③前号の規定は、物上保証人の一人が他の物上保証人に対して債権者に代位する場合について準用する。
④保証人と物上保証人との間においては、その数に応じて、債権者に代位する。ただし、物上保証人が数人あるときは、保証人の負担部分を除いた残額について、各財産の価格に応じて、債権者に代位する。
⑤第三取得者から担保の目的となっている財産を譲り受けた者は、第三取得者とみなして第1号及び第2号の規定を適用し、物上保証人から担保の目的となっている財産を譲り受けた者は、物上保証人とみなして第1号、第3号及び前号の規定を適用する。

【変更事項】（民法の一部を改正する法律より）

（147頁より）
「2　前項の規定による権利の行使は、債権者に代位した者が自己の権利に基づいて債務者に対して求償をすることができる範囲内（保証人の一人が他の保証人に対して債権者に代位する場合には、自己の権利に基づいて当該他の保証人に対して求償をすることができる範囲内）に限り、することができる。
3　第1項の場合には、前項の規定によるほか、次に掲げるところによる。
①第3取得者（債務者から担保の目的となっている財産を譲り受けた者をいう。以下この項において同じ。）は、保証人及び物上保証人に対して債権者に代位しない。
②第三取得者の一人は、各財産の価格に応じて、他の第三取得者に対して債権者に代位する。
③前号の規定は、物上保証人の一人が他の物上保証人に対して債権者に代位する場合について準用する。
④保証人と物上保証人との間においては、その数に応じて、債権者に代位する。ただし、物上保証人が数人あるときは、保証人の負担部分を除いた残額について、各財産の価格に応じて、債権者に代位する。
⑤第三取得者から担保の目的となっている財産を譲り受けた者は、第三取得者とみなして第1号及び第2号の規定を適用し、物上保証人から担保の目的となっている財産を譲り受けた者は、物上保証人とみなして第1号、第3号及び前号の規定を適用する。」

【旧条文】

（219頁より）
〔新設〕

〔新設〕

24 弁済 【十】弁済による代位
2 一部弁済による代位の要件・効果
3 担保保存義務

【改正要綱】

【十】弁済による代位

2 一部弁済による代位の要件・効果

債権の一部について代位弁済があったときは、代位者は、債権者の同意を得て、その弁済をした

(1) 価額に応じて、債権者とともにその権利を行使することができるものとすること。(第502条第1項関係)

(2) (1)の場合であっても、債権者は、単独でその権利を行使することができるものとすること。(第502条第2項関係)

(3) (1)又は(2)の場合に債権者が行使する権利は、その債権の担保の目的となっている財産の売却代金その他の当該権利の行使によって得られる金銭について、代位者が行使する権利に優先するものとすること。(第502条第3項関係)

3 担保保存義務

(1) 弁済をするについて正当な利益を有する者(以下この(1)において「代位権者」という。)がある場合において、債権者が故意又は過失によってその担保を喪失し、又は減少させたときは、その代位権者は、代位をするに当たって担保の喪失又は減少によって償還を受けることができなくなる限度において、その責任を免れるものとすること。その代位権者が物上保証人である場合において、その代位権者から担保の目的となっている財産を譲り受けた第三者及びその特定承継人についても、同様とするものとすること。(第504条第1項関係)

(2) (1)の規定は、債権者が担保を喪失し、又は減少させたことについて取引上の社会通念に照らして合理的な理由があると認められるときは、適用しないものとすること。(第504条第2項関係)

――――＜新旧条文比較＞――――

【新条文】

一部弁済による代位

第502条　債権の一部について代位弁済があったときは、代位者は、<u>債権者の同意を得て</u>、その弁済をした価額に応じて、債権者とともにその権利を行使することができる。

<u>2 前項の場合であっても、債権者は、単独でその権利を行使することができる。</u>

<u>3 前2項の場合に債権者が行使する権利は、その債権の担保の目的となっている財産の売却代金その他の当該権利の行使によって得られる金銭について、代位者が行使する権利に優先する。</u>

4 第1項の場合において、債務の不履行による契約の解除は、債権者のみがすることができる。この場合においては、代位者に対し、その弁済をした価額及びその利息を償還しなければならない。

債権者による担保の喪失等

第504条　弁済をするについて正当な利益を有する者(以下この項において「代位権者」という。)がある場合において、債権者が故意又は過失によってその担保を喪失し、又は減少させたときは、<u>その代位権者は、代位をするに当たって担保の喪失又は減少によって償還を受けることができなくなる限度において、その責任を免れる。その代位権者が物上保証人である場合において、その代位権者から担保の目的となっている財産を譲り受けた第三者及びその特定承継人についても、同様とする。</u>

<u>2 前項の規定は、債権者が担保を喪失し、又は減少させたことについて取引上の社会通念に照らして合理的な理由があると認められるときは、適用しない。</u>

【変更事項】（民法の一部を改正する法律より）

第502条第1項中「代位者は」の下に「、債権者の同意を得て」を、「行使する」の下に「ことができる」を加え、同条第2項中「前項」を「第1項」に改め、同項を同条第四項とし、同条第1項の次に次の2項を加える。
「2 前項の場合であっても、債権者は、単独でその権利を行使することができる。
3 前2項の場合に債権者が行使する権利は、その債権の担保の目的となっている財産の売却代金その他の当該権利の行使によって得られる金銭について、代位者が行使する権利に優先する」
第504条中「第500条の規定により代位をすることができる者」を「弁済をするについて正当な利益を有する者（以下この項において「代位権者」という。）」に、「その代位をすることができる者は、その」を「その代位権者は、代位をするに当たって担保の」に、「できなくなった」を「できなくなる」に改め、同条に後段として次のように加える。
「その代位権者が物上保証人である場合において、その代位権者から担保の目的となっている財産を譲り受けた第三者及びその特定承継人についても、同様とする。」
第504条に次の一項を加える。
「2 前項の規定は、債権者が担保を喪失し、又は減少させたことについて取引上の社会通念に照らして合理的な理由があると認められるときは、適用しない。」

【旧条文】

一部弁済による代位
第502条　債権の一部について代位弁済があったときは、代位者は、その弁済をした価額に応じて、債権者とともにその権利を行使する。

〔新設〕

〔新設〕

2 前項の場合において、債務の不履行による契約の解除は、債権者のみがすることができる。この場合においては、代位者に対し、その弁済をした価額及びその利息を償還しなければならない。

債権者による担保の喪失等
第504条　第500条の規定により代位をすることができる者がある場合において、債権者が故意又は過失によってその担保を喪失し、又は減少させたときは、その代位をすることができる者は、その喪失又は減少によって償還を受けることができなくなった限度において、その責任を免れる。

〔新設〕

25 相殺

【一】相殺禁止の意思表示
【二】不法行為債権等を受働債権とする相殺の禁止
【三】支払の差止めを受けた債権を受働債権とする相殺

【改正要綱】

【一】相殺禁止の意思表示
　民法第505条第1項の規定にかかわらず、当事者が相殺を禁止し、又は制限する旨の意思表示をした場合には、その意思表示は、第三者がこれを知り、又は重大な過失によって知らなかったときに限り、その第三者に対抗することができるものとすること。（第505条第2項関係）

【二】不法行為債権等を受働債権とする相殺の禁止
　次に掲げる債務の債務者は、相殺をもって債権者に対抗することができないものとすること。ただし、その債権者がその債務に係る債権を他人から譲り受けたときは、この限りでないものとすること。（第509条関係）
　1　悪意による不法行為に基づく損害賠償の債務
　2　人の生命又は身体の侵害による損害賠償の債務（1に掲げるものを除く。）

【三】支払の差止めを受けた債権を受働債権とする相殺
　1　差押えを受けた債権の第三債務者は、差押え後に取得した債権による相殺をもって差押債権者に対抗することはできないが、差押え前に取得した債権による相殺をもって対抗することができるものとすること。（第511条第1項関係）
　2　1の規定にかかわらず、1の差押え後に取得した債権が差押え前の原因に基づいて生じたものであるときは、その第三債務者は、その債権による相殺をもって差押債権者に対抗することができるものとすること。ただし、第三債務者が差押え後に他人の債権を取得したときは、この限りでないものとすること。（第511条第2項関係）

―――＜新旧条文比較＞―――

【新条文】

　相殺の要件等
　第505条　〔略〕
　　　2　前項の規定にかかわらず、当事者が相殺を禁止し、又は制限する旨の意思表示をした場合には、その意思表示は、第三者がこれを知り、又は重大な過失によって知らなかったときに限り、その第三者に対抗することができる。

　不法行為等により生じた債権を受働債権とする相殺の禁止
　第509条　次に掲げる債務の債務者は、相殺をもって債権者に対抗することができない。ただし、その債権者がその債務に係る債権を他人から譲り受けたときは、この限りでない。
　　　①悪意による不法行為に基づく損害賠償の債務
　　　②人の生命又は身体の侵害による損害賠償の債務（前号に掲げるものを除く。）

　差押えを受けた債権を受働債権とする相殺の禁止
　第511条　差押えを受けた債権の第三債務者は、差押え後に取得した債権による相殺をもって差押債権者に対抗することはできないが、差押え前に取得した債権による相殺をもって対抗することができる。
　　　2　前項の規定にかかわらず、差押え後に取得した債権が差押え前の原因に基づいて生じたものであるときは、その第三債務者は、その債権による相殺をもって差押債権者に対抗することができる。ただし、第三債務者が差押え後に他人の債権を取得したときは、この限りでない。

【変更事項】（民法の一部を改正する法律より）

第505条第2項を次のように改める。
「2　前項の規定にかかわらず、当事者が相殺を禁止し、又は制限する旨の意思表示をした場合には、その意思表示は、第三者がこれを知り、又は重大な過失によって知らなかったときに限り、その第三者に対抗することができる。」
第509条を次のように改める。
「（不法行為等により生じた債権を受働債権とする相殺の禁止）
第509条　次に掲げる債務の債務者は、相殺をもって債権者に対抗することができない。ただし、その債権者がその債務に係る債権を他人から譲り受けたときは、この限りでない。
①悪意による不法行為に基づく損害賠償の債務
②人の生命又は身体の侵害による損害賠償の債務（前号に掲げるものを除く。）」
第511条の見出し中「支払の差止め」を「差押え」に改め、同条中「支払の差止めを受けた」を「差押えを受けた債権の」に、「その」を「差押え」に、「ができない」を「はできないが、差押え前に取得した債権による相殺をもって対抗することができる」に改め、同条に次の1項を加える。
「2　前項の規定にかかわらず、差押え後に取得した債権が差押え前の原因に基づいて生じたものであるときは、その第三債務者は、その債権による相殺をもって差押債権者に対抗することができる。ただし、第三債務者が差押え後に他人の債権を取得したときは、この限りでない。」

【旧条文】

相殺の要件等
第505条　〔同左〕
　　　　　2　前項の規定は、当事者が反対の意思を表示した場合には、適用しない。ただし、その意思表示は、善意の第三者に対抗することができない。

不法行為により生じた債権を受働債権とする相殺の禁止
第509条　債務が不法行為によって生じたときは、その債務者は、相殺をもって債権者に対抗することができない。

支払の差止めを受けた債権を受働債権とする相殺の禁止
第511条　支払の差止めを受けた第三債務者は、その後に取得した債権による相殺をもって差押債権者に対抗することができない。

〔新設〕

25 相殺 【四】相殺の充当

【改正要綱】

【四】相殺の充当

1 債権者が債務者に対して有する一個又は数個の債権と、債権者が債務者に対して負担する一個又は数個の債務について、債権者が相殺の意思表示をした場合において、当事者が別段の合意をしなかったときは、債権者の有する債権とその負担する債務は、相殺に適するようになった時期の順序に従って、その対当額について相殺によって消滅するものとすること。（第512条第1項関係）

2 1の場合において、相殺をする債権者の有する債権がその負担する債務の全部を消滅させるのに足りないときであって、当事者が別段の合意をしなかったときは、次に掲げるところによるものとすること。（第512条第2項関係）
①債権者が数個の債務を負担するとき（②に規定する場合を除く。）は、民法第489条第2号から第4号までの規定を準用する。
②債権者が負担する一個又は数個の債務について元本のほか利息及び費用を支払うべきときは、第24の七1及び2の規定を準用する。この場合において、第二24の七2中「民法第488条及び第489条」とあるのは、「民法第489条第2号から第4号まで」と読み替えるものとする。

3 1の場合において、相殺をする債権者の負担する債務がその有する債権の全部を消滅させるのに足りないときは、2の規定を準用するものとすること（第512条第3項関係）

4 債権者が債務者に対して有する債権に、一個の債権の弁済として数個の給付をすべきものがある場合における相殺については、1から3までの規定を準用するものとすること。債権者が債務者に対して負担する債務に、一個の債務の弁済として数個の給付をすべきものがある場合における相殺についても、同様とするものとすること。（第512条の2関係）

―――＜新旧条文比較＞―――

【新条文】

相殺の充当
第512条 債権者が債務者に対して有する一個又は数個の債権と、債権者が債務者に対して負担する一個又は数個の債務について、債権者が相殺の意思表示をした場合において、当事者が別段の合意をしなかったときは、債権者の有する債権とその負担する債務は、相殺に適するようになった時期の順序に従って、その対当額について相殺によって消滅する。
2 前項の場合において、相殺をする債権者の有する債権がその負担する債務の全部を消滅させるのに足りないときであって、当事者が別段の合意をしなかったときは、次に掲げるところによる。
①債権者が数個の債務を負担するとき（次号に規定する場合を除く。）は、第488条第4項第2号から第4号までの規定を準用する。
②債権者が負担する1個又は数個の債務について元本のほか利息及び費用を支払うべきときは、第489条の規定を準用する。この場合において、同条第2項中「前条」とあるのは、「前条第4項第2号から第4号まで」と読み替えるものとする。
3 第1項の場合において、相殺をする債権者の負担する債務がその有する債権の全部を消滅させるのに足りないときは、前項の規定を準用する。

第512条の2 債権者が債務者に対して有する債権に、1個の債権の弁済として数個の給付をすべきものがある場合における相殺については、前条の規定を準用する。債権者が債務者に対して負担する債務に、1個の債務の弁済として数個の給付をすべきものがある場合における相殺についても、同様とする。

【変更事項】（民法の一部を改正する法律より）

第512条の見出しを削り、同条の前に見出しとして「（相殺の充当）」を付し、同条を次のように改める。
「第512条 債権者が債務者に対して有する1個又は数個の債権と、債務者が債務者に対して負担する1個又は数個の債務について、債権者が相殺の意思表示をした場合において、当事者が別段の合意をしなかったときは、債権者の有する債権とその負担する債務は、相殺に適するようになった時期の順序に従って、その対当額について相殺によって消滅する。2 前項の場合において、相殺をする債権者の有する債権がその負担する債務の全部を消滅させるのに足りないときであって、当事者が別段の合意をしなかったときは、次に掲げるところによる。
①債権者が数個の債務を負担するとき（次号に規定する場合を除く。）は、第488条第4項第2号から第4号までの規定を準用する。
②債権者が負担する1個又は数個の債務について元本のほか利息及び費用を支払うべきときは、第489条の規定を準用する。この場合において、同条第2項中「前条」とあるのは、「前条第4項第2号から第4号まで」と読み替えるものとする。
3 第1項の場合において、相殺をする債権者の負担する債務がその有する債権の全部を消滅させるのに足りないときは、前項の規定を準用する。」
第3編第1章第5節第2款中第512条の次に次の一条を加える。
「第512条の2 債権者が債務者に対して有する債権に、1個の債権の弁済として数個の給付をすべきものがある場合における相殺については、前条の規定を準用する。債権者が債務者に対して負担する債務に、1個の債務の弁済として数個の給付をすべきものがある場合における相殺についても、同様とする。」

【旧条文】

<u>相殺の充当</u>
<u>第512条</u>　　<u>第488条から第491条までの規定は、相殺について準用する。</u>

〔新設〕

26 更改

【一】更改の要件・効果
【二】債務者又は債権者の交替による更改
【三】更改の効力と旧債務の帰すう

【改正要綱】

【一】更改の要件・効果
当事者が従前の債務に代えて、新たな債務であって次に掲げるものを発生させる契約をしたときは、従前の債務は、更改によって消滅するものとすること。（第513条関係）
1 従前の給付の内容について重要な変更をするもの
2 従前の債務者が第三者と交替するもの
3 従前の債権者が第三者と交替するもの

【二】債務者又は債権者の交替による更改
1 債務者の交替による更改は、債権者と更改後に債務者となる者との契約によってすることができるものとすること。この場合において、更改は、債権者が更改前の債務者に対してその契約をした旨を通知した時に、その効力を生ずるものとすること。（第514条第1項関係）
2 債務者の交替による更改後の債務者は、更改前の債務者に対して求償権を取得しないものとすること。（第514条第2項関係）
3 債権者の交替による更改は、更改前の債権者、更改後に債権者となる者及び債務者の契約によってすることができるものとすること。（第515条第1項関係）
4 民法第516条を削除するものとすること。

【三】更改の効力と旧債務の帰すう
民法第517条を削除するものとすること。

＜新旧条文比較＞

【新条文】

更改
第513条　当事者が<u>従前の債務に代えて、新たな債務であって次に掲げるものを発生させる契約をしたときは、従前の債務は、更改によって消滅する。</u>
　<u>①従前の給付の内容について重要な変更をするもの</u>
　<u>②従前の債務者が第三者と交替するもの</u>
　<u>③従前の債権者が第三者と交替するもの</u>

〔削る〕

債務者の交替による更改
第514条　債務者の交替による更改は、債権者と更改後に債務者となる者との契約によってすることができる。<u>この場合において、更改は、債権者が更改前の債務者に対してその契約をした旨を通知した時に、その効力を生ずる。</u>
　<u>2　債務者の交替による更改後の債務者は、更改前の債務者に対して求償権を取得しない。</u>

債権者の交替による更改
第515条　<u>債権者の交替による更改は、更改前の債権者、更改後に債権者となる者及び債務者の契約によってすることができる。</u>
　2〔略〕
<u>第516条及び第517条　削除</u>

更改の規定の整備。

【変更事項】（民法の一部を改正する法律より）
第513条第1項中「債務の要素を変更する」を「従前の債務に代えて、新たな債務であって次に掲げるものを発生させる」に、「その」を「従前の」に改め、同項に次の各号を加える。
①従前の給付の内容について重要な変更をするもの
②従前の債務者が第三者と交替するもの
③従前の債権者が第三者と交替するもの
第513条第2項を削る。
第514条ただし書を削り、同条に後段として次のように加える。
「この場合において、更改は、債権者が更改前の債務者に対してその契約をした旨を通知した時に、その効力を生ずる。」
第514条に次の一項を加える。
「2 債務者の交替による更改後の債務者は、更改前の債務者に対して求償権を取得しない。」
第515条の前の見出しを削り、同条に見出しとして「（債権者の交替による更改）」を付し、同条を同条第2項とし、同条に第1項として次の一項を加える。
「債権者の交替による更改は、更改前の債権者、更改後に債権者となる者及び債務者の契約によってすることができる。」
第516条及び第517条を次のように改める。
第516条及び第517条削除

【旧条文】

更改
第513条　当事者が<u>債務の要素を変更する</u>契約をしたときは、<u>その債務は、更改によって消滅する</u>。
〔新設〕
〔新設〕
〔新設〕

　　　　　<u>2 条件付債務を無条件債務としたとき、無条件債務に条件を付したとき、又は債務の条件を変更したときは、いずれも債務の要素を変更したものとみなす。</u>

債務者の交替による更改
第514条　債務者の交替による更改は、債権者と更改後に債務者となる者との契約によってすることができる。<u>ただし、更改前の債務者の意思に反するときは、この限りでない。</u>

〔新設〕

債権者の交替による更改
第515条　〔新設〕

　　　　　〔同左〕
第516条　<u>第468条第1項の規定は、債権者の交替による更改について準用する。</u>
更改前の債務が消滅しない場合
第517条　<u>更改によって生じた債務が、不法な原因のため又は当事者の知らない事由によって成立せず又は取り消されたときは、更改前の債務は、消滅しない。</u>

26 更改 【四】更改後の債務への担保の移転

【改正要綱】

【四】更改後の債務への担保の移転

1 債権者（債権者の交替による更改にあっては、更改前の債権者）は、更改前の債務の目的の限度において、その債務の担保として設定された質権又は抵当権を更改後の債務に移すことができるものとすること。ただし、第三者がこれを設定した場合には、その承諾を得なければならないものとすること。（第518条第1項関係）

2 1の質権又は抵当権の移転は、あらかじめ又は同時に更改の相手方（債権者の交替による更改にあっては、債務者）に対してする意思表示によってしなければならないものとすること。（第518条第2項関係）

―――＜新旧条文比較＞―――

【新条文】

更改後の債務への担保の移転

第518条　<u>債権者（債権者の交替による更改にあっては、更改前の債権者）</u>は、更改前の債務の目的の限度において、その債務の担保として設定された質権又は抵当権を更改後の債務に移すことができる。ただし、第三者がこれを設定した場合には、その承諾を得なければならない。
<u>2　前項の質権又は抵当権の移転は、あらかじめ又は同時に更改の相手方（債権者の交替による更改にあっては、債務者）に対してする意思表示によってしなければならない。</u>

【変更事項】（民法の一部を改正する法律より）

第518条中「更改の当事者」を「債権者（債権者の交替による更改にあっては、更改前の債権者）」に改め、同条に次の一項を加える。2 前項の質権又は抵当権の移転は、あらかじめ又は同時に更改の相手方（債権者の交替による更改にあっては、債務者）に対してする意思表示によってしなければならない。

【旧条文】

更改後の債務への担保の移転
第518条　更改の当事者は、更改前の債務の目的の限度において、その債務の担保として設定された質権又は抵当権を更改後の債務に移すことができる。ただし、第三者がこれを設定した場合には、その承諾を得なければならない。

〔新設〕

債権各論関係

【改正のポイント】債権各論

(1) 申込・承諾・懸賞広告
基本原則の明確化・明文化。

(2) 定型約款
■約款の定義
多数の相手方との契約の締結を予定して、あらかじめ準備される契約条項の総体であって、それらの契約内容を画一的に定めることを目的として使用するもの。
　⇒契約書の雛形、契約書に添付する裏面約款等、「契約内容を画一的に定めることを目的」として使用するか否かで該当性を具体的に判断する。

■定型取引合意
定型取引合意＝約款を当事者間の契約内容とするための要件
　a 契約の当事者が、その契約に約款を用いることを合意
　b その約款を準備した者（定型約款準備者）によって、契約締結時までに、相手方が合理的な行動をとれば、約款の内容を知ることができる機会が確保されていること
　⇒aは黙示でも足りる。鉄道・バスや電話を利用する場合、運営会社との間で黙示の合意がある。

■不意打ち条項・不当条項の規制
　○他の契約条項、約款準備者の説明、相手方の知識及び経験その他の当該契約に関する一切の事情に照らし、相手方が約款に含まれていることを合理的に予測することができないもの
　　→契約の内容とならない（不意打ち条項の規制）
　⇒内容の正当・不当ではなく、相手方が合理的に予測できるか否かがポイント
　○当該条項が存在しない場合に比し、約款使用者の相手方の権利を制限し、又は相手方の義務を加重するものであって、その制限又は加重の内容、契約内容の全体、契約締結時の状況その他一切の事情を考慮して相手方の過大な不利益を与える場合
　⇒無効とする。

■約款の変更
一定の要件のもと、相手方の同意なくして契約内容を一方的に変更できるルールを設けた。

(3) 売買
瑕疵という言葉を廃止して、「契約の趣旨に適合しない」ものとして処理したのが、大きな特徴。
　⇒瑕疵担保責任を中心とした売買の担保責任についての大幅な見直し
前提　売主の義務の内容として、売主が買主に引き渡すべき目的物は、種類、品質及び数量に関して、当該売買契約の趣旨に適合するものでなければならない。
　⇒引き渡された目的物が、前記に違反して契約の趣旨に適合しないものであるときは、買主は売主に対し、目的物の修繕請求、追完請求をすることができるほか、債務不履行の一般原則に従って、解除・損害賠償請求することができる。さらに一定の要件のもと、代金減額請求をすることができる。

権利行使期間について、現行の「買主が善意で事実を知ったときから1年以内」を「買主がその不適合を知った時から1年以内」となった。例えば納品したソフトウェアなどの場合、納品が起算点ではなく、バグなどの不適合が起こった時点が起算点となる。

(4) 消費貸借
消費契約は、要物契約であるというのが講学上の定期ではあるが、実際の取引実務、特に金融取引においては、要物性の影が薄くなっている。改正法においては、諾成的消費契約、すなわち書面でする消費契約を認めて整備している。

(5) 賃貸借
賃貸借契約に関して蓄積された判例法理を踏まえて明文化と合理化。
中間試案で示されたファイナンスリースやライセンス契約は見送られた。
■賃貸者の存続期間
旧法 20 年から改正法 50 年と改めてられた。
借地借家法の対象とならない賃貸者、例えば駐車場や太陽光発電装置設置場所などの賃貸借も最大 50 年間か借りられる。
■敷金
賃貸借終了時の敷金返還や原状回復に関する基本的なルールを明記。敷金は返還されなければならないことを大原則とした。

(6) 請負
請負人の瑕疵担保責任の存続期間
民法 637 条に関する条項を変更・廃止して、消滅時効の一般原則に委ねる方向に加え、仕事の目的物が契約の趣旨に適合しないことを注文者が知ったときから一年以内に請負人に通知されないこととした。
・請負人の瑕疵担保責任を債務不履行の一つとして整理する
仕事の目的物が契約の趣旨に適合しないことを理由に解除することにつき、債務不履行による契約解除に関する一般規定に委ねること（土地工作物にかかる例外規定は削除する）
土地工作物が契約の趣旨に適合しないことに係る請負人の担保期間の特則の削除、ならびに免責特約の適用除外について請負人が仕事の目的物が契約の趣旨に適合していないことを知っていれば注文者に告げたか否かを問わず免責を認めない規定の設置。
契約不適合に関する請求は、注文者がその不適合を知った時から 1 年以内とする。
（旧法は仕事の目的物引渡から 1 年以内）
　※売買の規定ともあわせ「瑕疵担保」という構成をやめて、債務不履行によって構成するように改めている。

(7) 委任
受任者の帰責事由の有無に関わらず、既履行部分について受任者は委任事務を処理し、委任者もこれによって利益を受けるものと構成し、既履行部分の割合に応じた報酬請求権を認める。

(8) 贈与、使用貸借、雇用、寄託、組合
雇用の中途終了時の報酬請求権の明確化、寄託を諾成契約に改めて整理し、組合の財産関係・財産分離の明文化するなどの他、これまでの判例・実務を踏まえた明文化がされている。

(9) その他
今回の改正の対象は、契約を中心とする債権関係の規定である。したがって民法第三編（債権）の規定のほか、債権とかかわりの深い総則関係の規定も対象になっている。その一方で同じ債権編にある事務管理、不当利得、不法行為については、基本的に対象とされていないので大きな改正はない。わずかに不法行為に基づく損害賠償における中間利息控除の割合や長期・短期の権利行使期間について、今回の法定利息や消滅時効等との改正と関連することから対象に含まれている。
また電子記録債権を根抵当権の範囲とすることを明文化するために、債権編の扱いではないが、これまでの登記実務を踏まえて明文化するために物権規定の一部が改正されている。

27 契約統則 【一】契約自由の原則
【二】履行の不能が契約成立時に生じていた場合

【改正要綱】

【一】契約自由の原則
1 何人も、法令に特別の定めがある場合を除き、契約をするかどうかを自由に決定することができるものとすること。(第521条第1項関係)
2 契約の成立には、法令に特別の定めがある場合を除き、書面の作成その他の方式を具備することを要しないものとすること。(第522条第2項関係)
3 契約の当事者は、法令の制限内において、契約の内容を自由に決定することができるものとすること。(第521条第2項関係)

【二】履行の不能が契約成立時に生じていた場合
　契約に基づく債務の履行がその契約の成立の時に不能であったことは、第12の1の規定によりその履行の不能によって生じた損害の賠償を請求することを妨げないものとすること。(第412条の2第2項関係)

――― <新旧条文比較> ―――

【新条文】

契約の締結及び内容の自由
第521条　何人も、法令に特別の定めがある場合を除き、契約をするかどうかを自由に決定することができる。
　　　　　2　契約の当事者は、法令の制限内において、契約の内容を自由に決定することができる。

契約の成立と方式
第522条　契約は、契約の内容を示してその締結を申し入れる意思表示（以下「申込み」という。）に対して相手方が承諾をしたときに成立する。
　　　　　2　契約の成立には、法令に特別の定めがある場合を除き、書面の作成その他の方式を具備することを要しない。

履行不能
第412条の2　債務の履行が契約その他の債務の発生原因及び取引上の社会通念に照らして不能であるときは、債権者は、その債務の履行を請求することができない。
　　　　　2　契約に基づく債務の履行がその契約の成立の時に不能であったことは、第415条の規定によりその履行の不能によって生じた損害の賠償を請求することを妨げない。

契約自由の原則を明記。

【変更事項】（民法の一部を改正する法律より）

第521条第1項中「契約の」を削り、同項に次のただし書を加える。
「ただし、申込者が撤回をする権利を留保したときは、この限りでない。」
第521条を第523条とし、第3編第2章第1節第1款中同条の前に次の2条を加える。
「（契約の締結及び内容の自由）
第521条 何人も、法令に特別の定めがある場合を除き、契約をするかどうかを自由に決定することができる。」
2 契約の当事者は、法令の制限内において、契約の内容を自由に決定することができる。
「（契約の成立と方式）
第522条 契約は、契約の内容を示してその締結を申し入れる意思表示（以下「申込み」という。）に対して相手方が承諾をしたときに成立する。」
「（履行不能）
第412条の2 債務の履行が契約その他の債務の発生原因及び取引上の社会通念に照らして不能であるときは、債権者は、その債務の履行を請求することができない。
2 契約に基づく債務の履行がその契約の成立の時に不能であったことは、第415条の規定によりその履行の不能によって生じた損害の賠償を請求することを妨げない。」

【旧条文】

〔新設〕

〔新設〕

〔新設〕

28 契約の成立 【一】申込みと承諾

【改正要綱】

【一】申込みと承諾

1 契約は、契約の内容を示してその締結を申し入れる意思表示（以下「申込み」という。）に対して相手方が承諾をしたときに成立するものとすること。（第522条第1項関係）
2 承諾の期間を定めてした申込みは、撤回することができないものとすること。ただし、申込者が撤回をする権利を留保したときは、この限りでないものとすること。（第523条第1項関係）
3 民法第522条を削除するものとすること。
4 承諾の期間を定めないでした申込みは、申込者が承諾の通知を受けるのに相当な期間を経過するまでは、撤回することができないものとすること。ただし、申込者が撤回をする権利を留保したときは、この限りでないものとすること。（第525条第1項関係）
5 対話者に対してした4の申込みは、4の規定にかかわらず、その対話が継続している間は、いつでも撤回することができるものとすること。（第525条第2項関係）
6 対話者に対してした4の申込みに対して対話が継続している間に申込者が承諾の通知を受けなかったときは、その申込みは、その効力を失うものとすること。ただし、申込者が対話の終了後もその申込みが効力を失わない旨を表示したときは、この限りでないものとすること。（第525条第3項関係）

＜新旧条文比較＞

【新条文】

<u>契約の成立と方式</u>
<u>第522条　契約は、契約の内容を示してその締結を申し入れる意思表示（以下「申込み」という。）に対して相手方が承諾をしたときに成立する。</u>
<u>2 契約の成立には、法令に特別の定めがある場合を除き、書面の作成その他の方式を具備することを要しない。</u>

<u>承諾の期間の定めのある申込み</u>
<u>第523条　承諾の期間を定めてした申込みは、撤回することができない。ただし、申込者が撤回をする権利を留保したときは、この限りでない。</u>
2〔略〕

〔削る〕

<u>承諾の期間の定めのない申込み</u>
<u>第525条　承諾の期間を定めないでした申込みは、申込者が承諾の通知を受けるのに相当な期間を経過するまでは、撤回することができない。ただし、申込者が撤回をする権利を留保したときは、この限りでない。</u>
<u>2 対話者に対してした前項の申込みは、同項の規定にかかわらず、その対話が継続している間は、いつでも撤回することができる。</u>
<u>3 対話者に対してした第一項の申込みに対して対話が継続している間に申込者が承諾の通知を受けなかったときは、その申込みは、その効力を失う。ただし、申込者が対話の終了後もその申込みが効力を失わない旨を表示したときは、この限りでない。</u>

申込と承諾の規定を整理・整備。

【変更事項】（民法の一部を改正する法律より）

「(契約の成立と方式)
第522条 契約は、契約の内容を示してその締結を申し入れる意思表示（以下「申込み」という。）に対して相手方が承諾をしたときに成立する。
2 契約の成立には、法令に特別の定めがある場合を除き、書面の作成その他の方式を具備することを要しない。」

【旧条文】

〔新設〕

承諾の期間の定めのある申込み
第521条　承諾の期間を定めてした契約の申込みは、撤回することができない。

　　　　　2〔同左〕
承諾の通知の延着
第522条　前条第一項の申込みに対する承諾の通知が同項の期間の経過後に到達した場合であっても、通常の場合にはその期間内に到達すべき時に発送したものであることを知ることができるときは、申込者は、遅滞なく、相手方に対してその延着の通知を発しなければならない。ただし、その到達前に遅延の通知を発したときは、この限りでない。
　　　　　2 申込者が前項本文の延着の通知を怠ったときは、承諾の通知は、前条第一項の期間内に到達したものとみなす。
承諾の期間の定めのない申込み
第524条　承諾の期間を定めないで隔地者に対してした申込みは、申込者が承諾の通知を受けるのに相当な期間を経過するまでは、撤回することができない。

〔新設〕

〔新設〕

28 契約の成立　【二】申込者の死亡等
【三】契約の成立時期

【改正要綱】

【二】申込者の死亡等
　申込者が申込みの通知を発した後に死亡し、意思能力を有しない常況にある者となり、又は行為能力の制限を受けた場合において、申込者がその事実が生じたとすればその申込みは効力を有しない旨の意思を表示していたとき、又はその相手方が承諾の通知を発するまでにその事実が生じたことを知ったときは、その申込みは、その効力を有しないものとすること。(第526条関係)

【三】契約の成立時期
　1　民法第526条第1項を削除するものとすること。
　2　民法第527条を削除するものとすること。

―――＜新旧条文比較＞―――

【新条文】

　　〔削る〕

申込者の死亡等
第526条　申込者が申込みの通知を発した後に死亡し、意思能力を有しない常況にある者となり、又は行為能力の制限を受けた場合において、申込者がその事実が生じたとすればその申込みは効力を有しない旨の意思を表示していたとき、又はその相手方が承諾の通知を発するまでにその事実が生じたことを知ったときは、その申込みは、その効力を有しない。

承諾の通知を必要としない場合における契約の成立時期
第527条　申込者の意思表示又は取引上の慣習により承諾の通知を必要としない場合には、契約は、承諾の意思表示と認めるべき事実があった時に成立する。

【変更事項】（民法の一部を改正する法律より）
第 526 条及び第 527 条を次のように改める。
「（申込者の死亡等）
第 526 条 申込者が申込みの通知を発した後に死亡し、意思能力を有しない常況にある者となり、又は行為能力の制限を受けた場合において、申込者がその事実が生じたとすればその申込みは効力を有しない旨の意思を表示していたとき、又はその相手方が承諾の通知を発するまでにその事実が生じたことを知ったときは、その申込みは、その効力を有しない。」
「（承諾の通知を必要としない場合における契約の成立時期）
第 527 条 申込者の意思表示又は取引上の慣習により承諾の通知を必要としない場合には、契約は、承諾の意思表示と認めるべき事実があった時に成立する。」

【旧条文】

申込者の死亡又は行為能力の喪失
第 525 条　　第 97 条第 2 項の規定は、申込者が反対の意思を表示した場合又はその相手方が申込者の死亡若しくは行為能力の喪失の事実を知っていた場合には、適用しない。

隔地者間の契約の成立時期
第 526 条　　隔地者間の契約は、承諾の通知を発した時に成立する。
　　2　申込者の意思表示又は取引上の慣習により承諾の通知を必要としない場合には、契約は、承諾の意思表示と認めるべき事実があった時に成立する。

申込みの撤回の通知の延着
第 527 条　　申込みの撤回の通知が承諾の通知を発した後に到達した場合であっても、通常の場合にはその前に到達すべき時に発送したものであることを知ることができるときは、承諾者は、遅滞なく、申込者に対してその延着の通知を発しなければならない。
　　2　承諾者が前項の延着の通知を怠ったときは、契約は、成立しなかったものとみなす。

28 契約の成立 【四】懸賞広告

【改正要綱】

【四】懸賞広告

1 ある行為をした者に一定の報酬を与える旨を広告した者（以下「懸賞広告者」という。）は、その行為をした者がその広告を知っていたかどうかにかかわらず、その者に対してその報酬を与える義務を負うものとすること。（第529条関係）

2 懸賞広告者は、その指定した行為をする期間を定めてした広告を撤回することができないものとすること。ただし、その広告において撤回をする権利を留保したときは、この限りでないものとすること。（第529条の2第1項関係）

3 2の広告は、その期間内に指定した行為を完了する者がないときは、その効力を失うものとすること。（第529条の2第2項関係）

4 懸賞広告者は、その指定した行為を完了する者がない間は、その指定した行為をする期間を定めないでした広告を撤回することができるものとすること。ただし、その広告中に撤回をしない旨を表示したときは、この限りでないものとすること。（第529条の3関係）

5 前の広告と同一の方法による広告の撤回は、これを知らない者に対しても、その効力を有するものとすること。（第530条第1項関係）

6 広告の撤回は、前の広告と異なる方法によっても、することができるものとすること。ただし、その撤回は、これを知った者に対してのみ、その効力を有するものとすること。（第530条第2項関係）

―― <新旧条文比較> ――

【新条文】

懸賞広告
第529条　ある行為をした者に一定の報酬を与える旨を広告した者（以下「懸賞広告者」という。）は、その行為をした者がその広告を知っていたかどうかにかかわらず、その者に対してその報酬を与える義務を負う。

指定した行為をする期間の定めのある懸賞広告
第529条の2　懸賞広告者は、その指定した行為をする期間を定めてした広告を撤回することができない。ただし、その広告において撤回をする権利を留保したときは、この限りでない。
2 前項の広告は、その期間内に指定した行為を完了する者がないときは、その効力を失う。

指定した行為をする期間の定めのない懸賞広告
第529条の3　懸賞広告者は、その指定した行為を完了する者がない間は、その指定した行為をする期間を定めないでした広告を撤回することができる。ただし、その広告中に撤回をしない旨を表示したときは、この限りでない。

懸賞広告の撤回の方法
第530条　前の広告と同一の方法による広告の撤回は、これを知らない者に対しても、その効力を有する。
2 広告の撤回は、前の広告と異なる方法によっても、することができる。ただし、その撤回は、これを知った者に対してのみ、その効力を有する。

懸賞広告について規定の整備。

【変更事項】（民法の一部を改正する法律より）

第529条中「この款において」を削り、「その行為をした者」の下に「がその広告を知っていたかどうかにかかわらず、その者」を加え、同条の次に次の2条を加える。
「（指定した行為をする期間の定めのある懸賞広告）
第529条の2　懸賞広告者は、その指定した行為をする期間を定めてした広告を撤回することができない。ただし、その広告において撤回をする権利を留保したときは、この限りでない。
2　前項の広告は、その期間内に指定した行為を完了する者がないときは、その効力を失う。」
「（指定した行為をする期間の定めのない懸賞広告）
第529条の3　懸賞広告者は、その指定した行為を完了する者がない間は、その指定した行為をする期間を定めないでした広告を撤回することができる。ただし、その広告中に撤回をしない旨を表示したときは、この限りでない。」
第530条を次のように改める。
「（懸賞広告の撤回の方法）
第530条　前の広告と同一の方法による広告の撤回は、これを知らない者に対しても、その効力を有する。
2　広告の撤回は、前の広告と異なる方法によっても、することができる。ただし、その撤回は、これを知った者に対してのみ、その効力を有する。」

【旧条文】

懸賞広告
第529条　ある行為をした者に一定の報酬を与える旨を広告した者（以下この款において「懸賞広告者」という。）は、その行為をした者に対してその報酬を与える義務を負う。

〔新設〕

〔新設〕

<u>懸賞広告の撤回</u>
第530条　<u>前条の場合において、懸賞広告者は、その指定した行為を完了する者がない間は、前の広告と同一の方法によってその広告を撤回することができる。ただし、その広告中に撤回をしない旨を表示したときは、この限りでない。
2　前項本文に規定する方法によって撤回をすることができない場合には、他の方法によって撤回をすることができる。この場合において、その撤回は、これを知った者に対してのみ、その効力を有する。
3　懸賞広告者がその指定した行為をする期間を定めたときは、その撤回をする権利を放棄したものと推定する。</u>

29 定型約款　【一】定型約款に定義
　　　　　　　【二】定型約款についてのみなし合意

【改正要綱】

【一】定型約款の定義
　定型約款とは、定型取引（ある特定の者が不特定多数の者を相手方として行う取引であって、その内容の全部又は一部が画一的であることがその双方にとって合理的なものをいう。以下同じ。）において、契約の内容とすることを目的としてその特定の者により準備された条項の総体をいうものとすること。（第548条の2第1項関係）

【二】定型約款についてのみなし合意
　1 定型取引を行うことの合意（3において「定型取引合意」という。）をした者は、次に掲げる場合には、定型約款の個別の条項についても合意をしたものとみなすものとすること。（第548条の2第1項関係）
　(1) 定型約款を契約の内容とする旨の合意をしたとき。
　(2) 定型約款を準備した者（以下「定型約款準備者」という。）があらかじめその定型約款を契約の内容とする旨を相手方に表示していたとき。
　2 1の規定にかかわらず、1の条項のうち、相手方の権利を制限し、又は相手方の義務を加重する条項であって、その定型取引の態様及びその実情並びに取引上の社会通念に照らして民法第1条第2項に規定する基本原則に反して相手方の利益を一方的に害すると認められるものについては、合意をしなかったものとみなすものとすること。（第548条の2第2項関係）

―――＜新旧条文比較＞―――

【新条文】

第5款 定型約款
定型約款の合意
第548条の2　定型取引（ある特定の者が不特定多数の者を相手方として行う取引であって、その内容の全部又は一部が画一的であることがその双方にとって合理的なものをいう。以下同じ。）を行うことの合意（次条において「定型取引合意」という。）をした者は、次に掲げる場合には、定型約款（定型取引において、契約の内容とすることを目的としてその特定の者により準備された条項の総体をいう。以下同じ。）の個別の条項についても合意をしたものとみなす。
①定型約款を契約の内容とする旨の合意をしたとき。
②定型約款を準備した者（以下「定型約款準備者」という。）があらかじめその定型約款を契約の内容とする旨を相手方に表示していたとき。
2 前項の規定にかかわらず、同項の条項のうち、相手方の権利を制限し、又は相手方の義務を加重する条項であって、その定型取引の態様及びその実情並びに取引上の社会通念に照らして第一条第二項に規定する基本原則に反して相手方の利益を一方的に害すると認められるものについては、合意をしなかったものとみなす。

定型約款について新設するとともに整理。

【変更事項】（民法の一部を改正する法律より）

「第5款定型約款
（定型約款の合意）
第548条の2　定型取引（ある特定の者が不特定多数の者を相手方として行う取引であって、その内容の全部又は一部が画一的であることがその双方にとって合理的なものをいう。以下同じ。）を行うことの合意（次条において「定型取引合意」という。）をした者は、次に掲げる場合には、定型約款（定型取引において、契約の内容とすることを目的としてその特定の者により準備された条項の総体をいう。以下同じ。）の個別の条項についても合意をしたものとみなす。
①定型約款を契約の内容とする旨の合意をしたとき。
②定型約款を準備した者（以下「定型約款準備者」という。）があらかじめその定型約款を契約の内容とする旨を相手方に表示していたとき。
2　前項の規定にかかわらず、同項の条項のうち、相手方の権利を制限し、又は相手方の義務を加重する条項であって、その定型取引の態様及びその実情並びに取引上の社会通念に照らして第1条第2項に規定する基本原則に反して相手方の利益を一方的に害すると認められるものについては、合意をしなかったものとみなす。」

【旧条文】

〔新設〕

〔新設〕

29 定型約款 【三】定型約款の内容の表示

【改正要綱】

【三】定型約款の内容の表示

1 定型取引を行い、又は行おうとする定型約款準備者は、定型取引合意の前又は定型取引合意の後相当の期間内に相手方から請求があった場合には、遅滞なく、相当な方法でその定型約款の内容を示さなければならないものとすること。ただし、定型約款準備者が既に相手方に対して定型約款を記載した書面を交付し、又はこれを記録した電磁的記録を提供していたときは、この限りでないものとすること。（第548条の3第1項関係）

2 定型約款準備者が定型取引合意の前において1の請求を拒んだときは、二の規定は、適用しないものとすること。ただし、一時的な通信障害が発生した場合その他正当な事由がある場合は、この限りでないものとすること。（第548条の3第2項関係）

＜新旧条文比較＞

【新条文】

定型約款の内容の表示

第548条の3　定型取引を行い、又は行おうとする定型約款準備者は、定型取引合意の前又は定型取引合意の後相当の期間内に相手方から請求があった場合には、遅滞なく、相当な方法でその定型約款の内容を示さなければならない。ただし、定型約款準備者が既に相手方に対して定型約款を記載した書面を交付し、又はこれを記録した電磁的記録を提供していたときは、この限りでない。

2　定型約款準備者が定型取引合意の前において前項の請求を拒んだときは、前条の規定は、適用しない。ただし、一時的な通信障害が発生した場合その他正当な事由がある場合は、この限りでない。

【変更事項】（民法の一部を改正する法律より）

「（定型約款の内容の表示）
第548条の3 定型取引を行い、又は行おうとする定型約款準備者は、定型取引合意の前又は定型取引合意の後相当の期間内に相手方から請求があった場合には、遅滞なく、相当な方法でその定型約款の内容を示さなければならない。ただし、定型約款準備者が既に相手方に対して定型約款を記載した書面を交付し、又はこれを記録した電磁的記録を提供していたときは、この限りでない。
2 定型約款準備者が定型取引合意の前において前項の請求を拒んだときは、前条の規定は、適用しない。ただし、一時的な通信障害が発生した場合その他正当な事由がある場合は、この限りでない。」

【旧条文】

〔新設〕

29 定型約款　【四】定型約款の変更

【改正要綱】

【四】定型約款の変更

1 定型約款準備者は、次に掲げる場合には、定型約款の変更をすることにより、変更後の定型約款の条項について合意があったものとみなし、個別に相手方と合意をすることなく契約の内容を変更することができるものとすること。（第548条の4第1項関係）
(1) 定型約款の変更が、相手方の一般の利益に適合するとき。
(2) 定型約款の変更が、契約をした目的に反せず、かつ、変更の必要性、変更後の内容の相当性、この四の規定により定型約款の変更をすることがある旨の定めの有無及びその内容その他の変更に係る事情に照らして合理的なものであるとき。
2 定型約款準備者は、1の規定による定型約款の変更をするときは、その効力発生時期を定め、かつ、定型約款を変更する旨及び変更後の定型約款の内容並びにその効力発生時期をインターネットの利用その他の適切な方法により周知しなければならないものとすること。（第548条の4第2項関係）
3 1(2)の規定による定型約款の変更は、2の効力発生時期が到来するまでに2の規定による周知をしなければ、その効力を生じないものとすること。（第548条の4第3項関係）
4 二の2の規定は、1の規定による定型約款の変更については、適用しないものとすること。（第548条の4第4項関係）

＜新旧条文比較＞

【新条文】

<u>定型約款の変更</u>
<u>第548条の4　定型約款準備者は、次に掲げる場合には、定型約款の変更をすることにより、変更後の定型約款の条項について合意があったものとみなし、個別に相手方と合意をすることなく契約の内容を変更することができる。</u>
<u>①定型約款の変更が、相手方の一般の利益に適合するとき。</u>
<u>②定型約款の変更が、契約をした目的に反せず、かつ、変更の必要性、変更後の内容の相当性、この条の規定により定型約款の変更をすることがある旨の定めの有無及びその内容その他の変更に係る事情に照らして合理的なものであるとき。</u>
<u>2 定型約款準備者は、前項の規定による定型約款の変更をするときは、その効力発生時期を定め、かつ、定型約款を変更する旨及び変更後の定型約款の内容並びにその効力発生時期をインターネットの利用その他の適切な方法により周知しなければならない。</u>
<u>3 第1項第2号の規定による定型約款の変更は、前項の効力発生時期が到来するまでに同項の規定による周知をしなければ、その効力を生じない。</u>
<u>4 第548条の2第2項の規定は、第1項の規定による定型約款の変更については、適用しない。</u>

【変更事項】（民法の一部を改正する法律より）

「（定型約款の変更）
第548条の4 定型約款準備者は、次に掲げる場合には、定型約款の変更をすることにより、変更後の定型約款の条項について合意があったものとみなし、個別に相手方と合意をすることなく契約の内容を変更することができる。
①定型約款の変更が、相手方の一般の利益に適合するとき。
②定型約款の変更が、契約をした目的に反せず、かつ、変更の必要性、変更後の内容の相当性、この条の規定により定型約款の変更をすることがある旨の定めの有無及びその内容その他の変更に係る事情に照らして合理的なものであるとき。
2 定型約款準備者は、前項の規定による定型約款の変更をするときは、その効力発生時期を定め、かつ、定型約款を変更する旨及び変更後の定型約款の内容並びにその効力発生時期をインターネットの利用その他の適切な方法により周知しなければならない。
3 第1項第2号の規定による定型約款の変更は、前項の効力発生時期が到来するまでに同項の規定による周知をしなければ、その効力を生じない。
4 第548条の2第2項の規定は、第一項の規定による定型約款の変更については、適用しない」

【旧条文】

〔新設〕

30 第三者のためにする契約　第三者のためにする契約

【改正要綱】
1 民法第 537 条第 1 項の契約は、その成立の時に第三者が現に存しない場合又は第三者が特定していない場合であっても、そのためにその効力を妨げられないものとすること。（第 537 条第 2 項関係）
2 民法第 537 条の規定により第三者の権利が発生した後に、債務者がその第三者に対する債務を履行しない場合には、同条第一項の契約の相手方は、その第三者の承諾を得なければ、契約を解除することができないものとすること。（第 538 条第 2 項関係）

―――＜新旧条文比較＞―――

【新条文】

第三者のためにする契約
第 537 条　〔略〕
　　<u>2 前項の契約は、その成立の時に第三者が現に存しない場合又は第三者が特定していない場合であっても、そのためにその効力を妨げられない。</u>
　　<u>3 第 1 項の場合において、第三者の権利は、その第三者が債務者に対して同項の契約の利益を享受する意思を表示した時に発生する。</u>

第三者の権利の確定
第 538 条　〔略〕
　　<u>2 前項の規定により第三者の権利が発生した後に、債務者がその第三者に対する債務を履行しない場合には、同条第 1 項の契約の相手方は、その第三者の承諾を得なければ、契約を解除することができない。</u>

第三者のためにする契約の規定の明確化。

【変更事項】（民法の一部を改正する法律より）

第537条第2項中「前項」を「第一項」に改め、同項を同条第三項とし、同条第一項の次に次の一項を加える。
「2 前項の契約は、その成立の時に第三者が現に存しない場合又は第三者が特定していない場合であっても、そのためにその効力を妨げられない。」
第538条に次の一項を加える。
「2 前条の規定により第三者の権利が発生した後に、債務者がその第三者に対する債務を履行しない場合には、同条第1項の契約の相手方は、その第三者の承諾を得なければ、契約を解除することができない。」

【旧条文】

第三者のためにする契約
第537条　〔同左〕
〔新設〕

　　　　　2 前項の場合において、第三者の権利は、その第三者が債務者に対して同項の契約の利益を享受する意思を表示した時に発生する。

第三者の権利の確定
第538条　〔同左〕
〔新設〕

31 売買

【一】手付
【二】売主の義務
【三】売主の追完義務

【改正要綱】

一 手付

買主が売主に手付を交付したときは、買主はその手付を放棄し、売主はその倍額を現実に提供して、契約の解除をすることができるものとすること。ただし、その相手方が契約の履行に着手した後は、この限りでないものとすること。（第557条第1項関係）

二 売主の義務

1 他人の権利（権利の一部が他人に属する場合におけるその権利の一部を含む。）を売買の目的としたときは、売主は、その権利を取得して買主に移転する義務を負うものとすること。（第561条関係）
2 売主は、買主に対し、登記、登録その他の売買の目的である権利の移転についての対抗要件を備えさせる義務を負うものとすること。（第560条関係）

三 売主の追完義務

1 引き渡された目的物が種類、品質又は数量に関して契約の内容に適合しないものであるときは、買主は、売主に対し、目的物の修補、代替物の引渡し又は不足分の引渡しによる履行の追完を請求することができるものとすること。ただし、売主は、買主に不相当な負担を課するものでないときは、買主が請求した方法と異なる方法による履行の追完をすることができるものとすること。（第562条第1項関係）
2 1の不適合が買主の責めに帰すべき事由によるものであるときは、買主は、1の規定による履行の追完の請求をすることができないものとすること。（第562条第2項関係）

＜新旧条文比較＞

【新条文】

手付
第557条　買主が売主に手付を交付したときは、買主はその手付を放棄し、売主はその倍額を現実に提供して、契約の解除をすることができる。ただし、その相手方が契約の履行に着手した後は、この限りでない。
2 第545条第4項の規定は、前項の場合には、適用しない。

権利移転の対抗要件に係る売主の義務
第560条　売主は、買主に対し、登記、登録その他の売買の目的である権利の移転についての対抗要件を備えさせる義務を負う。

他人の権利の売買における売主の義務
第561条　他人の権利（権利の一部が他人に属する場合におけるその権利の一部を含む。）を売買の目的としたときは、売主は、その権利を取得して買主に移転する義務を負う。

買主の追完請求権
第562条　引き渡された目的物が種類、品質又は数量に関して契約の内容に適合しないものであるときは、買主は、売主に対し、目的物の修補、代替物の引渡し又は不足分の引渡しによる履行の追完を請求することができる。ただし、売主は、買主に不相当な負担を課するものでないときは、買主が請求した方法と異なる方法による履行の追完をすることができる。
2 前項の不適合が買主の責めに帰すべき事由によるものであるときは、買主は、同項の規定による履行の追完の請求をすることができない。

売買の規定の整備。

【変更事項】（民法の一部を改正する法律より）

第557条第1項中「当事者の一方が契約の履行に着手するまでは、買主はその手付を放棄し、売主はその倍額を償還して」を「買主はその手付を放棄し、売主はその倍額を現実に提供して」に改め、同項に次のただし書を加える。ただし、その相手方が契約の履行に着手した後は、この限りでない。
第557条第2項中「第545条第3項」を「第545条第4項」に改める。
第560条から第562条までを次のように改める。
「（権利移転の対抗要件に係る売主の義務）
第560条　売主は、買主に対し、登記、登録その他の売買の目的である権利の移転についての対抗要件を備えさせる義務を負う。」
「（他人の権利の売買における売主の義務）
第561条　他人の権利（権利の一部が他人に属する場合におけるその権利の一部を含む。）を売買の目的としたときは、売主は、その権利を取得して買主に移転する義務を負う。」
「（買主の追完請求権）
第562条　引き渡された目的物が種類、品質又は数量に関して契約の内容に適合しないものであるときは、買主は、売主に対し、目的物の修補、代替物の引渡し又は不足分の引渡しによる履行の追完を請求することができる。ただし、売主は、買主に不相当な負担を課するものでないときは、買主が請求した方法と異なる方法による履行の追完をすることができる。
2　前項の不適合が買主の責めに帰すべき事由によるものであるときは、買主は、同項の規定による履行の追完の請求をすることができない。」

【旧条文】

手付
第557条　買主が売主に手付を交付したときは、当事者の一方が契約の履行に着手するまでは、買主はその手付を放棄し、売主はその倍額を償還して、契約の解除をすることができる。
2　第545条第3項の規定は、前項の場合には、適用しない。

他人の権利の売買における売主の義務
第560条　他人の権利を売買の目的としたときは、売主は、その権利を取得して買主に移転する義務を負う。

他人の権利の売買における売主の担保責任
第561条　前条の場合において、売主がその売却した権利を取得して買主に移転することができないときは、買主は、契約の解除をすることができる。この場合において、契約の時においてその権利が売主に属しないことを知っていたときは、損害賠償の請求をすることができない。

他人の権利の売買における善意の売主の解除権
第562条　売主が契約の時においてその売却した権利が自己に属しないことを知らなかった場合において、その権利を取得して買主に移転することができないときは、売主は、損害を賠償して、契約の解除をすることができる。

2　前項の場合において、買主が契約の時においてその買い受けた権利が売主に属しないことを知っていたときは、売主は、買主に対し、単にその売却した権利を移転することができない旨を通知して、契約の解除をすることができる。

売買 【四】買主の代金減額請求権

【改正要綱】

【四】買主の代金減額請求権

1 三の1本文に規定する場合において、買主が相当の期間を定めて履行の追完の催告をし、その期間内に履行の追完がないときは、買主は、その不適合の程度に応じて代金の減額を請求することができるものとすること。(第563条第1項関係)

2 1の規定にかかわらず、次に掲げる場合には、買主は、1の催告をすることなく、直ちに代金の減額を請求することができるものとすること。(第563条第2項関係)
(1) 履行の追完が不能であるとき。
(2) 売主が履行の追完を拒絶する意思を明確に表示したとき。
(3) 契約の性質又は当事者の意思表示により、特定の日時又は一定の期間内に履行をしなければ契約をした目的を達することができない場合において、売主が履行の追完をしないでその時期を経過したとき。
(4) (1)から(3)までに掲げる場合のほか、買主が1の催告をしても履行の追完を受ける見込みがないことが明らかであるとき。

3 1の不適合が買主の責めに帰すべき事由によるものであるときは、買主は、1及び2の規定による代金の減額の請求をすることができないものとすること。(第563条第3項関係)

＜新旧条文比較＞

【新条文】

<u>買主の代金減額請求権</u>
第563条　<u>前条第1項本文に規定する場合において、買主が相当の期間を定めて履行の追完の催告をし、その期間内に履行の追完がないときは、買主は、その不適合の程度に応じて代金の減額を請求することができる。</u>
<u>2 前項の規定にかかわらず、次に掲げる場合には、買主は、同項の催告をすることなく、直ちに代金の減額を請求することができる。</u>
<u>①履行の追完が不能であるとき。</u>
<u>②売主が履行の追完を拒絶する意思を明確に表示したとき。</u>
<u>③契約の性質又は当事者の意思表示により、特定の日時又は一定の期間内に履行をしなければ契約をした目的を達することができない場合において、売主が履行の追完をしないでその時期を経過したとき。</u>
<u>④前3号に掲げる場合のほか、買主が前項の催告をしても履行の追完を受ける見込みがないことが明らかであるとき。</u>
<u>3 第1項の不適合が買主の責めに帰すべき事由によるものであるときは、買主は、前2項の規定による代金の減額の請求をすることができない。</u>

担保責任を債務不履行と損害賠償の請求とに構成を変えた。

【変更事項】（民法の一部を改正する法律より）

第 563 条の前の見出しを削り、同条から第 567 条までを次のように改める。
「（買主の代金減額請求権）
第 563 条前条第 1 項本文に規定する場合において、買主が相当の期間を定めて履行の追完の催告をし、その期間内に履行の追完がないときは、買主は、その不適合の程度に応じて代金の減額を請求することができる。
2 前項の規定にかかわらず、次に掲げる場合には、買主は、同項の催告をすることなく、直ちに代金の減額を請求することができる。
一 履行の追完が不能であるとき。
二 売主が履行の追完を拒絶する意思を明確に表示したとき。
三 契約の性質又は当事者の意思表示により、特定の日時又は一定の期間内に履行をしなければ契約をした目的を達することができない場合において、売主が履行の追完をしないでその時期を経過したとき。
四 前 3 号に掲げる場合のほか、買主が前項の催告をしても履行の追完を受ける見込みがないことが明らかであるとき。
3 第 1 項の不適合が買主の責めに帰すべき事由によるものであるときは、買主は、前 2 項の規定による代金の減額の請求をすることができない。」

【旧条文】

<u>権利の一部が他人に属する場合における売主の担保責任</u>
第 563 条　<u>売買の目的である権利の一部が他人に属することにより、売主がこれを買主に移転することができないときは、買主は、その不足する部分の割合に応じて代金の減額を請求することができる。</u>
　　　　　<u>2 前項の場合において、残存する部分のみであれば買主がこれを買い受けなかったときは、善意の買主は、契約の解除をすることができる。</u>

　　　　　<u>3 代金減額の請求又は契約の解除は、善意の買主が損害賠償の請求をすることを妨げない。</u>

31 売買 【五】損害賠償の請求及び契約の解除
【六】権利移転義務の不履行に関する売主の責任等

【改正要綱】

【五】損害賠償の請求及び契約の解除
　三及び四の規定は、第 12 の 1 の規定による損害賠償の請求並びに第 13 の 1 及び 2 の規定による解除権の行使を妨げないものとすること。（第 564 条関係）

【六】権利移転義務の不履行に関する売主の責任等
　三から五までの規定は、売主が買主に移転した権利が契約の内容に適合しないものである場合（権利の一部が他人に属する場合においてその権利の一部を移転しないときを含む。）について準用するものとすること。（第 565 条関係）

――＜新旧条文比較＞――

【新条文】

<u>買主の損害賠償請求及び解除権の行使</u>
　<u>第 564 条</u>　　<u>前 2 条の規定は、第 415 条の規定による損害賠償の請求並びに第 541 条及び第 542 条の規定による解除権の行使を妨げない。</u>

<u>移転した権利が契約の内容に適合しない場合における売主の担保責任</u>
　<u>第 565 条</u>　　<u>前 3 条の規定は、売主が買主に移転した権利が契約の内容に適合しないものである場合（権利の一部が他人に属する場合においてその権利の一部を移転しないときを含む。）について準用する。</u>

【変更事項】（民法の一部を改正する法律より）

「（買主の損害賠償請求及び解除権の行使）
第 564 条 前 2 条の規定は、第 415 条の規定による損害賠償の請求並びに 541 条及び第 542 条の規定による解除権の行使を妨げない。」

「（移転した権利が契約の内容に適合しない場合における売主の担保責任）
第 565 条 前 3 条の規定は、売主が買主に移転した権利が契約の内容に適合しないものである場合（権利の一部が他人に属する場合においてその権利の一部を移転しないときを含む。）について準用する。」

【旧条文】

第 564 条　前条の規定による権利は、買主が善意であったときは事実を知った時から、悪意であったときは契約の時から、それぞれ一年以内に行使しなければならない。

数量の不足又は物の一部滅失の場合における売主の担保責任
第 565 条　前 2 条の規定は、数量を指示して売買をした物に不足がある場合又は物の一部が契約の時に既に滅失していた場合において、買主がその不足又は滅失を知らなかったときについて準用する。

売買 【七】買主の権利の期間制限
　　【八】競売における買受人の権利と特則

【改正要綱】

【七】買主の権利の期間制限

1 売主が種類又は品質に関して契約の内容に適合しない目的物を買主に引き渡した場合において、買主がその不適合を知った時から1年以内にその旨を売主に通知しないときは、買主は、その不適合を理由として、履行の追完の請求、代金の減額の請求、損害賠償の請求及び契約の解除をすることができないものとすること。ただし、売主が引渡しの時にその不適合を知り、又は重大な過失によって知らなかったときは、この限りでないものとすること。（第566条関係）

2 民法第564条（同法第565条において準用する場合を含む。）及び第566条第3項を削除するものとすること。

【八】競売における買受人の権利の特則

1 民事執行法その他の法律の規定に基づく競売（以下この八において単に「競売」という。）における買受人は、第13の1及び2の規定並びに4（6において準用する場合を含む。）の規定により、債務者に対し、契約の解除をし、又は代金の減額を請求することができるものとすること。（第568条第1項関係）

2 1並びに民法第568条第2項及び第3項の規定は、競売の目的物の種類又は品質に関する不適合については、適用しないものとすること。（第568条第4項関係）

＜新旧条文比較＞

【新条文】

<u>目的物の種類又は品質に関する担保責任の期間の制限</u>
第566条　<u>売主が種類又は品質に関して契約の内容に適合しない目的物を買主に引き渡した場合において、買主がその不適合を知った時から1年以内にその旨を売主に通知しないときは、買主は、その不適合を理由として、履行の追完の請求、代金の減額の請求、損害賠償の請求及び契約の解除をすることができない。ただし、売主が引渡しの時にその不適合を知り、又は重大な過失によって知らなかったときは、この限りでない。</u>

<u>競売における担保責任等</u>
第568条　<u>民事執行法その他の法律の規定に基づく競売（以下この条において単に「競売」という。）における買受人は、第541条及び第542条の規定並びに第563条（第565条において準用する場合を含む。）</u>の規定により、債務者に対し、契約の解除をし、又は代金の減額を請求することができる。
2・3〔略〕
<u>4 前3項の規定は、競売の目的物の種類又は品質に関する不適合については、適用しない。</u>

目的物の不具合を知った時から1年がポイント。

【変更事項】（民法の一部を改正する法律より）

（目的物の種類又は品質に関する担保責任の期間の制限）
「第566条売主が種類又は品質に関して契約の内容に適合しない目的物を買主に引き渡した場合において、買主がその不適合を知った時から1年以内にその旨を売主に通知しないときは、買主は、その不適合を理由として、履行の追完の請求、代金の減額の請求、損害賠償の請求及び契約の解除をすることができない。ただし、売主が引渡しの時にその不適合を知り、又は重大な過失によって知らなかったときは、この限りでない。」

第568条の見出しを「（競売における担保責任等）」に改め、同条第一項中「強制競売」を「民事執行法その他の法律の規定に基づく競売（以下この条において単に「競売」という。）」に、「第561条から前条まで」を「第541条及び第542条の規定並びに第563条（第565条において準用する場合を含む。）」に改め、同条に次の1項を加える。
4 前3項の規定は、競売の目的物の種類又は品質に関する不適合については、適用しない。

【旧条文】

<u>地上権等がある場合等における売主の担保責任</u>
<u>第566条　　売買の目的物が地上権、永小作権、地役権、留置権又は質権の目的である場合において、買主がこれを知らず、かつ、そのために契約をした目的を達することができないときは、買主は、契約の解除をすることができる。この場合において、契約の解除をすることができないときは、損害賠償の請求のみをすることができる。</u>

<u>2 前項の規定は、売買の目的である不動産のために存すると称した地役権が存しなかった場合及びその不動産について登記をした賃貸借があった場合について準用する。</u>
<u>3 前2項の場合において、契約の解除又は損害賠償の請求は、買主が事実を知った時から1年以内にしなければならない。</u>

強制競売における担保責任
第568条　　強制競売における買受人は、<u>第561条から前条までの規定により</u>、債務者に対し、契約の解除をし、又は代金の減額を請求することができる。

　　　　　　2・3〔同左〕

〔新設〕

売買

【九】売主の担保責任と同時履行
【十】権利を失うおそれがある場合の買主による代金支払いの拒絶

【改正要綱】

【九】売主の担保責任と同時履行
民法第571条を削除するものとすること。

【十】権利を失うおそれがある場合の買主による代金支払の拒絶
売買の目的について権利を主張する者があることその他の事由により、買主がその買い受けた権利の全部若しくは一部を取得することができず、又は失うおそれがあるときは、買主は、その危険の程度に応じて、代金の全部又は一部の支払を拒むことができるものとすること。ただし、売主が相当の担保を供したときは、この限りでないものとすること。(第576条関係)

―――＜新旧条文比較＞―――

【新条文】

第571条　　　削除

権利を<u>取得することができない等</u>のおそれがある場合の買主による代金の支払の拒絶
第576条　　売買の目的について権利を主張する者がある<u>ことその他の事由により</u>、買主がその買い受けた権利の全部<u>若しくは一部を取得することができず、</u>又は失うおそれがあるときは、買主は、その危険の程度に応じて、代金の全部又は一部の支払を拒むことができる。ただし、売主が相当の担保を供したときは、この限りでない。

【変更事項】（民法の一部を改正する法律より）
　第571条削除

第576条の見出し中「失う」を「取得することができない等の」に改め、同条中「ために」を「ことその他の事由により、」に、「又は一部を」を「若しくは一部を取得することができず、又は」に、「限度」を「程度」に改める。

【旧条文】
　<u>売主の担保責任と同時履行</u>
　<u>第571条</u>　　<u>第533条の規定は、第563条から第566条まで及び前条の場合について準用する。</u>

　権利を<u>失う</u>おそれがある場合の買主による代金の支払の拒絶
　第576条　　売買の目的について権利を主張する者があるの<u>ために</u>買主がその買い受けた権利の全部<u>又は一部を</u>失うおそれがあるときは、買主は、その危険の<u>限度</u>に応じて、代金の全部又は一部の支払を拒むことができる。ただし、売主が相当の担保を供したときは、この限りでない。

31 売買 【十一】目的物の滅失又は損傷に関する危険の移転

【改正要綱】

【十一】目的物の滅失又は損傷に関する危険の移転

1　売主が買主に目的物（売買の目的として特定したものに限る。以下この十一において同じ。）を引き渡した場合において、その引渡しがあった時以後にその目的物が当事者双方の責めに帰することができない事由によって滅失し、又は損傷したときは、買主は、その滅失又は損傷を理由として、履行の追完の請求、代金の減額の請求、損害賠償の請求及び契約の解除をすることができないものとすること。この場合において、買主は、代金の支払を拒むことができないものとすること。（第567条第1項関係）

2　売主が契約の内容に適合する目的物をもって、その引渡しの債務の履行を提供したにもかかわらず、買主がその履行を受けることを拒み、又は受けることができない場合において、その履行の提供があった時以後に当事者双方の責めに帰することができない事由によってその目的物が滅失し、又は損傷したときも、1と同様とするものとすること。（第567条第2項関係）

―＜新旧条文比較＞―

【新条文】

目的物の滅失等についての危険の移転

第567条　売主が買主に目的物（売買の目的として特定したものに限る。以下この条において同じ。）を引き渡した場合において、その引渡しがあった時以後にその目的物が当事者双方の責めに帰することができない事由によって滅失し、又は損傷したときは、買主は、その滅失又は損傷を理由として、履行の追完の請求、代金の減額の請求、損害賠償の請求及び契約の解除をすることができない。この場合において、買主は、代金の支払を拒むことができない。

2　売主が契約の内容に適合する目的物をもって、その引渡しの債務の履行を提供したにもかかわらず、買主がその履行を受けることを拒み、又は受けることができない場合において、その履行の提供があった時以後に当事者双方の責めに帰することができない事由によってその目的物が滅失し、又は損傷したときも、前項と同様とする。

危険負担に関する規定の解除。

【変更事項】（民法の一部を改正する法律より）

（目的物の滅失等についての危険の移転）
「第567条　売主が買主に目的物（売買の目的として特定したものに限る。以下この条において同じ。）を引き渡した場合において、その引渡しがあった時以後にその目的物が当事者双方の責めに帰することができない事由によって滅失し、又は損傷したときは、買主は、その滅失又は損傷を理由として、履行の追完の請求、代金の減額の請求、損害賠償の請求及び契約の解除をすることができない。この場合において、買主は、代金の支払を拒むことができない。
2　売主が契約の内容に適合する目的物をもって、その引渡しの債務の履行を提供したにもかかわらず、買主がその履行を受けることを拒み、又は受けることができない場合において、その履行の提供があった時以後に当事者双方の責めに帰することができない事由によってその目的物が滅失し、又は損傷したときも、前項と同様とする。」

【旧条文】

抵当権等がある場合における売主の担保責任
第567条　売買の目的である不動産について存した先取特権又は抵当権の行使により買主がその所有権を失ったときは、買主は、契約の解除をすることができる。
2　買主は、費用を支出してその所有権を保存したときは、売主に対し、その費用の償還を請求することができる。
3　前2項の場合において、買主は、損害を受けたときは、その賠償を請求することができる。

売買 【十二】買戻し

【改正要綱】

【十二】買戻し

1 不動産の売主は、売買契約と同時にした買戻しの特約により、買主が支払った代金（別段の合意をした場合にあっては、その合意により定めた金額。民法第583条第1項において同じ。）及び契約の費用を返還して、売買の解除をすることができるものとすること。この場合において、当事者が別段の意思を表示しなかったときは、不動産の果実と代金の利息とは相殺したものとみなすものとすること。（第579条関係）

2 売買契約と同時に買戻しの特約を登記したときは、買戻しは、第三者に対抗することができるものとすること。（第581条第1項関係）

3 2の登記がされた後に第34の四2に規定する対抗要件を備えた賃借人の権利は、その残存期間中1年を超えない期間に限り、売主に対抗することができるものとすること。ただし、売主を害する目的で賃貸借をしたときは、この限りでないものとすること。（第581条第2項関係）

―――＜新旧条文比較＞―――

【新条文】

買戻しの特約
第579条　不動産の売主は、売買契約と同時にした買戻しの特約により、買主が支払った代金（別段の合意をした場合にあっては、その合意により定めた金額。第583条第1項において同じ。）及び契約の費用を返還して、売買の解除をすることができる。この場合において、当事者が別段の意思を表示しなかったときは、不動産の果実と代金の利息とは相殺したものとみなす。

買戻しの特約の対抗力
第581条　売買契約と同時に買戻しの特約を登記したときは、買戻しは、第三者に対抗することができる。
　2　前項の登記がされた後に第605条の2第1項に規定する対抗要件を備えた賃借人の権利は、その残存期間中1年を超えない期間に限り、売主に対抗することができる。ただし、売主を害する目的で賃貸借をしたときは、この限りでない。

買戻しの規定の整備。

【変更事項】（民法の一部を改正する法律より）

買戻し
第579条中「支払った代金」の下に「（別段の合意をした場合にあっては、その合意により定めた金額。第583条第1項において同じ。）」を加える。
第581条第1項中「対しても、その効力を生ずる」を「対抗することができる」に改め、同条第二項中「登記をした」を「前項の登記がされた後に第605条の2第1項に規定する対抗要件を備えた」に改める。

【旧条文】

買戻しの特約
第579条　不動産の売主は、売買契約と同時にした買戻しの特約により、買主が支払った代金及び契約の費用を返還して、売買の解除をすることができる。この場合において、当事者が別段の意思を表示しなかったときは、不動産の果実と代金の利息とは相殺したものとみなす。

買戻しの特約の対抗力
第581条　売買契約と同時に買戻しの特約を登記したときは、買戻しは、第三者に対しても、その効力を生ずる。
　2　登記をした賃借人の権利は、その残存期間中1年を超えない期間に限り、売主に対抗することができる。ただし、売主を害する目的で賃貸借をしたときは、この限りでない。

32 贈与

【改正要綱】

1 贈与は、当事者の一方が<u>ある財産</u>を無償で相手方に与える意思を表示し、相手方が受諾をすることによって、その効力を生ずるものとすること。（第549条関係）

2 書面によらない贈与は、各当事者が<u>解除</u>をすることができるものとすること。ただし、履行の終わった部分については、この限りでないものとすること。（第550条関係）

3 <u>贈与者は、贈与の目的である物又は権利を、贈与の目的として特定した時の状態で引き渡し、又は移転することを約したものと推定するものとすること。</u>（第551条第1項関係）

―――＜新旧条文比較＞―――

【新条文】

贈与
第549条　贈与は、当事者の一方が<u>ある財産</u>を無償で相手方に与える意思を表示し、相手方が受諾をすることによって、その効力を生ずる。

書面によらない贈与の<u>解除</u>
第550条　書面によらない贈与は、各当事者が<u>解除をする</u>ことができる。ただし、履行の終わった部分については、この限りでない。

贈与者の引渡義務等
第551条　<u>贈与者は、贈与の目的である物又は権利を、贈与の目的として特定した時の状態で引き渡し、又は移転することを約したものと推定する。</u>

　　2〔略〕

贈与の規定の整備。

【変更事項】（民法の一部を改正する法律より）

第 549 条中「自己の」を「ある」に改める。
第 550 条の見出し中「撤回」を「解除」に改め、同条中「撤回する」を「解除をする」に改める。
第 551 条の見出しを「(贈与者の引渡義務等)」に改め、同条第 1 項を次のように改める。
　贈与者は、贈与の目的である物又は権利を、贈与の目的として特定した時の状態で引き渡し、又は移転することを約したものと推定する。

【旧条文】

贈与
第 549 条　　贈与は、当事者の一方が<u>自己の</u>財産を無償で相手方に与える意思を表示し、相手方が受諾をすることによって、その効力を生ずる。

書面によらない贈与の<u>撤回</u>
第 550 条　　書面によらない贈与は、各当事者が<u>撤回する</u>ことができる。ただし、履行の終わった部分については、この限りでない。

<u>贈与者の担保責任</u>
第 551 条　　<u>贈与者は、贈与の目的である物又は権利の瑕疵又は不存在について、その責任を負わない。ただし、贈与者がその瑕疵又は不存在を知りながら受贈者に告げなかったときは、この限りでない。</u>
　　　　　　2〔同左〕

33 消費貸借 【一】消費貸借の成立等

【改正要綱】
【一】消費貸借の成立等
1 民法第587条の規定にかかわらず、書面でする消費貸借は、当事者の一方が金銭その他の物を引き渡すことを約し、相手方がその受け取った物と種類、品質及び数量の同じ物をもって返還をすることを約することによって、その効力を生ずるものとすること。（第587条の2第1項関係）
2 書面でする消費貸借の借主は、貸主から金銭その他の物を受け取るまで、契約の解除をすることができるものとすること。この場合において、貸主は、その契約の解除によって損害を受けたときは、借主に対し、その賠償を請求することができるものとすること。（第587条の2第2項関係）
3 書面でする消費貸借は、借主が貸主から金銭その他の物を受け取る前に当事者の一方が破産手続開始の決定を受けたときは、その効力を失うものとすること。（第587条の2第3項関係）
4 消費貸借がその内容を記録した電磁的記録によってされたときは、その消費貸借は、書面によってされたものとみなして、1から3までの規定を適用するものとすること。（第587条の2第4項関係）

―――＜新旧条文比較＞―――

【新条文】

書面でする消費貸借等
第587条の2　前条の規定にかかわらず、書面でする消費貸借は、当事者の一方が金銭その他の物を引き渡すことを約し、相手方がその受け取った物と種類、品質及び数量の同じ物をもって返還をすることを約することによって、その効力を生ずる。
2　書面でする消費貸借の借主は、貸主から金銭その他の物を受け取るまで、契約の解除をすることができる。この場合において、貸主は、その契約の解除によって損害を受けたときは、借主に対し、その賠償を請求することができる。
3　書面でする消費貸借は、借主が貸主から金銭その他の物を受け取る前に当事者の一方が破産手続開始の決定を受けたときは、その効力を失う。
4　消費貸借がその内容を記録した電磁的記録によってされたときは、その消費貸借は、書面によってされたものとみなして、前3項の規定を適用する。

消費貸借の規定を整備。

【変更事項】（民法の一部を改正する法律より）

第587条の次に次の一条を加える。
「（書面でする消費貸借等）
第587条の2　前条の規定にかかわらず、書面でする消費貸借は、当事者の一方が金銭その他の物を引き渡すことを約し、相手方がその受け取った物と種類、品質及び数量の同じ物をもって返還をすることを約することによって、その効力を生ずる。
2　書面でする消費貸借の借主は、貸主から金銭その他の物を受け取るまで、契約の解除をすることができる。この場合において、貸主は、その契約の解除によって損害を受けたときは、借主に対し、その賠償を請求することができる。
3　書面でする消費貸借は、借主が貸主から金銭その他の物を受け取る前に当事者の一方が破産手続開始の決定を受けたときは、その効力を失う。
4　消費貸借がその内容を記録した電磁的記録によってされたときは、その消費貸借は、書面によってされたものとみなして、前3項の規定を適用する。」

【旧条文】

〔新設〕

33 消費賃借　【二】消費賃借の予約
　　　　　　　【三】準消費貸借
　　　　　　　【四】利息

【改正要綱】

【二】消費貸借の予約
民法第589条を削除するものとすること。

【三】準消費貸借
金銭その他の物を給付する義務を負う者がある場合において、当事者がその物を消費貸借の目的とすることを約したときは、消費貸借は、これによって成立したものとみなすものとすること。（第588条関係）

【四】利息
1　貸主は、特約がなければ、借主に対して利息を請求することができないものとすること。（第589条第1項関係）
2　1の特約があるときは、貸主は、借主が金銭その他の物を受け取った日以後の利息を請求することができるものとすること。（第589条第2項関係）

―――＜新旧条文比較＞―――

【新条文】

準消費貸借
第588条　　金銭その他の物を給付する義務を負う者がある場合において、当事者がその物を消費貸借の目的とすることを約したときは、消費貸借は、これによって成立したものとみなす。

利息
第589条　　<u>貸主は、特約がなければ、借主に対して利息を請求することができない。</u>
　　　　　　<u>2　前項の特約があるときは、貸主は、借主が金銭その他の物を受け取った日以後の利息を請求することができる。</u>

消費賃借

【変更事項】（民法の一部を改正する法律より）

第588条中「消費貸借によらないで」を削る。

第589条及び第590条を次のように改める。

「（利息）
第589条　貸主は、特約がなければ、借主に対して利息を請求することができない。
2　前項の特約があるときは、貸主は、借主が金銭その他の物を受け取った日以後の利息を請求することができる。」

（197頁へ）

【旧条文】

準消費貸借
第588条　<u>消費貸借によらないで</u>金銭その他の物を給付する義務を負う者がある場合において、当事者がその物を消費貸借の目的とすることを約したときは、消費貸借は、これによって成立したものとみなす。

消費貸借の予約と破産手続の開始
<u>第589条</u>　消費貸借の予約は、その後に当事者の一方が破産手続開始の決定を受けたときは、その効力を失う。

33 消費貸借 【五】貸主の引渡義務等
【六】期限前弁済

【改正要綱】

【五】貸主の引渡義務等
1 民法第590条第1項を削除するものとするものとすること。
2 第32の3及び民法第551条第2項の規定は、4の1の特約のない消費貸借について準用するものとすること。（第590条第1項関係）
3 四1の特約の有無にかかわらず、貸主から引き渡された物が種類又は品質に関して契約の内容に適合しないものであるときは、借主は、その物の価額を返還することができるものとすること。（第590条第2項関係）

【六】期限前弁済
1 借主は、返還の時期の定めの有無にかかわらず、いつでも返還をすることができるものとすること。（第591条第2項関係）
2 当事者が返還の時期を定めた場合において、貸主は、借主がその時期の前に返還をしたことによって損害を受けたときは、借主に対し、その賠償を請求することができるものとすること。（第591条第3項関係）

―――＜新旧条文比較＞―――

【新条文】

<u>貸主の引渡義務等</u>
<u>第590条</u>　<u>第551条の規定は、前条第1項の特約のない消費貸借について準用する。</u>

　　　　　<u>2 前条第1項の特約の有無にかかわらず、貸主から引き渡された物が種類又は品質に関して契約の内容に適合しないものであるときは、借主は、その物の価額を返還することができる。</u>

返還の時期
第591条　〔略〕
　　　　　<u>2 借主は、返還の時期の定めの有無にかかわらず、いつでも返還をすることができる。</u>
　　　　　<u>3 当事者が返還の時期を定めた場合において、貸主は、借主がその時期の前に返還をしたことによって損害を受けたときは、借主に対し、その賠償を請求することができる。</u>

【変更事項】（民法の一部を改正する法律より）

（195頁より）
「（貸主の引渡義務等）
第590条　第551条の規定は、前条第1項の特約のない消費貸借について準用する。
2　前条第1項の特約の有無にかかわらず、貸主から引き渡された物が種類又は品質に関して契約の内容に適合しないものであるときは、借主は、その物の価額を返還することができる。」
第591条第2項中「借主は」の下に「、返還の時期の定めの有無にかかわらず」を加え、同条に次の1項を加える。
「3　当事者が返還の時期を定めた場合において、貸主は、借主がその時期の前に返還をしたことによって損害を受けたときは、借主に対し、その賠償を請求することができる。」

【旧条文】

貸主の担保責任
第590条　利息付きの消費貸借において、物に隠れた瑕疵があったときは、貸主は、瑕疵がない物をもってこれに代えなければならない。この場合においては、損害賠償の請求を妨げない。
2　無利息の消費貸借においては、借主は、瑕疵がある物の価額を返還することができる。この場合において、貸主がその瑕疵を知りながら借主に告げなかったときは、前項の規定を準用する。

返還の時期
第591条　〔同左〕
2　借主は、いつでも返還をすることができる。

〔新設〕

34 賃貸借

- 【一】賃貸借の成立
- 【二】短期賃貸借
- 【三】賃貸借の存続期間

【改正要綱】

【一】賃貸借の成立

賃貸借は、当事者の一方がある物の使用及び収益を相手方にさせることを約し、相手方がこれに対してその賃料を支払うこと及び引渡しを受けた物を契約が終了したときに返還することを約することによって、その効力を生ずるものとすること。

【二】短期賃貸借

処分の権限を有しない者が賃貸借をする場合には、民法第602条各号に掲げる賃貸借は、それぞれ当該各号に定める期間を超えることができないものとすること。契約でこれより長い期間を定めたときであっても、その期間は、当該各号に定める期間とするものとすること。（第602条関係）

【三】賃貸借の存続期間

1 賃貸借の存続期間は、50年を超えることができないものとすること。契約でこれより長い期間を定めたときであっても、その期間は、50年とするものとすること。（第604条第1項関係）
2 賃貸借の存続期間は、更新することができるものとすること。ただし、その期間は、更新の時から50年を超えることができないものとすること。（第604条第2項関係）

―――＜新旧条文比較＞―――

【新条文】

短期賃貸借
第602条　処分の権限を有しない者が賃貸借をする場合には、次の各号に掲げる賃貸借は、それぞれ当該各号に定める期間を超えることができない。<u>契約でこれより長い期間を定めたときであっても、その期間は、当該各号に定める期間とする。</u>
1～4〔略〕

賃貸借の存続期間
第604条　賃貸借の存続期間は、<u>50年</u>を超えることができない。契約でこれより長い期間を定めたときであっても、その期間は、<u>50年</u>とする。
2　賃貸借の存続期間は、更新することができる。ただし、その期間は、更新の時から<u>50年</u>を超えることができない。

賃貸借については、期間を20年から50年に改めた。

【変更事項】（民法の一部を改正する法律より）
第602条中「処分につき行為能力の制限を受けた者又は」を削り、同条に後段として次のように加える。
契約でこれより長い期間を定めたときであっても、その期間は、当該各号に定める期間とする。
第604条中「20年」を「50年」に改める。

【旧条文】

短期賃貸借
第602条　処分につき行為能力の制限を受けた者又は処分の権限を有しない者が賃貸借をする場合には、次の各号に掲げる賃貸借は、それぞれ当該各号に定める期間を超えることができない。

　　　　　1～4〔同左〕

賃貸借の存続期間
第604条　賃貸借の存続期間は、20年を超えることができない。契約でこれより長い期間を定めたときであっても、その期間は、20年とする。
2　賃貸借の存続期間は、更新することができる。ただし、その期間は、更新の時から20年を超えることができない。

34 賃貸借 【四】不動産賃貸借の対抗力、賃貸人たる地位の移転等

【改正要綱】

【四】不動産賃貸借の対抗力、賃貸人たる地位の移転等

1 不動産の賃貸借は、これを登記したときは、その不動産について物権を取得した者その他の第三者に対抗することができるものとすること。（第605条関係）

2 1、借地借家法（平成3年法律第90号）第10条又は第31条その他の法令の規定による賃貸借の対抗要件を備えた場合において、その不動産が譲渡されたときは、その不動産の賃貸人たる地位は、その譲受人に移転するものとすること。（第605条の2第1項関係）

3 2の規定にかかわらず、不動産の譲渡人及び譲受人が、賃貸人たる地位を譲渡人に留保する旨及びその不動産を譲受人が譲渡人に賃貸する旨の合意をしたときは、賃貸人たる地位は、譲受人に移転しないものとすること。この場合において、譲渡人と譲受人又はその承継人との間の賃貸借が終了したときは、譲渡人に留保されていた賃貸人たる地位は、譲受人又はその承継人に移転するものとすること。（第605条の2第2項関係）

4 2又は3後段の規定による賃貸人たる地位の移転は、賃貸物である不動産について所有権の移転の登記をしなければ、賃借人に対抗することができないものとすること。（第605条の2第3項関係）

5 2又は3後段の規定により賃貸人たる地位が譲受人又はその承継人に移転したときは、民法第608条の規定による費用の償還に係る債務及び6の1の規定による6の1に規定する敷金の返還に係る債務は、譲受人又はその承継人が承継するものとすること。（第605条の2第4項関係）

6 不動産の譲渡人が賃貸人であるときは、その賃貸人たる地位は、賃借人の承諾を要しないで、譲渡人と譲受人との合意により、譲受人に移転させることができるものとすること。この場合においては、4及び5の規定を準用するものとすること。（第605条の3関係）

＜新旧条文比較＞

【新条文】

不動産賃貸借の対抗力
第605条　不動産の賃貸借は、これを登記したときは、その不動産について物権を取得した者その他の第三者に対抗することができる。

不動産の賃貸人たる地位の移転
第605条の2　前条、借地借家法（平成3年法律第90号）第10条又は第31条その他の法令の規定による賃貸借の対抗要件を備えた場合において、その不動産が譲渡されたときは、その不動産の賃貸人たる地位は、その譲受人に移転する。
2 前項の規定にかかわらず、不動産の譲渡人及び譲受人が、賃貸人たる地位を譲渡人に留保する旨及びその不動産を譲受人が譲渡人に賃貸する旨の合意をしたときは、賃貸人たる地位は、譲受人に移転しない。この場合において、譲渡人と譲受人又はその承継人との間の賃貸借が終了したときは、譲渡人に留保されていた賃貸人たる地位は、譲受人又はその承継人に移転する。
3 第1項又は前項後段の規定による賃貸人たる地位の移転は、賃貸物である不動産について所有権の移転の登記をしなければ、賃借人に対抗することができない。
4 第1項又は第2項後段の規定により賃貸人たる地位が譲受人又はその承継人に移転したときは、第608条の規定による費用の償還に係る債務及び第622条の2第1項の規定による同項に規定する敷金の返還に係る債務は、譲受人又はその承継人が承継する。

合意による不動産の賃貸人たる地位の移転
第605条の3　不動産の譲渡人が賃貸人であるときは、その賃貸人たる地位は、賃借人の承諾を要しないで、譲渡人と譲受人との合意により、譲受人に移転させることができる。この場合においては、前条第3項及び第4項の規定を準用する。

【変更事項】（民法の一部を改正する法律より）

第605条中「その後」を削り、「に対しても、その効力を生ずる」を「その他の第三者に対抗することができる」に改め、同条の次に次の3条を加える。

「（不動産の賃貸人たる地位の移転）

第605条の2　前条、借地借家法（平成3年法律第90号）第10条又は第31条その他の法令の規定による賃貸借の対抗要件を備えた場合において、その不動産が譲渡されたときは、その不動産の賃貸人たる地位は、その譲受人に移転する。

2　前項の規定にかかわらず、不動産の譲渡人及び譲受人が、賃貸人たる地位を譲渡人に留保する旨及びその不動産を譲受人が譲渡人に賃貸する旨の合意をしたときは、賃貸人たる地位は、譲受人に移転しない。この場合において、譲渡人と譲受人又はその承継人との間の賃貸借が終了したときは、譲渡人に留保されていた賃貸人たる地位は、譲受人又はその承継人に移転する。

3　第1項又は前項後段の規定による賃貸人たる地位の移転は、賃貸物である不動産について所有権の移転の登記をしなければ、賃借人に対抗することができない。

4　第1項又は第2項後段の規定により賃貸人たる地位が譲受人又はその承継人に移転したときは、第608条の規定による費用の償還に係る債務及び第622条の2第1項の規定による同項に規定する敷金の返還に係る債務は、譲受人又はその承継人が承継する。

（合意による不動産の賃貸人たる地位の移転）

第605条の3　不動産の譲渡人が賃貸人であるときは、その賃貸人たる地位は、賃借人の承諾を要しないで、譲渡人と譲受人との合意により、譲受人に移転させることができる。この場合においては、前条第3項及び第4項の規定を準用する。」

【旧条文】

不動産賃貸借の対抗力

第605条　　不動産の賃貸借は、これを登記したときは、<u>その後その不動産について物権を取得した者</u>に対しても、<u>その効力を生ずる</u>。

〔新設〕

〔新設〕

34 賃貸借 【五】不動産の賃借人による妨害排除等請求権
【六】敷金

【改正要綱】

【五】不動産の賃借人による妨害排除等請求権
不動産の賃借人は、4の2に規定する対抗要件を備えた場合において、次の1又は2に掲げるときは、それぞれ当該1又は2に定める請求をすることができるものとすること。（第605条の4関係）
1 その不動産の占有を第三者が妨害しているときその第三者に対する妨害の停止の請求
2 その不動産を第三者が占有しているときその第三者に対する返還の請求

【六】敷金
1 賃貸人は、敷金（いかなる名目によるかを問わず、賃料債務その他の賃貸借に基づいて生ずる賃借人の賃貸人に対する金銭の給付を目的とする債務を担保する目的で、賃借人が賃貸人に交付する金銭をいう。以下この六において同じ。）を受け取っている場合において、次に掲げるときは、賃借人に対し、その受け取った敷金の額から賃貸借に基づいて生じた賃借人の賃貸人に対する金銭の給付を目的とする債務の額を控除した残額を返還しなければならないものとすること。（第622条の2第1項関係）
①賃貸借が終了し、かつ、賃貸物の返還を受けたとき。
②賃借人が適法に賃借権を譲り渡したとき。
2 賃貸人は、賃借人が賃貸借に基づいて生じた金銭の給付を目的とする債務を履行しないときは、敷金をその債務の弁済に充てることができるものとすること。この場合において、賃借人は、賃貸人に対し、敷金をその債務の弁済に充てることを請求することができないものとすること。（第622条の2第2項関係）

＜新旧条文比較＞

【新条文】

<u>不動産の賃借人による妨害の停止の請求等</u>
<u>第605条の4</u>　<u>不動産の賃借人は、第605条の2第1項に規定する対抗要件を備えた場合において、次の各号に掲げるときは、それぞれ当該各号に定める請求をすることができる。</u>
　<u>①その不動産の占有を第三者が妨害しているとき　その第三者に対する妨害の停止の請求</u>
　<u>②その不動産を第三者が占有しているとき　その第三者に対する返還の請求</u>

<u>第4款 敷金</u>
<u>第622条の2</u>　<u>賃貸人は、敷金（いかなる名目によるかを問わず、賃料債務その他の賃貸借に基づいて生ずる賃借人の賃貸人に対する金銭の給付を目的とする債務を担保する目的で、賃借人が賃貸人に交付する金銭をいう。以下この条において同じ。）を受け取っている場合において、次に掲げるときは、賃借人に対し、その受け取った敷金の額から賃貸借に基づいて生じた賃借人の賃貸人に対する金銭の給付を目的とする債務の額を控除した残額を返還しなければならない。</u>
　<u>①賃貸借が終了し、かつ、賃貸物の返還を受けたとき。</u>
　<u>②賃借人が適法に賃借権を譲り渡したとき。</u>
　<u>2 賃貸人は、賃借人が賃貸借に基づいて生じた金銭の給付を目的とする債務を履行しないときは、敷金をその債務の弁済に充てることができる。この場合において、賃借人は、賃貸人に対し、敷金をその債務の弁済に充てることを請求することができない。</u>

敷金の規定を設け、明確化した。

【変更事項】（民法の一部を改正する法律より）

「（不動産の賃借人による妨害の停止の請求等）
第605条の4　不動産の賃借人は、第605条の2第1項に規定する対抗要件を備えた場合において、次の各号に掲げるときは、それぞれ当該各号に定める請求をすることができる。
①その不動産の占有を第三者が妨害しているときその第三者に対する妨害の停止の請求
②その不動産を第三者が占有しているときその第三者に対する返還の請求」
第3編第2章第7節に次の1款を加える。
「第4款　敷金
第622条の2　賃貸人は、敷金（いかなる名目によるかを問わず、賃料債務その他の賃貸借に基づいて生ずる賃借人の賃貸人に対する金銭の給付を目的とする債務を担保する目的で、賃借人が賃貸人に交付する金銭をいう。以下この条において同じ。）を受け取っている場合において、次に掲げるときは、賃借人に対し、その受け取った敷金の額から賃貸借に基づいて生じた賃借人の賃貸人に対する金銭の給付を目的とする債務の額を控除した残額を返還しなければならない。
①賃貸借が終了し、かつ、賃貸物の返還を受けたとき。
②賃借人が適法に賃借権を譲り渡したとき。
2　賃貸人は、賃借人が賃貸借に基づいて生じた金銭の給付を目的とする債務を履行しないときは、敷金をその債務の弁済に充てることができる。この場合において、賃借人は、賃貸人に対し、敷金をその債務の弁済に充てることを請求することができない。」

【旧条文】

〔新設〕

〔新設〕
〔新設〕

賃貸借 【七】賃貸物の修繕等　【八】減収による賃料の減額請求

【改正要綱】

【七】賃貸物の修繕等

1　賃貸人は、賃貸物の使用及び収益に必要な修繕をする義務を負うものとすること。ただし、賃借人の責めに帰すべき事由によってその修繕が必要となったときは、この限りでないものとすること。（第606条第1項関係）

2　賃貸物の修繕が必要である場合において、次に掲げるときは、賃借人は、その修繕をすることができるものとすること。（第607条の2関係）

①賃借人が賃貸人に修繕が必要である旨を通知し、又は賃貸人がその旨を知ったにもかかわらず、賃貸人が相当の期間内に必要な修繕をしないとき。

②急迫の事情があるとき。

【八】減収による賃料の減額請求

耕作又は牧畜を目的とする土地の賃借人は、不可抗力によって賃料より少ない収益を得たときは、その収益の額に至るまで、賃料の減額を請求することができるものとすること。（第609条関係）

―――＜新旧条文比較＞―――

【新条文】

<u>賃貸人による修繕等</u>
第606条　賃貸人は、賃貸物の使用及び収益に必要な修繕をする義務を負う。<u>ただし、賃借人の責めに帰すべき事由によってその修繕が必要となったときは、この限りでない。</u>
2　〔略〕

<u>賃借人による修繕</u>
<u>第607条の2</u>　<u>賃借物の修繕が必要である場合において、次に掲げるときは、賃借人は、その修繕をすることができる。</u>
<u>①賃借人が賃貸人に修繕が必要である旨を通知し、又は賃貸人がその旨を知ったにもかかわらず、賃貸人が相当の期間内に必要な修繕をしないとき。</u>
<u>②急迫の事情があるとき。</u>

減収による賃料の減額請求
第609条　<u>耕作又は牧畜を目的</u>とする土地の賃借人は、不可抗力によって賃料より少ない収益を得たときは、その収益の額に至るまで、賃料の減額を請求することができる。

【変更事項】（民法の一部を改正する法律より）
第606条の見出しを「（賃貸人による修繕等）」に改め、同条第一項に次のただし書を加える。
「ただし、賃借人の責めに帰すべき事由によってその修繕が必要となったときは、この限りでない。」
第607条の次に次の1条を加える。
「（賃借人による修繕）
第607条の2　賃借物の修繕が必要である場合において、次に掲げるときは、賃借人は、その修繕をすることができる。
①賃借人が賃貸人に修繕が必要である旨を通知し、又は賃貸人がその旨を知ったにもかかわらず、賃貸人が相当の期間内に必要な修繕をしないとき。
②急迫の事情があるとき。
第609条中「収益を目的」を「耕作又は牧畜を目的」に改め、ただし書を削る。」

【旧条文】

<u>賃貸物の修繕等</u>
第606条　　賃貸人は、賃貸物の使用及び収益に必要な修繕をする義務を負う。

　　　　　　2〔同左〕

〔新設〕

<u>減収による賃料の減額請求</u>
第609条　　<u>収益を目的</u>とする土地の賃借人は、不可抗力によって賃料より少ない収益を得たときは、その収益の額に至るまで、賃料の減額を請求することができる。<u>ただし、宅地の賃貸借については、この限りでない。</u>

34 賃貸借 【九】賃借物の一部滅失等による賃料の減額等
【十】転貸の効果

【改正要綱】

【九】賃借物の一部滅失等による賃料の減額等

1 賃借物の一部が滅失その他の事由により使用及び収益をすることができなくなった場合において、それが賃借人の責めに帰することができない事由によるものであるときは、賃料は、その使用及び収益をすることができなくなった部分の割合に応じて、減額されるものとすること。（第611条第1項関係）

2 賃借物の一部が滅失その他の事由により使用及び収益をすることができなくなった場合において、残存する部分のみでは賃借人が賃借をした目的を達することができないときは、賃借人は、契約の解除をすることができるものとすること。（第611条第2項関係）

【十】転貸の効果

1 賃借人が適法に賃借物を転貸したときは、転借人は、賃貸人と賃借人との間の賃貸借に基づく賃借人の債務の範囲を限度として、賃貸人に対して転貸借に基づく債務を直接履行する義務を負うものとすること。この場合においては、賃料の前払をもって賃貸人に対抗することができないものとすること。（第613条第1項関係）

2 賃借人が適法に賃借物を転貸した場合には、賃貸人は、賃借人との間の賃貸借を合意により解除したことをもって転借人に対抗することができないものとすること。ただし、その解除の当時、賃貸人が賃借人の債務不履行による解除権を有していたときは、この限りでないものとすること。（第613条第3項関係）

―――<新旧条文比較>―――

【新条文】

<u>賃借物の一部滅失等による賃料の減額等</u>
第611条　<u>賃借物の一部が滅失その他の事由により使用及び収益をすることができなくなった場合において、それが賃借人の責めに帰することができない事由によるものであるときは、賃料は、その使用及び収益をすることができなくなった部分の割合に応じて、減額される。</u>
　<u>2 賃借物の一部が滅失その他の事由により使用及び収益をすることができなくなった場合において、残存する部分のみでは賃借人が賃借をした目的を達することができないときは、賃借人は、契約の解除をすることができる。</u>

<u>転貸の効果</u>
第613条　賃借人が適法に賃借物を転貸したときは、転借人は、賃貸人と賃借人との間の賃貸借に基づく賃借人の債務の範囲を限度として、賃貸人に対して転貸借に基づく債務を直接履行する義務を負う。この場合においては、賃料の前払をもって賃貸人に対抗することができない。
　2〔略〕
　<u>3 賃借人が適法に賃借物を転貸した場合には、賃貸人は、賃借人との間の賃貸借を合意により解除したことをもって転借人に対抗することができない。ただし、その解除の当時、賃貸人が賃借人の債務不履行による解除権を有していたときは、この限りでない。</u>

【変更事項】（民法の一部を改正する法律より）

第611条の見出しを「（賃借物の一部滅失等による賃料の減額等）」に改め、同条第一項を次のように改める。
「賃借物の一部が滅失その他の事由により使用及び収益をすることができなくなった場合において、それが賃借人の責めに帰することができない事由によるものであるときは、賃料は、その使用及び収益をすることができなくなった部分の割合に応じて、減額される。」
第611条第2項中「前項の」を「賃借物の一部が滅失その他の事由により使用及び収益をすることができなくなった」に改める。

第613条第1項中「に対して直接に」を「と賃借人との間の賃貸借に基づく賃借人の債務の範囲を限度として、賃貸人に対して転貸借に基づく債務を直接履行する」に改め、同条に次の一項を加える。
3 賃借人が適法に賃借物を転貸した場合には、賃貸人は、賃借人との間の賃貸借を合意により解除したことをもって転借人に対抗することができない。ただし、その解除の当時、賃貸人が賃借人の債務不履行による解除権を有していたときは、この限りでない。

【旧条文】

<u>賃借物の一部滅失による賃料の減額請求等</u>
第611条　<u>賃借物の一部が賃借人の過失によらないで滅失したときは、賃借人は、その滅失した部分の割合に応じて、賃料の減額を請求することができる。</u>

　　　　　2 前項の場合において、残存する部分のみでは賃借人が賃借をした目的を達することができないときは、賃借人は、契約の解除をすることができる。

転貸の効果
第613条　賃借人が適法に賃借物を転貸したときは、転借人は、<u>賃貸人に対して直接に義務を負う</u>。この場合においては、賃料の前払をもって賃貸人に対抗することができない。

　　　　　2〔同左〕

〔新設〕

34 賃貸借 【十一】賃借物の全部滅失等による賃貸借の終了
【十二】賃貸借終了後の収去義務及び原状回復義務

【改正要綱】

【十一】賃借物の全部滅失等による賃貸借の終了
　賃借物の全部が滅失その他の事由により使用及び収益をすることができなくなった場合には、賃貸借は、これによって終了するものとすること。（第616条の2関係）

【十二】賃貸借終了後の収去義務及び原状回復義務
　1　第35の四の1及び2の規定は、賃貸借について準用するものとすること。（第622条関係）
　2　賃借人は、賃借物を受け取った後にこれに生じた損傷（通常の使用及び収益によって生じた賃借物の損耗並びに賃借物の経年変化を除く。以下この2において同じ。）がある場合において、賃貸借が終了したときは、その損傷を原状に復する義務を負うものとすること。ただし、その損傷が賃借人の責めに帰することができない事由によるものであるときは、この限りでないものとすること。（第621条関係）

―――＜新旧条文比較＞―――

【新条文】

<u>賃借人による使用及び収益</u>
第616条　　第594条第1項の規定は、賃貸借について準用する。

<u>賃借物の全部滅失等による賃貸借の終了</u>
<u>第616条の2</u>　<u>賃借物の全部が滅失その他の事由により使用及び収益をすることができなくなった場合には、賃貸借は、これによって終了する。</u>

<u>賃借人の原状回復義務</u>
第621条　<u>賃借人は、賃借物を受け取った後にこれに生じた損傷（通常の使用及び収益によって生じた賃借物の損耗並びに賃借物の経年変化を除く。以下この条において同じ。）がある場合において、賃貸借が終了したときは、その損傷を原状に復する義務を負う。ただし、その損傷が賃借人の責めに帰することができない事由によるものであるときは、この限りでない。</u>

<u>使用貸借の規定の準用</u>
第622条　　第597条第1項、第599条第1項及び第2項並びに第600条の規定は、賃貸借について準用する。

【変更事項】（民法の一部を改正する法律より）

第616条の見出しを「（賃借人による使用及び収益）」に改め、同条中「、第597条第1項及び第598条」を削る。
第621条及び第622条を次のように改める。
「（賃借人の原状回復義務）
第621条　賃借人は、賃借物を受け取った後にこれに生じた損傷（通常の使用及び収益によって生じた賃借物の損耗並びに賃借物の経年変化を除く。以下この条において同じ。）がある場合において、賃貸借が終了したときは、その損傷を原状に復する義務を負う。ただし、その損傷が賃借人の責めに帰することができない事由によるものであるときは、この限りでない。」
「（使用貸借の規定の準用）
第622条　第597条第1項、第599条第1項及び第2項並びに第600条の規定は、賃貸借について準用する。」

【旧条文】

<u>使用貸借の規定の準用</u>
第616条　　第594条第1項、<u>第597条第1項及び第598条</u>の規定は、賃貸借について準用する。

〔新設〕

<u>損害賠償及び費用の償還の請求権についての期間の制限</u>
<u>第621条　　第600条の規定は、賃貸借について準用する。</u>

<u>第622条　　削除</u>

35 使用賃借 【一】使用賃借の成立
【二】使用賃借の終了

【改正要綱】

【一】使用貸借の成立

使用貸借は、当事者の一方がある物を引き渡すことを約し、相手方がその受け取った物について無償で使用及び収益をして契約が終了したときに返還をすることを約することによって、その効力を生ずるものとすること。（第593条関係）

【二】使用貸借の終了

1 当事者が使用貸借の期間を定めたときは、使用貸借は、その期間が満了することによって終了するものとすること。（第597条第1項関係）

2 当事者が使用貸借の期間を定めなかった場合において、使用及び収益の目的を定めたときは、使用貸借は、借主がその目的に従い使用及び収益を終えることによって終了するものとすること。（第597条第2項関係）

3 使用貸借は、借主の死亡によって終了するものとすること。（第597条第3項関係）

―――<新旧条文比較>―――

【新条文】

使用貸借
第593条　使用貸借は、当事者の一方がある物を引き渡すことを約し、相手方がその受け取った物について無償で使用及び収益をして契約が終了したときに返還をすることを約することによって、その効力を生ずる。

期間満了等による使用貸借の終了
第597条　当事者が使用貸借の期間を定めたときは、使用貸借は、その期間が満了することによって終了する。
　2　当事者が使用貸借の期間を定めなかった場合において、使用及び収益の目的を定めたときは、使用貸借は、借主がその目的に従い使用及び収益を終えることによって終了する。
　3　使用貸借は、借主の死亡によって終了する。

使用賃借の規定の整備。

【変更事項】（民法の一部を改正する法律より）

第593条中「一方が」の下に「ある物を引き渡すことを約し、相手方がその受け取った物について」を加え、「した後に返還をすることを約して相手方からある物を受け取る」を「して契約が終了したときに返還をすることを約する」に改める。
「（期間満了等による使用貸借の終了）
第597条 当事者が使用貸借の期間を定めたときは、使用貸借は、その期間が満了することによって終了する。
2 当事者が使用貸借の期間を定めなかった場合において、使用及び収益の目的を定めたときは、使用貸借は、借主がその目的に従い使用及び収益を終えることによって終了する。
3 使用貸借は、借主の死亡によって終了する。」

【旧条文】

使用貸借
第593条　使用貸借は、当事者の一方が無償で使用及び収益を<u>した後に返還をすることを約して相手方からある物を受け取る</u>ことによって、その効力を生ずる。

借用物の返還の時期
第597条　借主は、契約に定めた時期に、借用物の返還をしなければならない。
<u>2 当事者が返還の時期を定めなかったときは、借主は、契約に定めた目的に従い使用及び収益を終わった時に、返還をしなければならない。ただし、その使用及び収益を終わる前であっても、使用及び収益をするのに足りる期間を経過したときは、貸主は、直ちに返還を請求することができる。
3 当事者が返還の時期並びに使用及び収益の目的を定めなかったときは、貸主は、いつでも返還を請求することができる。</u>

35 使用賃借 【三】使用賃借の解除

【改正要綱】

【三】使用貸借の解除
1 貸主は、借主が借用物を受け取るまで、契約の解除をすることができるものとすること。ただし、書面による使用貸借については、この限りでないものとすること。（第593条の2関係）
2 貸主は、2の2に規定する場合において、2の2の目的に従い借主が使用及び収益をするのに足りる期間を経過したときは、契約の解除をすることができるものとすること。（第598条第1項関係）
3 当事者が使用貸借の期間並びに使用及び収益の目的を定めなかったときは、貸主は、いつでも契約の解除をすることができるものとすること。（第598第2項関係）
4 借主は、いつでも契約の解除をすることができるものとすること。（第598条第3項関係）

―――＜新旧条文比較＞―――

【新条文】

借用物受取り前の貸主による使用貸借の解除
第593条の2　貸主は、借主が借用物を受け取るまで、契約の解除をすることができる。ただし、書面による使用貸借については、この限りでない。

使用貸借の解除
第598条　貸主は、前条第2項に規定する場合において、同項の目的に従い借主が使用及び収益をするのに足りる期間を経過したときは、契約の解除をすることができる。
2　当事者が使用貸借の期間並びに使用及び収益の目的を定めなかったときは、貸主は、いつでも契約の解除をすることができる。
3　借主は、いつでも契約の解除をすることができる。

【変更事項】（民法の一部を改正する法律より）

第593条の次に次の一条を加える。
「（借用物受取り前の貸主による使用貸借の解除）
第593条の2　貸主は、借主が借用物を受け取るまで、契約の解除をすることができる。ただし、書面による使用貸借については、この限りでない。」

「（使用貸借の解除）
第598条　貸主は、前条第2項に規定する場合において、同項の目的に従い借主が使用及び収益をするのに足りる期間を経過したときは、契約の解除をすることができる。
2　当事者が使用貸借の期間並びに使用及び収益の目的を定めなかったときは、貸主は、いつでも契約の解除をすることができる。
3　借主は、いつでも契約の解除をすることができる。」

【旧条文】

〔新設〕

<u>借主による収去</u>
第598条　<u>借主は、借用物を原状に復して、これに附属させた物を収去することができる。</u>

35 使用賃借 【四】信用賃借終了後の収去義務及び原状回復義務
【五】損害賠償の請求権に関する期間制限

【改正要綱】

【四】使用貸借終了後の収去義務及び原状回復義務

1 借主は、借用物を受け取った後にこれに附属させた物がある場合において、使用貸借が終了したときは、その附属させた物を収去する義務を負うものとすること。ただし、借用物から分離することができない物又は分離するのに過分の費用を要する物については、この限りでないものとすること。(第599条第1項関係)

2 借主は、借用物を受け取った後にこれに附属させた物を収去することができるものとすること。(第599条第2項関係)

3 借主は、借用物を受け取った後にこれに生じた損傷がある場合において、使用貸借が終了したときは、その損傷を原状に復する義務を負うものとすること。ただし、その損傷が借主の責めに帰することができない事由によるものであるときは、この限りでないものとすること。(第599条第3項関係)

【五】損害賠償の請求権に関する期間制限

民法第600条の損害賠償の請求権については、貸主が返還を受けた時から一年を経過するまでの間は、時効は、完成しないものとすること。(第600条第2項関係)

―――<新旧条文比較>―――

【新条文】

借主による収去等
第599条　借主は、借用物を受け取った後にこれに附属させた物がある場合において、使用貸借が終了したときは、その附属させた物を収去する義務を負う。ただし、借用物から分離することができない物又は分離するのに過分の費用を要する物については、この限りでない。
２　借主は、借用物を受け取った後にこれに附属させた物を収去することができる。
３　借主は、借用物を受け取った後にこれに生じた損傷がある場合において、使用貸借が終了したときは、その損傷を原状に復する義務を負う。ただし、その損傷が借主の責めに帰することができない事由によるものであるときは、この限りでない。

損害賠償及び費用の償還の請求権についての期間の制限
第600条　〔略〕
２　前項の損害賠償の請求権については、貸主が返還を受けた時から１年を経過するまでの間は、時効は、完成しない。

使用貸借

【変更事項】（民法の一部を改正する法律より）

「（借主による収去等）
第599条 借主は、借用物を受け取った後にこれに附属させた物がある場合において、使用貸借が終了したときは、その附属させた物を収去する義務を負う。ただし、借用物から分離することができない物又は分離するのに過分の費用を要する物については、この限りでない。
2 借主は、借用物を受け取った後にこれに附属させた物を収去することができる。
3 借主は、借用物を受け取った後にこれに生じた損傷がある場合において、使用貸借が終了したときは、その損傷を原状に復する義務を負う。ただし、その損傷が借主の責めに帰することができない事由によるものであるときは、この限りでない。」

第600条に次の一項を加える。
「2 前項の損害賠償の請求権については、貸主が返還を受けた時から一年を経過するまでの間は、時効は、完成しない。」

【旧条文】

<u>借主の死亡による使用貸借の終了</u>
<u>第599条</u>　　　使用貸借は、借主の死亡によって、その効力を失う。

損害賠償及び費用の償還の請求権についての期間の制限
第600条　　　〔同左〕
　〔新設〕

四 信用貸借終了後の収去義務及び原状回復義務
五 損害賠償の請求権に関する期間制限

36 請負 【一】仕事を完成することができなくなった場合等の報酬請求権
【二】仕事の目的物が契約の内容に適合しない場合の請負人の責任①

【改正要綱】

【一】仕事を完成することができなくなった場合等の報酬請求権
次に掲げる場合において、請負人が既にした仕事の結果のうち可分な部分の給付によって注文者が利益を受けるときは、その部分を仕事の完成とみなすものとすること。この場合において、請負人は、注文者が受ける利益の割合に応じて報酬を請求することができるものとすること。（第634条関係）
①注文者の責めに帰することができない事由によって仕事を完成することができなくなったとき。
②請負が仕事の完成前に解除されたとき。

【二】仕事の目的物が契約の内容に適合しない場合の請負人の責任
1 民法第634条及び第635条を削除するものとすること。
2 請負人が種類又は品質に関して契約の内容に適合しない仕事の目的物を注文者に引き渡したとき（その引渡しを要しない場合にあっては、仕事が終了した時に仕事の目的物が種類又は品質に関して契約の内容に適合しないとき）は、注文者は、注文者の供した材料の性質又は注文者の与えた指図によって生じた不適合を理由として、履行の追完の請求、報酬の減額の請求、損害賠償の請求及び契約の解除をすることができないものとすること。ただし、請負人がその材料又は指図が不適当であることを知りながら告げなかったときは、この限りでないものとすること。（第636条関係）

―――＜新旧条文比較＞―――

【新条文】

注文者が受ける利益の割合に応じた報酬
第634条　次に掲げる場合において、請負人が既にした仕事の結果のうち可分な部分の給付によって注文者が利益を受けるときは、その部分を仕事の完成とみなす。この場合において、請負人は、注文者が受ける利益の割合に応じて報酬を請求することができる。
①注文者の責めに帰することができない事由によって仕事を完成することができなくなったとき。
②請負が仕事の完成前に解除されたとき。

第635条　〔削除〕

請負人の担保責任の制限
第636条　請負人が種類又は品質に関して契約の内容に適合しない仕事の目的物を注文者に引き渡したとき（その引渡しを要しない場合にあっては、仕事が終了した時に仕事の目的物が種類又は品質に関して契約の内容に適合しないとき）は、注文者は、注文者の供した材料の性質又は注文者の与えた指図によって生じた不適合を理由として、履行の追完の請求、報酬の減額の請求、損害賠償の請求及び契約の解除をすることができない。ただし、請負人がその材料又は指図が不適当であることを知りながら告げなかったときは、この限りでない。

請負の規定を整備。
担保責任の規定を債務不履行責任にて構成。

【変更事項】（民法の一部を改正する法律より）

第634条の前の見出しを削り、同条から第636条までを次のように改める。
「（注文者が受ける利益の割合に応じた報酬）
第634条次に掲げる場合において、請負人が既にした仕事の結果のうち可分な部分の給付によって注文者が利益を受けるときは、その部分を仕事の完成とみなす。この場合において、請負人は、注文者が受ける利益の割合に応じて報酬を請求することができる。
①注文者の責めに帰することができない事由によって仕事を完成することができなくなったとき。
②請負が仕事の完成前に解除されたとき。」
「第635条削除」
「（請負人の担保責任の制限）
第636条請負人が種類又は品質に関して契約の内容に適合しない仕事の目的物を注文者に引き渡したとき（その引渡しを要しない場合にあっては、仕事が終了した時に仕事の目的物が種類又は品質に関して契約の内容に適合しないとき）は、注文者は、注文者の供した材料の性質又は注文者の与えた指図によって生じた不適合を理由として、履行の追完の請求、報酬の減額の請求、損害賠償の請求及び契約の解除をすることができない。ただし、請負人がその材料又は指図が不適当であることを知りながら告げなかったときは、この限りでない。」

【旧条文】

<u>請負人の担保責任</u>
第634条　仕事の目的物に瑕疵があるときは、注文者は、請負人に対し、相当の期間を定めて、その瑕疵の修補を請求することができる。ただし、瑕疵が重要でない場合において、その修補に過分の費用を要するときは、この限りでない。
　　　　　2　注文者は、瑕疵の修補に代えて、又はその修補とともに、損害賠償の請求をすることができる。この場合においては、第533条の規定を準用する。

第635条　仕事の目的物に瑕疵があり、そのために契約をした目的を達することができないときは、注文者は、契約の解除をすることができる。ただし、建物その他の土地の工作物については、この限りでない。

<u>請負人の担保責任に関する規定の不適用</u>
第636条　前2条の規定は、仕事の目的物の瑕疵が注文者の供した材料の性質又は注文者の与えた指図によって生じたときは、適用しない。ただし、請負人がその材料又は指図が不適当であることを知りながら告げなかったときは、この限りでない。

請負

(一) 仕事を完成することができなくなった場合等の報酬請求権
(二) 仕事の目的物が契約の内容に適合しない場合の請負人の責任①

36 請負 【二】仕事の目的物が契約の内容に適合しない場合の請負人の責任②

【改正要綱】

3 2本文に規定する場合において、注文者がその不適合を知った時から一年以内にその旨を請負人に通知しないときは、注文者は、その不適合を理由として、履行の追完の請求、報酬の減額の請求、損害賠償の請求及び契約の解除をすることができないものとすること。(第637条第1項関係)
4 3の規定は、仕事の目的物を注文者に引き渡した時(その引渡しを要しない場合にあっては、仕事が終了した時)において、請負人が3の不適合を知り、又は重大な過失によって知らなかったときは、適用しないものとすること。(第637条第2項関係)
5 民法第638条から第640条までを削除するものとすること

―――<新旧条文比較>―――

【新条文】

<u>目的物の種類又は品質に関する担保責任の期間の制限</u>
<u>第637条</u>　<u>前条本文に規定する場合において、注文者がその不適合を知った時から1年以内にその旨を請負人に通知しないときは、注文者は、その不適合を理由として、履行の追完の請求、報酬の減額の請求、損害賠償の請求及び契約の解除をすることができない。</u>
<u>2 前項の規定は、仕事の目的物を注文者に引き渡した時(その引渡しを要しない場合にあっては、仕事が終了した時)において、請負人が同項の不適合を知り、又は重大な過失によって知らなかったときは、適用しない。</u>

<u>第638条から第640条まで 削除</u>

目的物の不適合を知った時から1年がポイント。

【変更事項】（民法の一部を改正する法律より）
第637条の前の見出しを削り、同条から第640条までを次のように改める。
「(目的物の種類又は品質に関する担保責任の期間の制限)
第637条前本条本文に規定する場合において、注文者がその不適合を知った時から一年以内にその旨を請負人に通知しないときは、注文者は、その不適合を理由として、履行の追完の請求、報酬の減額の請求、損害賠償の請求及び契約の解除をすることができない。
2 前項の規定は、仕事の目的物を注文者に引き渡した時（その引渡しを要しない場合にあっては、仕事が終了した時）において、請負人が同項の不適合を知り、又は重大な過失によって知らなかったときは、適用しない。」
「第638条から第640条まで削除」

【旧条文】
　　請負人の担保責任の存続期間
　　第637条　　前3条の規定による瑕疵の修補又は損害賠償の請求及び契約の解除は、仕事の目的物を引き渡した時から1年以内にしなければならない。
　　　　　　　2 仕事の目的物の引渡しを要しない場合には、前項の期間は、仕事が終了した時から起算する。

　　第638条　　建物その他の土地の工作物の請負人は、その工作物又は地盤の瑕疵について、引渡しの後5年間その担保の責任を負う。ただし、この期間は、石造、土造、れんが造、コンクリート造、金属造その他これらに類する構造の工作物については、10年とする。
　　　　　　　2 工作物が前項の瑕疵によって滅失し、又は損傷したときは、注文者は、その滅失又は損傷の時から1年以内に、第634条の規定による権利を行使しなければならない。
　　担保責任の存続期間の伸長
　　第639条　　第637条及び前条第1項の期間は、第167条の規定による消滅時効の期間内に限り、契約で伸長することができる。
　　担保責任を負わない旨の特約
　　第640条　　請負人は、第634条又は第635条の規定による担保の責任を負わない旨の特約をしたときであっても、知りながら告げなかった事実については、その責任を免れることができない。

36 請負 【三】注文者についての破産手続の開始による解除

【改正要綱】

【三】 **注文者についての破産手続の開始による解除**
　注文者が破産手続開始の決定を受けたときは、請負人又は破産管財人は、契約の解除をすることができるものとすること。ただし、請負人による契約の解除については、仕事を完成した後は、この限りでないものとすること。(第642条関係)

―――＜新旧条文比較＞―――

【新条文】

　注文者についての破産手続の開始による解除
　第642条　注文者が破産手続開始の決定を受けたときは、請負人又は破産管財人は、契約の解除をすることができる。ただし、請負人による契約の解除については、仕事を完成した後は、この限りでない。

　2　前項に規定する場合において、請負人は、既にした仕事の報酬及びその中に含まれていない費用について、破産財団の配当に加入することができる。
　3　第1項の場合には、契約の解除によって生じた損害の賠償は、破産管財人が契約の解除をした場合における請負人に限り、請求することができる。この場合において、請負人は、その損害賠償について、破産財団の配当に加入する。

【変更事項】（民法の一部を改正する法律より）
第642条第1項後段を削り、同項に次のただし書を加える。
「ただし、請負人による契約の解除については、仕事を完成した後は、この限りでない。
第642条第2項中「前項」を「第一項」に改め、同項を同条第3項とし、同条第一項の次に次の1項を加える。
2 前項に規定する場合において、請負人は、既にした仕事の報酬及びその中に含まれていない費用について、破産財団の配当に加入することができる。」

【旧条文】
注文者についての破産手続の開始による解除
第642条　　注文者が破産手続開始の決定を受けたときは、請負人又は破産管財人は、契約の解除をすることができる。この場合において、請負人は、既にした仕事の報酬及びその中に含まれていない費用について、破産財団の配当に加入することができる。

〔新設〕

2　前項の場合には、契約の解除によって生じた損害の賠償は、破産管財人が契約の解除をした場合における請負人に限り、請求することができる。この場合において、請負人は、その損害賠償について、破産財団の配当に加入する。

37 委任

【一】受任者の自己執行義務等
【二】報酬に関する規律

【改正要綱】

【一】受任者の自己執行義務等

1 受任者は、委任者の許諾を得たとき、又はやむを得ない事由があるときでなければ、復受任者を選任することができないものとすること。（第644条の2第1項関係）

2 代理権を付与する委任において、受任者が代理権を有する復受任者を選任したときは、復受任者は、委任者に対して、その権限の範囲内において、受任者と同一の権利を有し、義務を負うものとすること。（第644条の2第2項関係）

【二】報酬に関する規律

1 受任者は、次に掲げる場合には、既にした履行の割合に応じて報酬を請求することができるものとすること。（第648条第3項関係）
①委任者の責めに帰することができない事由によって委任事務の履行をすることができなくなったとき。
②委任が履行の中途で終了したとき。

2 委任事務の履行により得られる成果に対して報酬を支払うことを約した場合において、その成果が引渡しを要するときは、報酬は、その成果の引渡しと同時に、支払わなければならないものとすること。（第648条の2第1項関係）

3 第36の1の規定は、委任事務の履行により得られる成果に対して報酬を支払うことを約した場合について準用するものとすること。（第648条の2第2項関係）

＜新旧条文比較＞

【新条文】

復受任者の選任等
第644条の2　受任者は、委任者の許諾を得たとき、又はやむを得ない事由があるときでなければ、復受任者を選任することができない。
　2　代理権を付与する委任において、受任者が代理権を有する復受任者を選任したときは、復受任者は、委任者に対して、その権限の範囲内において、受任者と同一の権利を有し、義務を負う。

受任者の報酬
第648条　〔略〕
　2　〔略〕
　3　受任者は、次に掲げる場合には、既にした履行の割合に応じて報酬を請求することができる。
①委任者の責めに帰することができない事由によって委任事務の履行をすることができなくなったとき。
②委任が履行の中途で終了したとき。

成果等に対する報酬
第648条の2　委任事務の履行により得られる成果に対して報酬を支払うことを約した場合において、その成果が引渡しを要するときは、報酬は、その成果の引渡しと同時に、支払わなければならない。
　2　第634条の規定は、委任事務の履行により得られる成果に対して報酬を支払うことを約した場合について準用する。

委任の規定の整備。

【変更事項】（民法の一部を改正する法律より）
第644条の次に次の1条を加える。
「（復受任者の選任等）
第644条の2 受任者は、委任者の許諾を得たとき、又はやむを得ない事由があるときでなければ、復受任者を選任することができない。
2 代理権を付与する委任において、受任者が代理権を有する復受任者を選任したときは、復受任者は、委任者に対して、その権限の範囲内において、受任者と同一の権利を有し、義務を負う。」
第648条第3項を次のように改める。
「3 受任者は、次に掲げる場合には、既にした履行の割合に応じて報酬を請求することができる。
①委任者の責めに帰することができない事由によって委任事務の履行をすることができなくなったとき。
②委任が履行の中途で終了したとき。」
第648条の次に次の1条を加える。
「（成果等に対する報酬）
第648条の2 委任事務の履行により得られる成果に対して報酬を支払うことを約した場合において、その成果が引渡しを要するときは、報酬は、その成果の引渡しと同時に、支払わなければならない。
2 第634条の規定は、委任事務の履行により得られる成果に対して報酬を支払うことを約した場合について準用する。」

【旧条文】

〔新設〕

受任者の報酬
第648条　〔同左〕
　2〔同左〕
　3 委任が受任者の責めに帰することができない事由によって履行の中途で終了したときは、受任者は、既にした履行の割合に応じて報酬を請求することができる。

〔新設〕

37 委任 【三】委任契約の任意解除権

【改正要綱】

【三】委任契約の任意解除権

民法第651条第1項の規定により委任の解除をした者は、次に掲げる場合には、相手方の損害を賠償しなければならないものとすること。ただし、やむを得ない事由があったときは、この限りでないものとすること。(第651条第2項関係)
1 相手方に不利な時期に委任を解除したとき。
2 委任者が受任者の利益（専ら報酬を得ることによるものを除く。）をも目的とする委任を解除したとき。

―――＜新旧条文比較＞―――

【新条文】

委任の解除
第651条　〔略〕
2 前項の規定により委任の解除をした者は、次に掲げる場合には、相手方の損害を賠償しなければならない。ただし、やむを得ない事由があったときは、この限りでない。
①相手方に不利な時期に委任を解除したとき。
②委任者が受任者の利益（専ら報酬を得ることによるものを除く。）をも目的とする委任を解除したとき。

【変更事項】（民法の一部を改正する法律より）

第651条第2項を次のように改める。
「2 前項の規定により委任の解除をした者は、次に掲げる場合には、相手方の損害を賠償しなければならない。ただし、やむを得ない事由があったときは、この限りでない。
①相手方に不利な時期に委任を解除したとき。
②委任者が受任者の利益（専ら報酬を得ることによるものを除く。）をも目的とする委任を解除したとき。」

【旧条文】

委任の解除
第651条　　〔同左〕
2 当事者の一方が相手方に不利な時期に委任の解除をしたときは、その当事者の一方は、相手方の損害を賠償しなければならない。ただし、やむを得ない事由があったときは、この限りでない。

38 雇用

【一】報酬に関する規律
【二】期間の定めのある雇用の解除
【三】期間の定めのない雇用の解約の申入れ

【改正要綱】

【一】報酬に関する規律

労働者は、次に掲げる場合には、既にした履行の割合に応じて報酬を請求することができるものとすること。(第624条の2関係)
1 使用者の責めに帰することができない事由によって労働に従事することができなくなったとき。
2 雇用が履行の中途で終了したとき。

【二】期間の定めのある雇用の解除

1 雇用の期間が五年を超え、又はその終期が不確定であるときは、当事者の一方は、5年を経過した後、いつでも契約の解除をすることができるものとすること。(第626条第1項関係)
2 1の規定により契約の解除をしようとする者は、それが使用者であるときは3箇月前、労働者であるときは2週間前に、その予告をしなければならないものとすること。(第626条第2項関係)

【三】期間の定めのない雇用の解約の申入れ

期間によって報酬を定めた場合には、使用者からの解約の申入れは、次期以後についてすることができるものとすること。ただし、その解約の申入れは、当期の前半にしなければならないものとすること。(第627条第2項関係)

<新旧条文比較>

【新条文】

<u>履行の割合に応じた報酬</u>
<u>第624条の2</u> 労働者は、次に掲げる場合には、既にした履行の割合に応じて報酬を請求することができる。
　①使用者の責めに帰することができない事由によって労働に従事することができなくなったとき。
　②雇用が履行の中途で終了したとき。

期間の定めのある雇用の解除
第626条　雇用の期間が5年を超え、又は<u>その終期が不確定である</u>ときは、当事者の一方は、5年を経過した後、いつでも契約の解除をすることができる。
　2　前項の規定により契約の解除をしようとする者は、<u>それが使用者であるとき3箇月前、労働者であるときは2週間前に、</u>その予告をしなければならない。

期間の定めのない雇用の解約の申入れ
第627条　〔略〕
　2　期間によって報酬を定めた場合には、<u>使用者からの</u>解約の申入れは、次期以後についてすることができる。ただし、その解約の申入れは、当期の前半にしなければならない。
　3　〔略〕

雇用の規定の整備。

【変更事項】（民法の一部を改正する法律より）

第624条の次に次の1条を加える。
「（履行の割合に応じた報酬）
第624条の2　労働者は、次に掲げる場合には、既にした履行の割合に応じて報酬を請求することができる。
①使用者の責めに帰することができない事由によって労働に従事することができなくなったとき。
②雇用が履行の中途で終了したとき。」

第626条第1項中「雇用が当事者の一方若しくは第三者の終身の間継続すべき」を「その終期が不確定である」に改め、ただし書を削り、同条第2項中「ときは、3箇月前に」を「者は、それが使用者であるときは3箇月前、労働者であるときは2週間前に、」に改める。

第627条第2項中「には、」の下に「使用者からの」を加える。

【旧条文】

〔新設〕

期間の定めのある雇用の解除
第626条　雇用の期間が5年を超え、又は<u>雇用が当事者の一方若しくは第三者の終身の間継続すべき</u>ときは、当事者の一方は、5年を経過した後、いつでも契約の解除をすることができる。<u>ただし、この期間は、商工業の見習を目的とする雇用については、10年とする。</u>
2　前項の規定により契約の解除をしようとする<u>ときは、3箇月前に</u>その予告をしなければならない。

期間の定めのない雇用の解約の申入れ
第627条　〔同左〕
2　期間によって報酬を定めた場合には、解約の申入れは、次期以後についてすることができる。ただし、その解約の申入れは、当期の前半にしなければならない。
3　〔同左〕

39 寄託 【一】寄託契約の成立等

【改正要綱】

【一】寄託契約の成立等

1 寄託は、当事者の一方がある物を保管することを相手方に委託し、相手方がこれを承諾することによって、その効力を生ずるものとすること。(第657条関係)

2 寄託者は、受寄者が寄託物を受け取るまで、契約の解除をすることができるものとすること。この場合において、受寄者は、その契約の解除によって損害を受けたときは、寄託者に対し、その賠償を請求することができるものとすること。(第657条の2第1項関係)

3 無報酬の受寄者は、寄託物を受け取るまで、契約の解除をすることができるものとすること。ただし、書面による寄託については、この限りでないものとすること。(第657条の2第2項関係)

4 受寄者(無報酬で寄託を受けた場合にあっては、書面による寄託の受寄者に限るものとすること。)は、寄託物を受け取るべき時期を経過したにもかかわらず、寄託者が寄託物を引き渡さない場合において、相当の期間を定めてその引渡しの催告をし、その期間内に引渡しがないときは、契約の解除をすることができるものとすること。(第657条の2第3項関係)

―― <新旧条文比較> ――

【新条文】

寄託
第657条　寄託は、当事者の一方が<u>ある物を保管することを相手方に委託し、相手方がこれを承諾すること</u>によって、その効力を生ずる。

<u>寄託物受取り前の寄託者による寄託の解除等</u>
第657条の2　<u>寄託者は、受寄者が寄託物を受け取るまで、契約の解除をすることができる。この場合において、受寄者は、その契約の解除によって損害を受けたときは、寄託者に対し、その賠償を請求することができる。</u>
<u>2　無報酬の受寄者は、寄託物を受け取るまで、契約の解除をすることができる。ただし、書面による寄託については、この限りでない。</u>
<u>3　受寄者(無報酬で寄託を受けた場合にあっては、書面による寄託の受寄者に限る。)は、寄託物を受け取るべき時期を経過したにもかかわらず、寄託者が寄託物を引き渡さない場合において、相当の期間を定めてその引渡しの催告をし、その期間内に引渡しがないときは、契約の解除をすることができる。</u>

寄託契約の規定の整理。

【変更事項】（民法の一部を改正する法律より）

第657条中「相手方のために保管をすることを約してある物を受け取る」を「ある物を保管することを相手方に委託し、相手方がこれを承諾する」に改め、同条の次に次の一条を加える。
「（寄託物受取り前の寄託者による寄託の解除等）
第657条の2　寄託者は、受寄者が寄託物を受け取るまで、契約の解除をすることができる。この場合において、受寄者は、その契約の解除によって損害を受けたときは、寄託者に対し、その賠償を請求することができる。
2　無報酬の受寄者は、寄託物を受け取るまで、契約の解除をすることができる。ただし、書面による寄託については、この限りでない。
3　受寄者（無報酬で寄託を受けた場合にあっては、書面による寄託の受寄者に限る。）は、寄託物を受け取るべき時期を経過したにもかかわらず、寄託者が寄託物を引き渡さない場合において、相当の期間を定めてその引渡しの催告をし、その期間内に引渡しがないときは、契約の解除をすることができる。」

【旧条文】

寄託
第657条　　寄託は、当事者の一方が<u>相手方のために保管をすることを約してある物を受け取る</u>ことによって、その効力を生ずる。

〔新設〕

39 寄託

【二】受寄者の自己執行義務等
【三】寄託物についての第三者の権利主張

【改正要綱】

【二】受寄者の自己執行義務等
1 受寄者は、寄託者の承諾を得なければ、寄託物を使用することができないものとすること。(第658条第1項関係)
2 受寄者は、寄託者の承諾を得たとき、又はやむを得ない事由があるときでなければ、寄託物を第三者に保管させることができないものとすること。(第658条第2項関係)
3 再受寄者は、寄託者に対して、その権限の範囲内において、受寄者と同一の権利を有し、義務を負うものとすること。(第658条第3項関係)

【三】寄託物についての第三者の権利主張
1 寄託物について権利を主張する第三者が受寄者に対して訴えを提起し、又は差押え、仮差押え若しくは仮処分をしたときは、受寄者は、遅滞なくその事実を寄託者に通知しなければならないものとすること。ただし、寄託者が既にこれを知っているときは、この限りでないものとすること。(第660条第1項関係)
2 第三者が寄託物について権利を主張する場合であっても、受寄者は、寄託者の指図がない限り、寄託者に対しその寄託物を返還しなければならないものとすること。ただし、受寄者が1の通知をした場合又は1ただし書の規定によりその通知を要しない場合において、その寄託物をその第三者に引き渡すべき旨を命ずる確定判決(確定判決と同一の効力を有するものを含む。)があったときであって、その第三者にその寄託物を引き渡したときは、この限りでないものとすること。(第660条第2項関係)
3 受寄者は、2の規定により寄託者に対して寄託物を返還しなければならない場合には、寄託者にその寄託物を引き渡したことによって第三者に損害が生じたときであっても、その賠償の責任を負わないものとすること。(第660条第3項関係)

―――<新旧条文比較>―――

【新条文】

寄託物の使用及び第三者による保管
第658条　受寄者は、寄託者の承諾を得なければ、寄託物を<u>使用</u>することができない。
　<u>2 受寄者は、寄託者の承諾を得たとき、又はやむを得ない事由があるときでなければ、寄託物を第三者に保管させることができない。</u>
　<u>3 再受寄者は、寄託者に対して、その権限の範囲内において、受寄者と同一の権利を有し、義務を負う。</u>

受寄者の通知義務等
第660条　寄託物について権利を主張する第三者が受寄者に対して訴えを提起し、又は差押え、仮差押え若しくは仮処分をしたときは、受寄者は、遅滞なくその事実を寄託者に通知しなければならない。ただし、<u>寄託者が既にこれを知っているときは、この限りでない。</u>
　<u>2 第三者が寄託物について権利を主張する場合であっても、受寄者は、寄託者の指図がない限り、寄託者に対しその寄託物を返還しなければならない。ただし、受寄者が前項の通知をした場合又は同項ただし書の規定によりその通知を要しない場合において、その寄託物をその第三者に引き渡すべき旨を命ずる確定判決(確定判決と同一の効力を有するものを含む。)があったときであって、その第三者にその寄託物を引き渡したときは、この限りでない。</u>
　<u>3 受寄者は、前項の規定により寄託者に対して寄託物を返還しなければならない場合には、寄託者にその寄託物を引き渡したことによって第三者に損害が生じたときであっても、その賠償の責任を負わない。</u>

【変更事項】（民法の一部を改正する法律より）
第658条第1項中「使用し、又は第三者にこれを保管させる」を「使用する」に改め、同条第2項を次のように改める。
「2 受寄者は、寄託者の承諾を得たとき、又はやむを得ない事由があるときでなければ、寄託物を第三者に保管させることができない。
第658条に次の1項を加える。
3 再受寄者は、寄託者に対して、その権限の範囲内において、受寄者と同一の権利を有し、義務を負う。
第660条の見出しを「(受寄者の通知義務等)」に改め、同条に次のただし書を加える。
ただし、寄託者が既にこれを知っているときは、この限りでない。」
第660条に次の2項を加える。
「2 第三者が寄託物について権利を主張する場合であっても、受寄者は、寄託者の指図がない限り、寄託者に対しその寄託物を返還しなければならない。ただし、受寄者が前項の通知をした場合又は同項ただし書の規定によりその通知を要しない場合において、その寄託物をその第三者に引き渡すべき旨を命ずる確定判決（確定判決と同一の効力を有するものを含む。）があったときであって、その第三者にその寄託物を引き渡したときは、この限りでない。
3 受寄者は、前項の規定により寄託者に対して寄託物を返還しなければならない場合には、寄託者にその寄託物を引き渡したことによって第三者に損害が生じたときであっても、その賠償の責任を負わない。」

【旧条文】

寄託物の使用及び第三者による保管
第658条　受寄者は、寄託者の承諾を得なければ、寄託物を<u>使用し、又は第三者にこれを保管させる</u>ことができない。
　　　　　<u>2 第105条及び第107条第2項の規定は、受寄者が第三者に寄託物を保管させることができる場合について準用する。</u>

〔新設〕

受寄者の通知義務
第660条　寄託物について権利を主張する第三者が受寄者に対して訴えを提起し、又は差押え、仮差押え若しくは仮処分をしたときは、受寄者は、遅滞なくその事実を寄託者に通知しなければならない。

〔新設〕

〔新設〕

39 寄託

【四】寄託者による返還請求
【五】寄託者の損害賠償請求権及び受寄者の費用償還請求権の短期間制限

【改正要綱】

【四】寄託者による返還請求

民法第662条に規定する場合において、受寄者は、寄託者がその時期の前に返還を請求したことによって損害を受けたときは、寄託者に対し、その賠償を請求することができるものとすること。(第662条第2項関係)

【五】寄託者の損害賠償請求権及び受寄者の費用償還請求権の短期間制限

1 寄託物の1部滅失又は損傷によって生じた損害の賠償及び受寄者が支出した費用の償還は、寄託者が返還を受けた時から1年以内に請求しなければならないものとすること。(第664条の2第1項関係)
2 1の損害賠償の請求権については、寄託者が返還を受けた時から1年を経過するまでの間は、時効は、完成しないものとすること。(第664条の2第2項関係)

―――＜新旧条文比較＞―――

【新条文】

<u>寄託者による返還請求等</u>
第662条　〔略〕
　　　　　<u>2 前項に規定する場合において、受寄者は、寄託者がその時期の前に返還を請求したことによって損害を受けたときは、寄託者に対し、その賠償を請求することができる。</u>

<u>損害賠償及び費用の償還の請求権についての期間の制限</u>
<u>第664条の2</u>　<u>寄託物の一部滅失又は損傷によって生じた損害の賠償及び受寄者が支出した費用の償還は、寄託者が返還を受けた時から1年以内に請求しなければならない。</u>
　　　　　<u>2 前項の損害賠償の請求権については、寄託者が返還を受けた時から1年を経過するまでの間は、時効は、完成しない。</u>

寄託

【変更事項】（民法の一部を改正する法律より）

第662条の見出しを「（寄託者による返還請求等）」に改め、同条に次の一項を加える。
「2 前項に規定する場合において、受寄者は、寄託者がその時期の前に返還を請求したことによって損害を受けたときは、寄託者に対し、その賠償を請求することができる。」

第664条の次に次の1条を加える。
「（損害賠償及び費用の償還の請求権についての期間の制限）
第664条の2 寄託物の一部滅失又は損傷によって生じた損害の賠償及び受寄者が支出した費用の償還は、寄託者が返還を受けた時から1年以内に請求しなければならない。
2 前項の損害賠償の請求権については、寄託者が返還を受けた時から一年を経過するまでの間は、時効は、完成しない。」

【旧条文】

寄託者による返還請求
第662条　〔同左〕
〔新設〕

〔新設〕

【四】寄託者による返還請求
【五】寄託者の損害賠償請求権及び受寄者の費用償還請求権の短期間制限

39 寄託 【六】混合寄託

【改正要綱】

【六】混合寄託

1 複数の者が寄託した物の種類及び品質が同一である場合には、受寄者は、各寄託者の承諾を得たときに限り、これらを混合して保管することができるものとすること。(第665条の2第1項関係)

2 1の規定に基づき受寄者が複数の寄託者からの寄託物を混合して保管したときは、寄託者は、その寄託した物と同じ数量の物の返還を請求することができるものとすること。(第665条の2第2項関係)

3 2に規定する場合において、寄託物の一部が滅失したときは、寄託者は、混合して保管されている総寄託物に対するその寄託した物の割合に応じた数量の物の返還を請求することができるものとすること。この場合においては、損害賠償の請求を妨げないものとすること。(第665条の2第3項関係)

―――<新旧条文比較>―――

【新条文】

委任の規定の準用
第665条　<u>第646条から第648条まで、第649条並びに第650条第1項及び第2項の規定は、寄託について準用する。</u>

<u>混合寄託</u>
<u>第665条の2</u>　<u>複数の者が寄託した物の種類及び品質が同一である場合には、受寄者は、各寄託者の承諾を得たときに限り、これらを混合して保管することができる。</u>
<u>2 前項の規定に基づき受寄者が複数の寄託者からの寄託物を混合して保管したときは、寄託者は、その寄託した物と同じ数量の物の返還を請求することができる。</u>
<u>3 前項に規定する場合において、寄託物の一部が滅失したときは、寄託者は、混合して保管されている総寄託物に対するその寄託した物の割合に応じた数量の物の返還を請求することができる。この場合においては、損害賠償の請求を妨げない。</u>

【変更事項】（民法の一部を改正する法律より）
第665条中「第650条まで（同条第3項を除く。）」を「第648条まで、第649条並びに第650条第1項及び第2項」に改め、同条の次に次の一条を加える。
「（混合寄託）
第665条の2　複数の者が寄託した物の種類及び品質が同一である場合には、受寄者は、各寄託者の承諾を得たときに限り、これらを混合して保管することができる。
2　前項の規定に基づき受寄者が複数の寄託者からの寄託物を混合して保管したときは、寄託者は、その寄託した物と同じ数量の物の返還を請求することができる。
3　前項に規定する場合において、寄託物の一部が滅失したときは、寄託者は、混合して保管されている総寄託物に対するその寄託した物の割合に応じた数量の物の返還を請求することができる。この場合においては、損害賠償の請求を妨げない。」

【旧条文】
　　委任の規定の準用
　第665条　　第646条から第650条まで（同条第3項を除く。）の規定は、寄託について準用する。

〔新設〕

［六〕混合寄託

寄託 【七】消費寄託

【改正要綱】

【七】消費寄託

1 受寄者が契約により寄託物を消費することができる場合には、受寄者は、寄託された物と種類、品質及び数量の同じ物をもって返還しなければならないものとすること。（第666条第1項関係）
2 第33の5の2及び3並びに民法第592条の規定は、1に規定する場合について準用するものとすること。（第666条第2項関係）
3 第33の6の規定は、預金又は貯金に係る契約により金銭を寄託した場合について準用するものとすること。（第666条第3項関係）

―――＜新旧条文比較＞―――

【新条文】

<u>消費寄託
第666条</u>　受寄者が契約により寄託物を消費することができる場合には、受寄者は、寄託された物と種類、品質及び数量の同じ物をもって返還しなければならない。
<u>2 第590条及び第592条の規定は、前項に規定する場合について準用する。</u>
<u>3 第591条第2項及び第3項の規定は、預金又は貯金に係る契約により金銭を寄託した場合について準用する。</u>

【変更事項】（民法の一部を改正する法律より）

第666条を次のように改める。
「（消費寄託）
第666条 受寄者が契約により寄託物を消費することができる場合には、受寄者は、寄託された物と種類、品質及び数量の同じ物をもって返還しなければならない。
2 第590条及び第592条の規定は、前項に規定する場合について準用する。
3 第591条第2項及び第3項の規定は、預金又は貯金に係る契約により金銭を寄託した場合について準用する。」

【旧条文】

消費寄託
第666条　第5節（消費貸借）の規定は、受寄者が契約により寄託物を消費することができる場合について準用する。
2 前項において準用する第591条第1項の規定にかかわらず、前項の契約に返還の時期を定めなかったときは、寄託者は、いつでも返還を請求することができる。

40 組合

- 【一】契約総則の規定の不適用
- 【二】組合員の一人についての意思表示の無効等
- 【三】組合の債権者の権利の行使

【改正要綱】

【一】契約総則の規定の不適用

1 民法第533条並びに第14の2及び3の規定は、組合契約については、適用しないものとすること。(第667条の2第1項関係)

2 組合員は、他の組合員が組合契約に基づく債務の履行をしないことを理由として、組合契約を解除することができないものとすること。(第667条の2第2項関係)

【二】組合員の一人についての意思表示の無効等

組合員の一人について意思表示の無効又は取消しの原因があっても、他の組合員の間においては、組合契約は、その効力を妨げられないものとすること。(第667条の3関係)

【三】組合の債権者の権利の行使

1 組合の債権者は、組合財産についてその権利を行使することができるものとすること。(第675条第1項関係)

2 組合の債権者は、その選択に従い、各組合員に対して損失分担の割合又は等しい割合でその権利を行使することができるものとすること。ただし、組合の債権者がその債権の発生の時に各組合員の損失分担の割合を知っていたときは、その割合によるものとすること。(第675条第2項関係)

―――<新旧条文比較>―――

【新条文】

他の組合員の債務不履行
第667条の2　第533条及び第536条の規定は、組合契約については、適用しない。
　2　組合員は、他の組合員が組合契約に基づく債務の履行をしないことを理由として、組合契約を解除することができない。

組合員の一人についての意思表示の無効等
第667条の3　組合員の一人について意思表示の無効又は取消しの原因があっても、他の組合員の間においては、組合契約は、その効力を妨げられない。

組合の債権者の権利の行使
第675条　組合の債権者は、組合財産についてその権利を行使することができる。

　2　組合の債権者は、その選択に従い、各組合員に対して損失分担の割合又は等しい割合でその権利を行使することができる。ただし、組合の債権者がその債権の発生の時に各組合員の損失分担の割合を知っていたときは、その割合による。

組合の規定を整理・整備した。

【変更事項】（民法の一部を改正する法律より）

第667条の次に次の2条を加える。
「（他の組合員の債務不履行）
第667条の2　第533条及び第536条の規定は、組合契約については、適用しない。
2　組合員は、他の組合員が組合契約に基づく債務の履行をしないことを理由として、組合契約を解除することができない。」
「（組合員の一人についての意思表示の無効等）
第667条の3　組合員の一人について意思表示の無効又は取消しの原因があっても、他の組合員の間においては、組合契約は、その効力を妨げられない。」

第675条の見出しを「（組合の債権者の権利の行使）」に改め、同条中「その債権の発生の時に組合員の損失分担の割合を知らなかったときは、各組合員に対して等しい割合で」を「組合財産について」に改め、同条に次の1項を加える。
「2　組合の債権者は、その選択に従い、各組合員に対して損失分担の割合又は等しい割合でその権利を行使することができる。ただし、組合の債権者がその債権の発生の時に各組合員の損失分担の割合を知っていたときは、その割合による。」

【旧条文】

〔新設〕

〔新設〕

<u>組合員に対する組合の債権者の権利の行使</u>
第675条　　組合の債権者は、<u>その債権の発生の時に組合員の損失分担の割合を知らなかったときは、各組合員に対して等しい割合でその権利を行使することができる。</u>

〔新設〕

40 組合 【四】組合員の持分と処分等
【五】組合の業務執行

【改正要綱】

【四】組合員の持分の処分等
1 組合員は、組合財産である債権について、その持分についての権利を単独で行使することができないものとすること。(第676条第2項関係)
2 組合員の債権者は、組合財産についてその権利を行使することができないものとすること。(第677条関係)

【五】組合の業務執行
1 組合の業務は、組合員の過半数をもって決定し、各組合員がこれを執行するものとすること。(第670条第1項関係)
2 組合の業務の決定及び執行は、組合契約の定めるところにより、一人又は数人の組合員又は第三者に委任することができるものとすること。(第670条第2項関係)
3 2の委任を受けた者（以下「業務執行者」という。）は、組合の業務を決定し、これを執行するものとすること。この場合において、業務執行者が数人あるときは、組合の業務は、業務執行者の過半数をもって決定し、各業務執行者がこれを執行するものとすること。(第670条第3項関係)
4 3の規定にかかわらず、組合の業務については、総組合員の同意によって決定し、又は総組合員が執行することを妨げないものとすること。(第670条第4項関係)

――＜新旧条文比較＞――

【新条文】

組合員の持分の処分及び組合財産の分割
第676条　〔略〕
　　　　　<u>2 組合員は、組合財産である債権について、その持分についての権利を単独で行使することができない。</u>
　　　　　3 〔略〕

<u>組合財産に対する組合員の債権者の権利の行使の禁止</u>
第677条　組合員の債権者は、組合財産についてその権利を行使することができない。

業務の<u>決定及び</u>執行の方法
第670条　組合の業務は、組合員の過半数を<u>もって決定し、各組合員がこれを執行する。</u>
　　　　　<u>2 組合の業務の決定及び執行は、組合契約の定めるところにより、一人又は数人の組合員又は第三者に委任することができる。</u>
　　　　　<u>3 前項の委任を受けた者（以下「業務執行者」という。）は、組合の業務を決定し、これを執行する。この場合において、業務執行者が数人あるときは、組合の業務は、業務執行者の過半数をもって決定し、各業務執行者がこれを執行する。</u>
　　　　　<u>4 前項の規定にかかわらず、組合の業務については、総組合員の同意によって決定し、又は総組合員が執行することを妨げない。</u>
　　　　　5 組合の常務は、<u>前各項の</u>規定にかかわらず、各組合員又は各業務執行者が単独で行うことができる。ただし、その完了前に他の組合員又は業務執行者が異議を述べたときは、この限りでない。

【変更事項】（民法の一部を改正する法律より）
第676条中第2項を第3項とし、第1項の次に次の1項を加える。
「2 組合員は、組合財産である債権について、その持分についての権利を単独で行使することができない。」
第677条を次のように改める。
「（組合財産に対する組合員の債権者の権利の行使の禁止）
第677条 組合員の債権者は、組合財産についてその権利を行使することができない。」
第670条の見出し中「業務の」の下に「決定及び」を加え、同条第1項中「の執行」を削り、「で決する」を「をもって決定し、各組合員がこれを執行する」に改め、同条第2項を次のように改める。
「2 組合の業務の決定及び執行は、組合契約の定めるところにより、一人又は数人の組合員又は第三者に委任することができる。」
第670条第3項中「前2項」を「前各項」に改め、同項を同条第5項とし、同条第2項の次に次の2項を加える。
「3 前項の委任を受けた者（以下「業務執行者」という。）は、組合の業務を決定し、これを執行する。この場合において、業務執行者が数人あるときは、組合の業務は、業務執行者の過半数をもって決定し、各業務執行者がこれを執行する。
4 前項の規定にかかわらず、組合の業務については、総組合員の同意によって決定し、又は総組合員が執行することを妨げない。」

【旧条文】

組合員の持分の処分及び組合財産の分割
第676条　〔同左〕
〔新設〕

　　　　　2〔同左〕

組合の債務者による相殺の禁止
第677条　組合の債務者は、その債務と組合員に対する債権とを相殺することができない。

業務の執行の方法
第670条　組合の業務の執行は、組合員の過半数で決する。

　　　　　2 前項の業務の執行は、組合契約でこれを委任した者（次項において「業務執行者」という。）が数人あるときは、その過半数で決する。
〔新設〕

〔新設〕

　　　　　3 組合の常務は、前2項の規定にかかわらず、各組合員又は各業務執行者が単独で行うことができる。ただし、その完了前に他の組合員又は業務執行者が異議を述べたときは、この限りでない。

40 組合

【六】組合代理
【七】組合員の加入

【改正要綱】

【六】組合代理

1 各組合員は、組合の業務を執行する場合において、組合員の過半数の同意を得たときは、他の組合員を代理することができるものとすること。（第670条の2第1項関係）

2 1の規定にかかわらず、業務執行者があるときは、業務執行者のみが組合員を代理することができるものとすること。この場合において、業務執行者が数人あるときは、各業務執行者は、業務執行者の過半数の同意を得たときに限り、組合員を代理することができるものとすること。（第670条の2第2項関係）

3 1及び2の規定にかかわらず、各組合員又は各業務執行者は、組合の常務を行うときは、単独で組合員を代理することができるものとすること。（第670条の2第3項関係）

【七】組合員の加入

1 組合員は、その全員の同意によって、又は組合契約の定めるところにより、新たに組合員を加入させることができるものとすること。（第677条の2第1項関係）

2 1の規定により組合の成立後に加入した組合員は、その加入前に生じた組合の債務については、これを弁済する責任を負わないものとすること。（第677条の2第2項関係）

<新旧条文比較>

【新条文】

<u>組合の代理</u>
<u>第670条の2</u> <u>各組合員は、組合の業務を執行する場合において、組合員の過半数の同意を得たときは、他の組合員を代理することができる。</u>
<u>2 前項の規定にかかわらず、業務執行者があるときは、業務執行者のみが組合員を代理することができる。この場合において、業務執行者が数人あるときは、各業務執行者は、業務執行者の過半数の同意を得たときに限り、組合員を代理することができる。</u>
<u>3 前2項の規定にかかわらず、各組合員又は各業務執行者は、組合の常務を行うときは、単独で組合員を代理することができる。</u>

<u>組合財産に対する組合員の債権者の権利の行使の禁止</u>
<u>第677条</u> <u>組合員の債権者は、組合財産についてその権利を行使することができない。</u>

<u>組合員の加入</u>
<u>第677条の2</u> <u>組合員は、その全員の同意によって、又は組合契約の定めるところにより、新たに組合員を加入させることができる。</u>
<u>2 前項の規定により組合の成立後に加入した組合員は、その加入前に生じた組合の債務については、これを弁済する責任を負わない。</u>

【変更事項】（民法の一部を改正する法律より）
　第670条の次に次の1条を加える。
「（組合の代理）
　第670条の2　各組合員は、組合の業務を執行する場合において、組合員の過半数の同意を得たときは、他の組合員を代理することができる。
2　前項の規定にかかわらず、業務執行者があるときは、業務執行者のみが組合員を代理することができる。この場合において、業務執行者が数人あるときは、各業務執行者は、業務執行者の過半数の同意を得たときに限り、組合員を代理することができる。
3　前2項の規定にかかわらず、各組合員又は各業務執行者は、組合の常務を行うときは、単独で組合員を代理することができる。」

　第677条を次のように改める。
「（組合財産に対する組合員の債権者の権利の行使の禁止）
　第677条　組合員の債権者は、組合財産についてその権利を行使することができない。」
　第677条の次に次の1条を加える。
「（組合員の加入）
　第677条の2　組合員は、その全員の同意によって、又は組合契約の定めるところにより、新たに組合員を加入させることができる。
2　前項の規定により組合の成立後に加入した組合員は、その加入前に生じた組合の債務については、これを弁済する責任を負わない。」

【旧条文】

〔新設〕

組合の債務者による相殺の禁止
第677条　　組合の債務者は、その債務と組合員に対する債権とを相殺することができない。

〔新設〕

40 組合 【八】組合員の脱退
【九】組合の解散事由

【改正要綱】

【八】組合員の脱退
1 脱退した組合員は、その脱退前に生じた組合の債務について、従前の責任の範囲内でこれを弁済する責任を負うものとすること。この場合において、債権者が全部の弁済を受けない間は、脱退した組合員は、組合に担保を供させ、又は組合に対して自己に免責を得させることを請求することができるものとすること。(第680条の2第1項関係)
2 脱退した組合員は、1に規定する組合の債務を弁済したときは、組合に対して求償権を有するものとすること。(第680条の2第2項関係)

【九】組合の解散事由
組合は、次に掲げる事由によって解散するものとすること。(第682条関係)
1 組合の目的である事業の成功又はその成功の不能
2 組合契約で定めた存続期間の満了
3 組合契約で定めた解散の事由の発生
4 総組合員の同意

―――<新旧条文比較>―――

【新条文】

<u>脱退した組合員の責任等</u>
<u>第680条の2</u> 　脱退した組合員は、その脱退前に生じた組合の債務について、従前の責任の範囲内でこれを弁済する責任を負う。この場合において、債権者が全部の弁済を受けない間は、脱退した組合員は、組合に担保を供させ、又は組合に対して自己に免責を得させることを請求することができる。
　<u>2</u> 　脱退した組合員は、前項に規定する組合の債務を弁済したときは、組合に対して求償権を有する。

組合の解散事由
第682条　　組合は、<u>次に掲げる事由</u>によって解散する。

① 組合の目的である事業の成功又はその成功の不能
② 組合契約で定めた存続期間の満了
③ 組合契約で定めた解散の事由の発生
④ 総組合員の同意

【変更事項】（民法の一部を改正する法律より）

第680条の次に次の1条を加える。
「（脱退した組合員の責任等）
第680条の2　脱退した組合員は、その脱退前に生じた組合の債務について、従前の責任の範囲内でこれを弁済する責任を負う。この場合において、債権者が全部の弁済を受けない間は、脱退した組合員は、組合に担保を供させ、又は組合に対して自己に免責を得させることを請求することができる。
2　脱退した組合員は、前項に規定する組合の債務を弁済したときは、組合に対して求償権を有する。」
第682条中「その目的である事業の成功又はその成功の不能」を「次に掲げる事由」に改め、同条に次の各号を加える。
「①組合の目的である事業の成功又はその成功の不能」
「②組合契約で定めた存続期間の満了」
「③組合契約で定めた解散の事由の発生」
「④総組合員の同意」

【旧条文】

〔新設〕

組合の解散事由
第682条　　組合は、その目的である事業の成功又はその成功の不能によって解散する。
〔新設〕
〔新設〕
〔新設〕
〔新設〕

施行期日等

【改正要綱】

一 この法律は、原則として、公布の日から起算して三年を超えない範囲内において政令で定める日から施行するものとすること。(附則第1条関係)

二 この法律の施行に伴う所要の経過措置について定めるものとすること。(附則第2条から第37条まで関係)

※本改正の施行日は、平成32(2020)年4月1日と政令により定められた。

【施行日の例外】

① 定型約款について

　　定型約款に関しては、施行日前に締結された契約にも、改正後の民法が適用されますが、施行日前（平成32（2020）年3月31日まで）に反対の意思表示をすれば、改正後の民法は適用されないことになります。この反対の意思表示に関する規定は平成30（2018）年4月1日から施行されます。

●定型約款に関する規定の適用に対する「反対の意思表示」について

　　定型約款に関しては、施行日前に締結された契約にも、改正後の民法が適用されますが、平成30年（2018年）4月1日から、施行日前（平成32年（2020年）3月31日まで）に反対の意思表示をすれば、改正後の民法は適用されないこととされています（改正法附則第33条第2項・第3項参照）。

　　反対の意思表示に関するご注意
　　※ 反対の意思表示がされて、改正後の民法が適用されないこととなった場合には、施行日後も改正前の民法が適用されることになります。
　　　もっとも、改正前の民法には約款に関する規定がなく、確立した解釈もないため、法律関係は不明瞭と言わざるを得ません。
　　　改正後の民法においては、当事者双方の利益状況に配慮した合理的な制度が設けられていますから、万一、反対の意思表示をするのであれば、十分に慎重な検討を行っていただく必要があります。

　　※ 契約又は法律の規定により解除権や解約権等を現に行使することができる方（契約関係から離脱可能な者）は、そもそも、反対の意思表示をすることはできないこととされていますので、ご注意ください。

　　※ 反対の意思表示は、書面やメール等により行う必要があります。書面等では、後日紛争となることを防止するため、明瞭に意思表示を行うようご留意ください。

② 公証人による保証意思の確認手続について

　　事業のために負担した貸金等債務を主たる債務とする保証契約は一定の例外がある場合を除き、事前に公正証書が作成されていなければ無効となりますが、施行日から円滑に保証契約の締結をすることができるよう、施行日前から公正証書の作成を可能とすることとされています。
　　この規定は平成32（2020）年3月1日から施行されます。

債権関係民法改正に伴う商法・会社法改正の概要

1 商法

①商事法定利率の廃止
　民法改正で法定利率を年3％と引き下げたうえで市中の金利動向に合わせて緩やかに変動する変動制を採用した、商取引においてのみ、これと異なる利率を設定することは合理性に乏しいことから、商事法定利率を廃止した。

②商事消滅時効の廃止
　民法改正により短期消滅時効の特則を廃止するとともに、「債権者が権利を行使することができることを知った時から5年間行使しないとき」または「権利行使できる時から10年間行使しないとき」に債権が消滅時効により消滅するものとした。商行為によって生じた債権の消滅時効の期間を5年とする部分は廃止された。

③詐害営業譲渡に関する規定の改正
　詐害行為取消権について現行では、行為の時から20年を経過したときは消滅するとしていたが、改正では行為の時から10年を経過したときは詐害行為取消権について訴えは提起することができないものとされた。これに連動して、詐害営業譲渡に関する譲受人に対する債務の履行請求権につき、営業譲渡の効力が生じた時から10年を経過したときは消滅するものとした。

④担保責任に関する規定の改正
　改正民法においては、担保責任は契約不適合による債務不履行責任と構成された。これに伴い商事売買における担保責任については「売買の目的物に瑕疵があること又はその数量に不足があること」を「売買の目的物が種類、品質又は数量に関して契約の内容に適合しないこと」に改められた。

⑤消滅時効の起算点の明示に関する改正
　運送取扱人の委託者または荷受人に対する消滅時効について整理された。

⑥運送契約における危険負担に関する規定の改正
　改正民法では、危険負担について、反対給付の履行拒絶権と改められたことに伴い、運送契約における危険負担に関する規定も同様に整理された。

⑦旅客の運送人についての短期消滅時効の規定の新設
　改正民法では、陸上旅客運送人について、その運送費にかかる債権の消滅時効の期間を1年間とする新しい規定を設けた。商法においては、陸上旅客運送の運賃に掛かる債権のみ他の運送に関する消滅時効と異なる扱いになっていたので、新規定を設けて整理した。

2 手形法、小切手法

　利率について同様に整理。また時効の中断についても改正民法による文言の変更・整理に伴い変更された。

3 会社法

①意思表示に関する規定の整備

改正民法において錯誤の効果が無効から取り消しに改められたことに伴い、会社法51条2項（株式会社成立後の錯誤）、102条6項（設立手続きの特則）、211条2項（募集株式の引受人の無効・取消の制限）が改正された。

②自己契約・双方代理の規定の改正

改正民法により自己契約および双方代理の禁止の効果として、自己契約および双方代理に該当する行為を無権代理行為とみなすこと、自己契約および双方代理に当たらない利益相反行為についても本人があらかじめ許諾した場合を除き、無権代理行為とみなされることとなった。これに伴い取締役等の利益相反取引については、直接取引だけでなく間接取引も含めて株主総会の承認を受けたものは有効であることとする改正を行っている。

③消滅時効に関する規定の改正

改正民法の消滅時効の規定について整備されたことに伴い、社債関係規定も整備された。

④時効の中断に関する規定の改正

時効の中断事由の効果に応じて、時効の完成を猶予する完成猶予事由と、新たに時効を進行させる部分は更新事由と再構成した。これに伴い会社法545条3項（役員等責任査定決定）について「時効の中断」を「時効の完成猶予及び更新」に改めた。

⑤法定利率に関する規定の改正

改正民法の規定に伴い、裁判所の決定した株式および新株予約権の価格に付される利息について、民法の法定利率によることを明示する改正が行われた。

⑥詐害行為取消権に関する規定の改正

詐害行為的な会社分割に対応する規定を整備した。また清算持分会社の財産処分取り消しの訴えに関し、民法の詐害行為取消権の規定の準用をしているので、改正民法で新設された規定の準用についても読み替え等の整備がされた。社債発行会社の弁済等の取消の訴えについても民法の詐害行為取消権の規定を準用しているので、同様な整備がされている。

⑦保証に関する規定の改正

主債務者が債権者に対して相殺権等を有する時は、保証人は債権者に対して債務の履行を拒むことができる規定を設け、履行を拒むことのできる範囲を明確化したことに伴い、会社法581条2項（持分会社の社員の抗弁）にも「これらの債権の行使について持分会社がその債務を免れるべき限度において」という文言を追加して明確化した。

⑧委任の規定に関する改正

会社法において持分会社の業務執行役員と持分会社について受任者と委任者の権利義務に関する民望の委任の規定を準用していることから、必要な読み替え等の整備がされた。

民 法改正に伴う各種契約の作成ポイント

1. **不動産賃貸契約**
   - ●借地借家法の対象とならない駐車場や太陽光発電機器の敷地などの賃貸借の上限は50年となった。
   - ●賃貸人が修繕義務（606条）があるにも関わらず修繕を行わない場合は、賃借人が修繕を必要とする通知をしてなお修繕をしなかった場合、賃借人が修繕をできる修繕権が認められたことからその内容を記載する必要がある。
   - ●賃借物の一部でも使用収益できなくなった場合、賃借人の請求がなくても当然に賃料が減額されることになったことから、その滅失の内容や運用の在り方などを明記しておく必要がある。
   - ●退去後、借主への敷金返還を家主に義務付ける。
   - ●賃料の未払いがある場合、家主は敷金を未払いに充当することができる。
   - ●年数の経過で生じた部屋の痛みなどの修繕費は、家主が負担する。
   - ●借主は、自ら壊した部分を元通りにし、部屋に取り付けた物を撤去する義務を負う。
   - ●賃貸借契約に合わせて連帯保証人を求める場合、その内容は根保証契約に該当することが大半であるため、極度額（限度額）の定めを設ける必要がある。

2. **売買契約などの一般の契約書**
   - ●契約解除の規定変更に伴う解除条件の記載の変更
   - ●「瑕疵担保責任」という用語を廃止し、契約不適合による統一。損害賠償、修復のやり方に伴う条文記載の変更。とくに「知ったときから一年」と起算が変わったことに注意。
   - ●危険負担の構成も変わったことによる条文記載の変更
   - ●消滅時効などルール変更に伴う条文記載の変更
   - ●根抵当権設定に関する被担保債権の記載
   - ●根担保の確定（極度額）

3　売掛金担保契約

●譲渡禁止特約の売掛金の、債権譲渡可能となったことによる契約条文のチェック

4　建物建築請負契約

●瑕疵担保責任という用語を廃止し、契約不適合となったことによる、法律構成や条文記載のチェック
●報酬の確定、損害の対象等の記載

5　消費貸借契約

●諾成契約としての要件の整備

6　事業金融の場合の金銭消費契約

●（連帯）保証人の要件　→　第三者保証人の場合（個人）、公証人の意思確認作業
●根保証の限度額の確認

<著者紹介>
土井利国（どい　としくに）
＜著者略歴＞
昭和60年　日本大学法学部卒業
　　　　　　協和銀行（現りそな銀行）入行
平成10年　行政書士として愛宕法務経営事務所開設

主に、中小企業・ベンチャー企業の支援、上場支援、上場支援サポート業務を中心に法務業務を活動。
近年では、商法改正・会社法関連のセミナー等も多数手がける。

＜主な著書＞
どうするウチの会社　つかえる「会社法」（2006年4月刊行　竹内書店新社）
第二種金融商品取引業登録の手引き（2008年8月刊行　竹内書店新社）

愛宕法務経営事務所
〒105-0001　東京都港区虎ノ門1-12-11　虎ノ門ファーストビル　5階
電話　03-3519-2488　FAX　03-3519-2489　www.atago-office.com

2018年4月25日　初版発行　　　　　　　　　　　　　　　《検印省略》

債権法民法大改正　ポイントと新旧条文の比較

著　者	土井利国
発行者	宮田哲男
発行所	竹内書店新社
発　売	株式会社　雄山閣

〒102-0071　東京都千代田区富士見2-6-9
TEL　03-3262-3231 / FAX　03-3262-6938
URL　http://www.yuzankaku.co.jp
e-mail　info@yuzankaku.co.jp
振　替　00130-5-1685

印刷／製本　株式会社ティーケー出版印刷

©Toshikuni Doi　　　　　　　　　ISBN978-4-8035-0360-9 C2032
Printed in Japan 2018　　　　　　N.D.C.324　328p　21cm